浙江圖書館 編　曹海花 主編

浙江圖書館藏
國家珍貴古籍題跋圖録

國家圖書館出版社

圖書在版編目（ＣＩＰ）數據

浙江圖書館藏國家珍貴古籍題跋圖録 / 浙江圖書館編，
曹海花主編. -- 北京:國家圖書館出版社, 2017.9
　　ISBN 978-7-5013-6104-5

　　I. ①浙…　Ⅱ. ①浙…　②曹…　Ⅲ. ①古籍—題跋—彙編—中國
Ⅳ. ①G256.4

　　中國版本圖書館CIP數據核字（2017）第099380號

書　　　名　浙江圖書館藏國家珍貴古籍題跋圖録

著　　　者　浙江圖書館 編　曹海花 主編

責任編輯　南江濤

封面設計　徐新狀

出　　　版　國家圖書館出版社（ 100034 北京市西城區文津街7號）
　　　　　　（原書目文獻出版社　北京圖書館出版社）

發　　　行　（ 010 ）66114536　66126153　66151313　66175620
　　　　　　66121706（傳真）　66126156（門市部）

E–mail　nlcpress@nlc.cn（郵購）

Website　www.nlcpress.com→投稿中心

經　　　銷　新華書店

印　　　裝　北京金康利印刷有限公司

版　　　次　2017年9月第1版　2017年9月第1次印刷

開　　　本　889×1194（毫米）　1/16

印　　　張　22

字　　　數　100千字

書　　　號　ISBN 978-7-5013-6104-5

定　　　價　298.00圓

《浙江圖書館藏國家珍貴古籍題跋圖録》編委會

主　編：曹海花

副主編：周聿丹　秦華英

攝　影：蘇立峰

前　言

　　浙江圖書館前身爲創建於 1900 年的杭州藏書樓。1903 年，杭州藏書樓擴充改建爲浙江藏書樓。1909 年，浙江官書局併入，成立浙江圖書館。作爲一家擁有一百多年歷史的省級公共圖書館，館藏歷史文獻典籍豐富，有 82.2 萬册，其中善本 15 萬册。爲建立完備的珍貴古籍檔案，切實做好珍貴古籍的保護、管理和合理利用工作，提高公民的古籍保護意識，使中華民族珍貴的文獻典籍永澤後世，自 2008 年起，由文化部擬定，報國務院批准公佈《國家珍貴古籍名録》，目前已公佈五批 12274 部。浙江圖書館共有 340 部入選，其中第一批 30 部、第二批 71 部、第三批 157 部、第四批 5 部、第五批 77 部。這些國家級珍貴古籍的申報及浙江省級珍貴古籍的評選，建立起了浙江圖書館乃至全省的珍貴古籍分級保護體系，是推进全省古籍保護工作的重要抓手。

　　歷代學者或藏書家得到自己心儀的書籍時，常在卷首卷尾或前後扉葉上書寫題跋，大抵記録收藏的經過、閱書的感想、版本的描述、校書的心得、遞藏的源流、傳世的價值等。這些題跋是書籍内容的重要“附加價值”，不僅是研究相關古籍文獻的重要資料，也是瞭解題跋者讀書心得、研究其學術思想的重要資料。如藉由彙輯藏書題記研究某人學術思想的，李慈銘就是一個代表，已出版的有《越縵堂讀書記》《越縵堂讀書簡端記》《越縵堂讀書簡端記續編》《〈越縵堂讀書簡端記〉補》《越縵堂讀書簡端記三編》等著作，後經全面

收集彙編爲《越縵堂讀書簡端記全編》。公藏單位彙輯館藏善本題跋的，有《標點善本題跋集録》《傅斯年圖書館善本古籍題跋輯録》《上海圖書館善本題跋真蹟》等。凡此種種，給我們提供了很好的借鑒。

　　浙江圖書館的 340 部國家珍貴古籍中，入名録時著録有題跋者 51 部（普查發現其中有 8 部題跋者著録不全，1 部將佚名過録作真蹟），經過古籍普查，發現另有 21 部亦有題跋：第一批 7 部，其中有 5 部（《筮儀象解》不分卷、《六十四卦經解》八卷、《四書遇》不分卷、《宋元學案補遺》一百卷首一卷附三卷、《增廣註釋音辯唐柳先生集》四十三卷《別集》二卷《外集》二卷）入名録時未著録題跋；第二批 5 部，其中有 1 部（《讀風臆評》一卷）入名録時未著録題跋，1 部（《文選》六十卷）入名録時著録題跋者不全，1 部（《重校正唐文粹》一百卷）入名録時將佚名過録作真蹟；第三批 19 部，其中有 8 部（《通鑑紀事本末》四十二卷、《從祀先賢事蹟録》二十四卷、《太玄經》十卷、《京本校正音釋唐柳先生集》四十三卷《別集》一卷《外集》一卷、《劉賓客文集》三十卷《補遺》一卷、《孟東野詩集》十卷、《河東柳仲塗先生文集》十五卷、《梅溪先生廷試策》一卷《奏議》四卷《文集》二十卷《後集》二十九卷）入名録時未著録題跋，5 部（《書傳會選》六卷、《戰國策》十卷、《三垣筆記》四卷《補編》一卷、《同治三年甲子京師日記》一卷、《古賦辨體》十卷）入名録時著録題跋者不全；第四批 2 部，其中有 1 部（《楊文懿公文集》三十卷）入名録時未著録題跋；第五批 39 部，其中有 6 部（《鄭易小學》一卷、《祁忠敏公日記》十五卷、《策場備覽》

一百七十三卷、《偲庵詩集》十卷《文集》十卷、《梓溪文集》五卷、《壬申紀遊》一卷）入名録時未著録題跋，2部（《班史藝文志》一卷、《明徐勿齋自書贈倪鴻寶詩》一卷）入名録時著録題跋者不全。這72部有題跋的善本，唐寫本1部，抄本14部（其中明抄本5部，清抄本9部），稿本21部（其中明稿本2部，清稿本19部），刻本34部（其中宋刻含修本4部，元刻含修本3部，明刻本26部，清刻本1部），明鈐印本2部。

題跋者（以入名録的先後爲序）有俞樾、陳紳、楊棨、沈鶴書、單丕、朱師轍、馬一浮、孫峻、黃翼、何煒、王修、張燕昌、莫友芝、莫繩孫、章炳麟、張廷濟、瞿中溶、去非、蔡名衡、蔡金相、王紹蘭、查燕緒、李廷基、沈復燦、傅以禮、敬軒、何維樸、丁傳靖、戴仁、李瑞奇、王東培、楊浚、張宗祥、蔡鴻鑑、顧之逵、姜渭、徐松、葛鼏、徐潤身、胡森、王存善、周廣業、劉發、釋曇昉、邵瑞彭、王禮培、文素松、姜亮夫、陶方琯、曾儀、李兆洛、方來、朱緒、朱綬、楊大中、崔錫華、張澹、安念祖、馬元錦、沈城、周蘭枝、鄭祖經、李沅、秋家丞、繡石道人、胡蘭、周右、畢熙曾、陸宗泰、王寶仁、鄭壽彭、顧晞元、錢襄、包巽權、楊書績、楊喜格、孫詒讓、李濟鏘、馮貞群、沈秉鈺、方穀、盧文弨、余紹宋、巢勝、萬泰、萬學詩、陸心源、陳鱣、費寅、劉墉、默菴、祁允、王宗炎、戴聰、趙宗建、林雲鳳、徐楙、惠兆壬、王國維、王仁偶、丁丙、吳慶坻、丁以布、王暲昌、葉廷枚、管庭芬、吳士鎬、姚景夔等108人，其中傅以禮、王修、馮貞群、張宗祥題跋各3部，莫友芝、蔡鴻鑑、王存善、章炳麟、余紹宋、馬一浮、朱師轍題跋各2部，另有佚名過録黃丕烈者2部、過録毛晉者1部，佚名題跋者5部。這108位題跋者，早有明代的劉發（正德戊寅題記）、何煒（嘉靖二十四年題跋）、黃翼（字子羽），

晚有釋曇昉（弘一法師）、余紹宋、張宗祥、馬一浮、朱師轍、姜亮夫等人。在這些題跋者中有一種很有趣的現象，有一家二人同爲一部書題跋的，如萬泰及其六世孫萬學詩、莫友芝及其子莫繩孫、蔡名衡及其子蔡金相；有爲其親屬稿本題跋的，如祁彪佳的一部稿本有其二十一世孫祁允題跋，陳洪綬的一部稿本有其六世孫陳紳題跋，管應祥的一部輯稿有其從侄管庭芬題跋，王梓材的一部輯稿有其曾外孫孫峻題跋，朱駿聲的兩部稿本有其孫朱師轍題跋，姚燮的一部編稿有其子姚景燮題記，陶方琦的一部稿本有其兄陶方琯題記。

今先將這 72 部善本中的題跋纂輯成編，題跋釋文加標點並配書影，另出於鑒定考訂版本之需，各書題跋之前冠以原書卷端及版本依據、抄配、補版等書影，旨在以圖文並舉的形式向讀者展示這些珍貴文獻的真實面貌，更加立體地反映它們的價值，以發揮其應有文獻作用。

本《圖録》的編纂充分利用了浙江圖書館古籍普查的成果，各普查員在普查時對題跋進行覆核、揭示，並根據普查要求拍攝書影，由二審專家審校認定；前三批題跋業已提交國家古籍保護中心“《國家珍貴古籍名録》中古籍題跋整理”項目，經有關專家審核斧正；編輯排版過程中又得到國家圖書館出版社南江濤編輯的大力指正，對大家付出的辛勤勞動在此謹致以衷心的感謝。由於編者水平有限，多有舛誤脱漏之處，敬請方家批評指正。

編　者

2017 年 7 月

凡　例

一、本編收録浙江圖書館入選前五批《國家珍貴古籍名録》
　　（下簡稱《名録》）的有題跋（含題記、題詩、觀款等，
　　下以“題跋”總言之）的善本七十二部，以國家名録編號
　　先後序次。其中，00001—00007 入選第一批《名録》，
　　00008—00012 入選第二批《名録》，00013—00031 入選
　　第三批《名録》，00032—00033 入選第四批《名録》，
　　00034—00072 入選第五批《名録》。

二、本編不唯《名録》所録之題跋，古籍普查揭示出來的未見《名
　　録》著録的題跋亦在收録之列。

三、本編不唯題跋真蹟，過録之題跋和佚名題跋亦在收録之列。

四、本編各書之著録，凡以下五項：

　　第一項：著録題名卷數、著者、版本及批校題跋諸項。

　　第二項：著録國家名録號、館藏索書號。

　　第三項：著録版式、版本、書中鈐印等信息，與《名録》
　　著録有出入者亦附記於此。

　　第四項：著録册數及殘缺者之存卷。

　　第五項：題跋釋文並標點。

五、第一項批校題跋項列入選該編善本上所有的批校題跋，但
　　釋文及書影僅就題跋而言。

六、題跋著者題跋前後之鈐印隨題跋釋文進行著録，録於釋文
　　之後。書中其他鈐印置於第三項。

七、00012《重校正唐文粹》、00032《相臺五經附考證》幾乎每卷末都有校記，文字多寡不同，00012 全部釋文但擇其顯者配書影，00032 擇顯者進行釋文並配相應書影。00072《復莊今樂府選》，各子目卷端有姚燮辛亥（1851）、壬子（1852）、癸丑（1853）三年間的墨筆校記，各子目卷末有張宗祥甲午（1954）四月、五月、六月朱筆校記，文字較簡，不一一釋文和配示書影。除此之外，題跋全部釋文、標點並配相應書影。

八、出於鑒定考訂版本之需，各書題跋書影之前冠以原書卷端及版本依據、抄配、補版等書影。

九、題跋中的簡體字、避諱字改爲通行繁體字正體，有參考價值的異體字不改。

十、題跋中的殘缺文字用□標明，衍字置於〈 〉內。

目 录

00001 新刊名臣碑傳琬琰之集上集二十七卷中集五十五卷下集二十五卷　（宋）杜大珪編　宋刻元明遞修本（上集卷十一，中集卷六至十二、二十九至三十六，下集卷一至六、二十至二十五配明抄本）（四庫底本）　清俞樾題記

國家名録號 00507，館藏索書號善 000059

　　框高 19.2 厘米，寬 13.5 厘米，半葉十五行，行二十五字，白口，左右雙邊，雙順黑魚尾。有南宋紹熙甲寅（1194）序。册 1 書尾有夏定域審定"浙江省立圖書館善本書簡表"，著録版本爲"南宋孝宗光宗間刊本"。元明遞修。上集卷十一，中集卷六至十二、二十九至三十六，下集卷一至六、二十至二十五配明抄本。鈐有"重遠書樓""楊鼎""楊氏家藏""壽松堂印""壽松堂書畫記"等印。册 1 原封面鈐"乾隆三十八年十一月浙江巡撫王亶送到孫仰曾家藏琬琰録壹部計書拾陸本"朱文戳記，序首葉鈐"翰林院印"，是爲四庫底本。

　　三十二册

目録上首葉前葉俞樾墨筆題：

　　光緒丙申曲園俞樾觀於右台山館并記。（後鈐"曲園"印）

新刊名臣碑傳琬琰之集卷第一

太宗皇帝御製

趙中令公普神道碑

唐堯在位聖賓謂之吁咨虞舜得人天地以之開泰八方理定十
載會昌必旌柱石之林以觀其壯節鹽梅之寄以濟其和平是故
膺運握圖明王聖帝受天寶命開國戎家無不用忠雄間世之臣
先輔基業股肱心膂之資共同甘辛萬代通規一時遭遇保全令
德克荷洪動者其故真定王普之謂矣王普之謂伯翳帝堯賜姓王則平其先顓
頊之高佐禹平水土是謂伯翳帝堯賜姓白嬴氏造父取項自我
功於周穆王受封於趙周德下衰叔帶去周適晉六御取晉遂開
國焉令爲常山人也王緼人倫之風範禀虎豹之儀形晦而不彰
宜而無撓竭其誠志有始有終無善不藏非義勿取項自我
其契人神是時翰將皇甫暉於滁上王時爲邵之參佐捷如響應
明敏獄無寃者　　　太祖開名召見與語深器之消後
相從周世宗南平淮甸水陸兼行龍虎震威號之始發捷如響應
　　　　　太祖伏鉞　　　　　太祖開名召見與語深

新刊名臣碑傳琬琰之集卷十一

范忠宣公純仁世濟忠直之碑

文昭公曾肇

元符三年　皇帝既即政虛心求賢首訪遺老時故丞相范公
以武安軍節度副使安置永州即日走中貴人湖南致　上乃
皇太后命勞賜甚寵所咨皆國家大體蓋以重任初授光祿
卿分司南京道進右正議大夫提舉嵩山崇福宮不數月以觀文
殿大學士中太一宮使召使者閒貴相屬公以疾辭謂國醫往視
公固請還潁昌里第　　上察其不可彊起許之然每對輔臣以不
見公爲恨又手詔公曰卿有忠言嘉謀宜時陳奏以副朕春待者
德求治之意既而公疾益侵請老不許建中靖國元年正月癸亥
薨年七十有五　上聞震悼會　皇太后崩不視朝閉對輔臣語
及公輒動容常賜外賜銀三千兩贈開府儀同三司敕輔昌
河南給其家葬事賜世濟忠直四字曰以是書於墓隧碑首又詔葬
為輟視朝有司節惠諡曰忠宣四月庚子葬公於河南尹樊鄉萬安

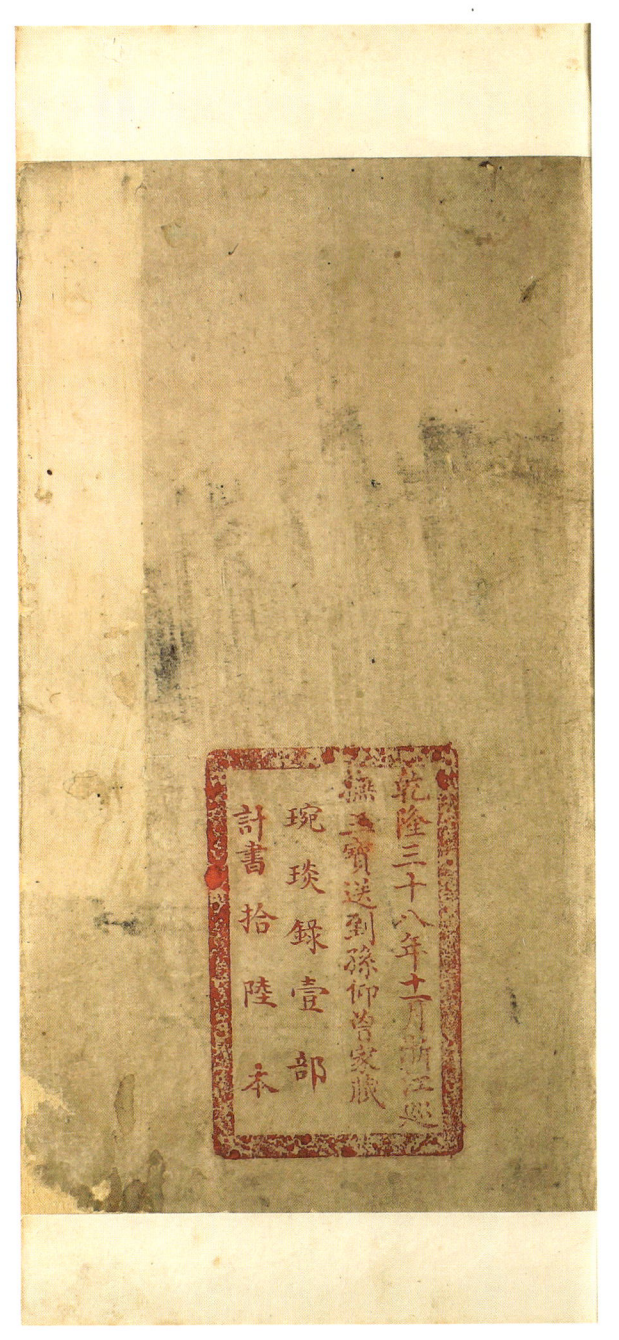

乾隆三十八年十一月浙江巡
撫三寶送到孫仰曾家藏
琬琰録壹部
計書拾陸本

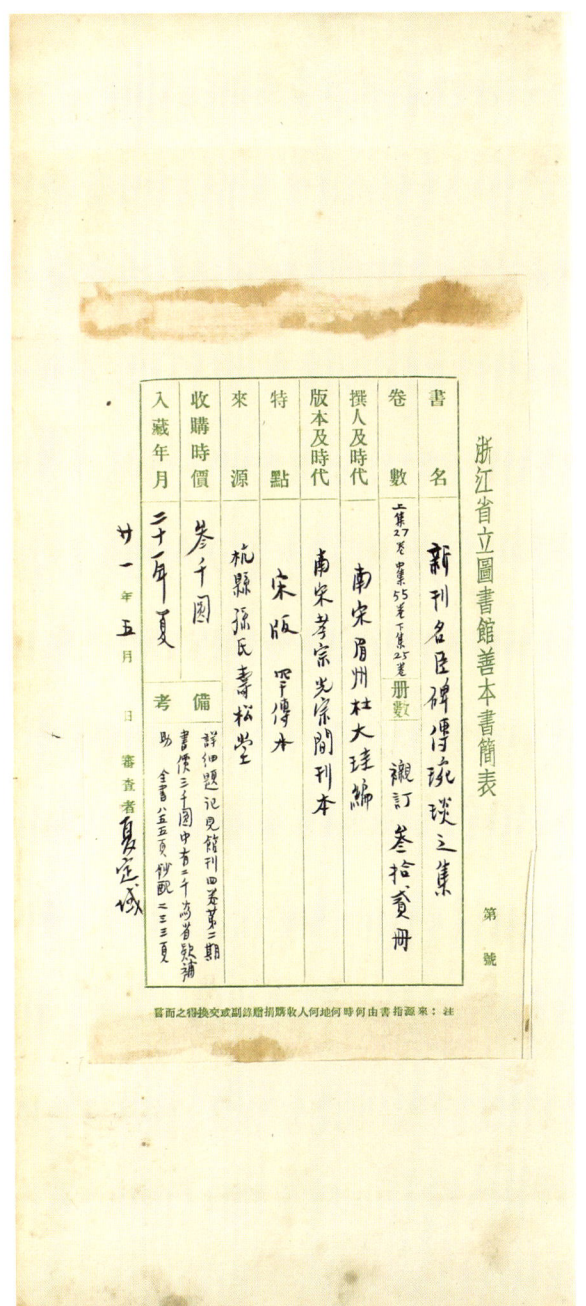

浙江省立圖書館善本書簡表　　第　號

書名　新刊名臣碑傳琬琰之集
卷數　上集27卷 中集55卷 下集25卷　冊數　襯訂叁拾貳冊
撰人及時代　南宋眉州杜大珪編
版本及時代　南宋孝宗光宗間刊本
特點　宋版 平傳本
來源　杭縣孫氏壽松堂
收購時價　叁千圓
入藏年月　三十一年夏
　　　　月　日　審查者 夏定域
備考　詳細題記見館刊四卷第三期
助　書價叁千圓中吉二千為省款補
　　助　全書八五五頁 抄配二三三頁夏

註：來指何書由何時何地何人敦購贈捐諸副或交換得之而嘗

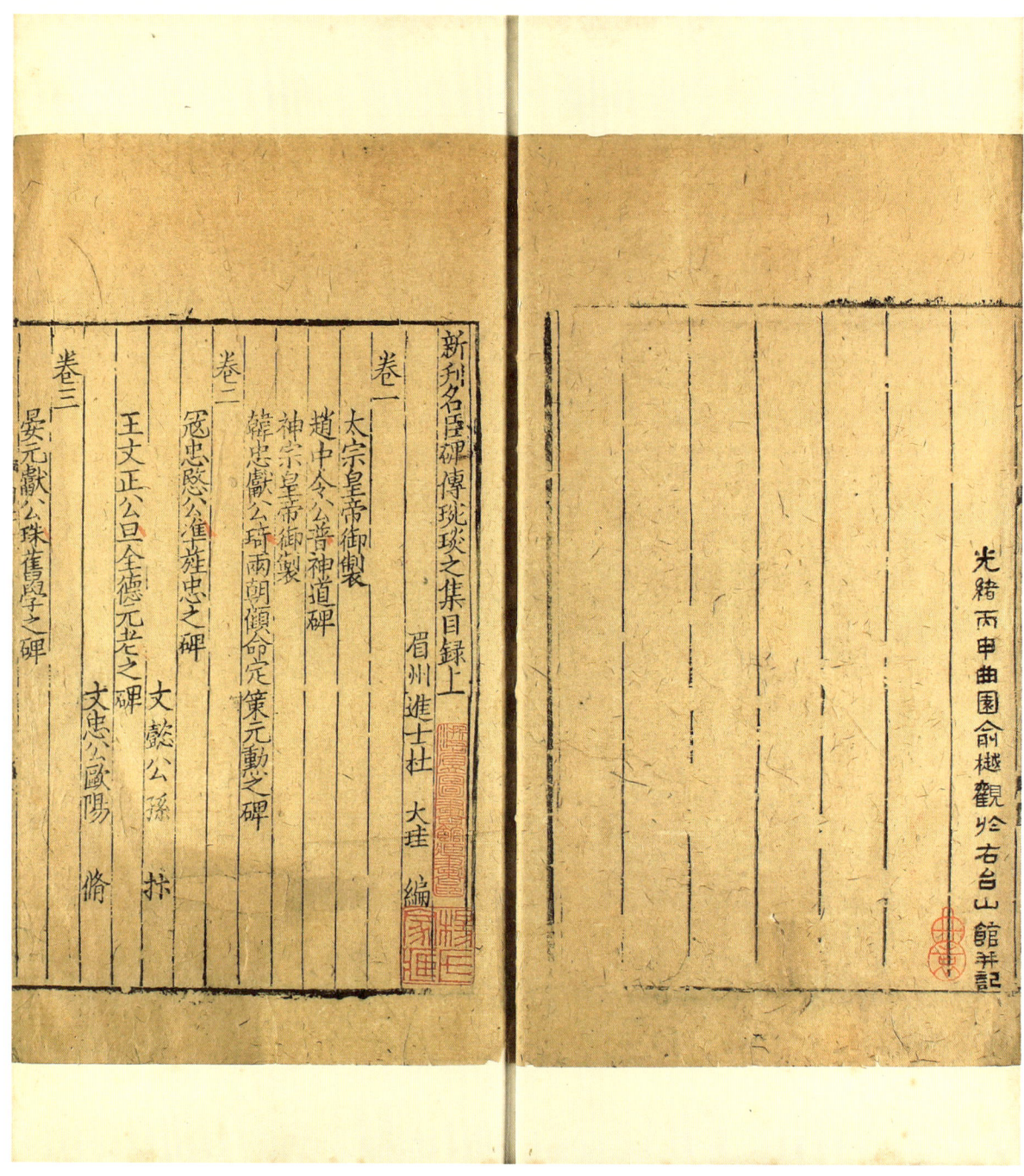

00002 古今合璧事類備要前集六十九卷後集八十一卷續集五十六卷 （宋）謝維新編 古今合璧事類備要別集九十四卷外集六十六卷 （宋）虞載輯 宋刻本 佚名跋

國家名録號 00813，館藏索書號善 000227

　　框高 17.8 厘米，寬 11.5 厘米，半葉七行，行字不等，小字雙行二十四字，上下黑口，左右雙邊，雙順黑魚尾。鈐有"汪士鍾藏""廷俞珍藏""周印詩頌""道來珍藏""梓材珍藏書畫""張印肅梁""梓材"等印。國家名録著録所存前集卷三十六至四十實應爲續集之卷三十六至四十。

　　二十四册（存七十六卷：前集一、四至十二、二十一至二十四、三十五、四十一至五十二、五十六至六十二、六十六至六十九，後集一至十二、四十三至四十七、六十二至六十三、六十五至七十四、七十七至七十八、八十至八十一，續集三十六至四十）

册 1 襯葉浮葉佚名墨筆題：

　　此書載《藝風堂藏書續記》卷五第十六頁《類書門》，原存廿四本。

　　長洲汪士鍾，字閬源，清道光間大藏書家，其藏書室名"藝芸書舍"。嘉慶时，吴中藏書以黄蕘圃、周香巖、袁壽階、顧抱沖爲四大家，後盡歸士鍾，故宋元本之多可與常熟之毛、泰興之季相垺。有《藝芸書舍宋元本書目》。毛子晉有《汲古閣秘本書目》，季滄葦有書目。

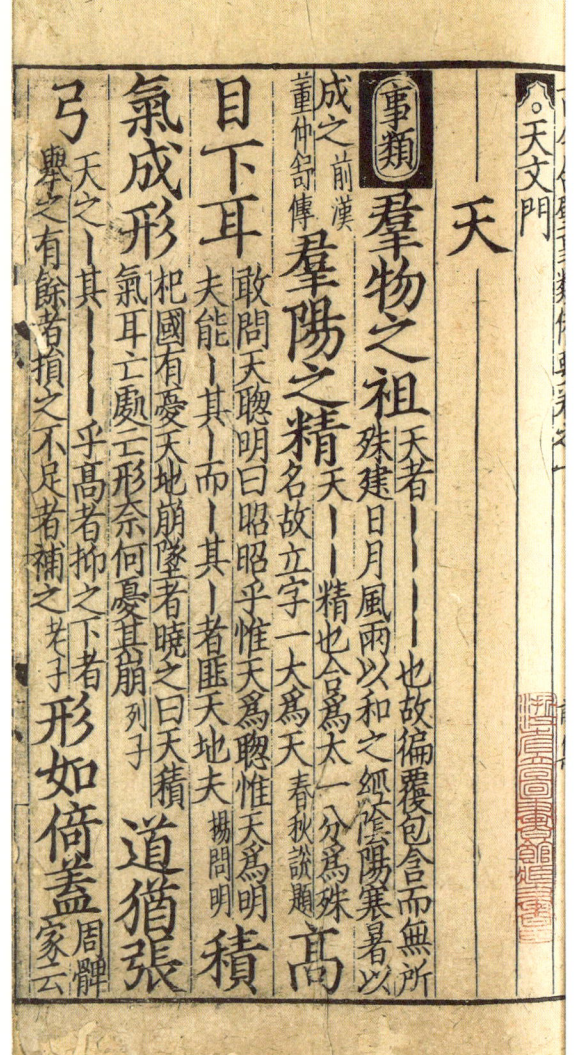

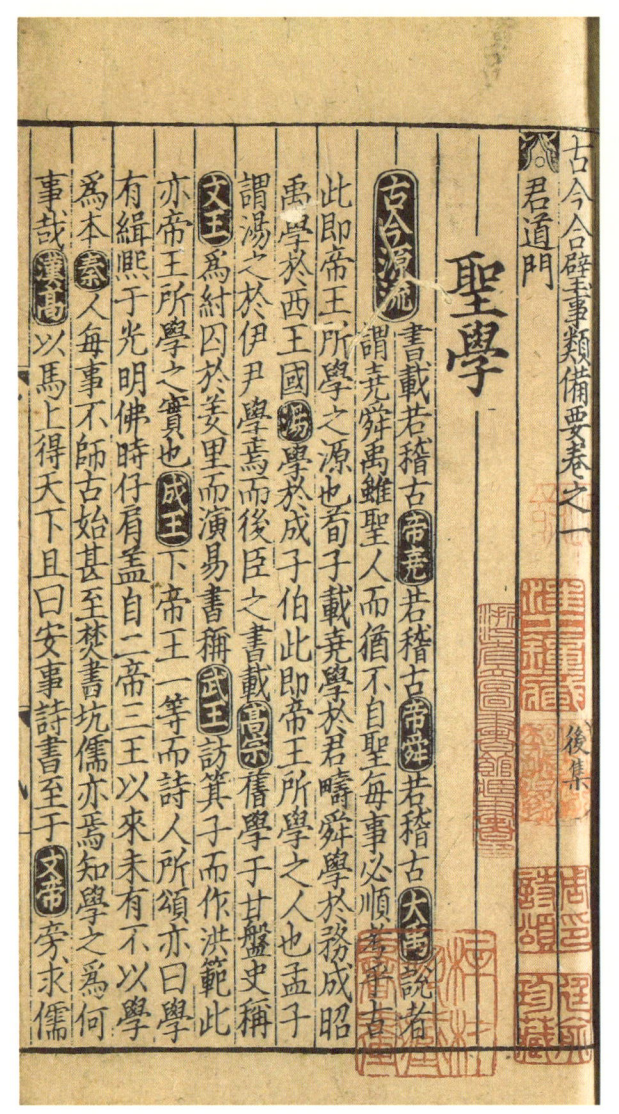

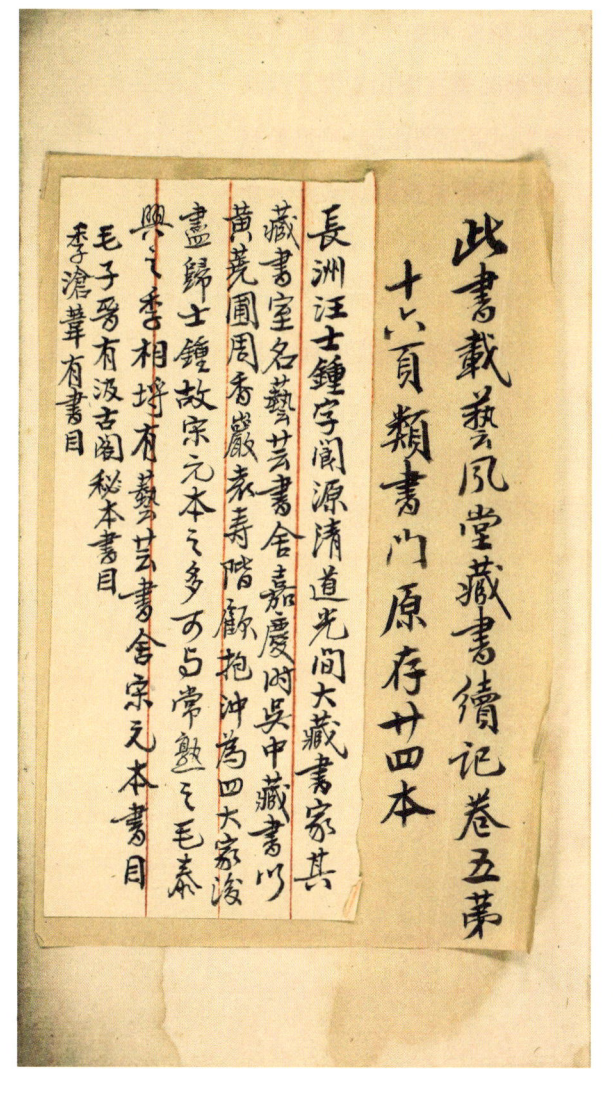

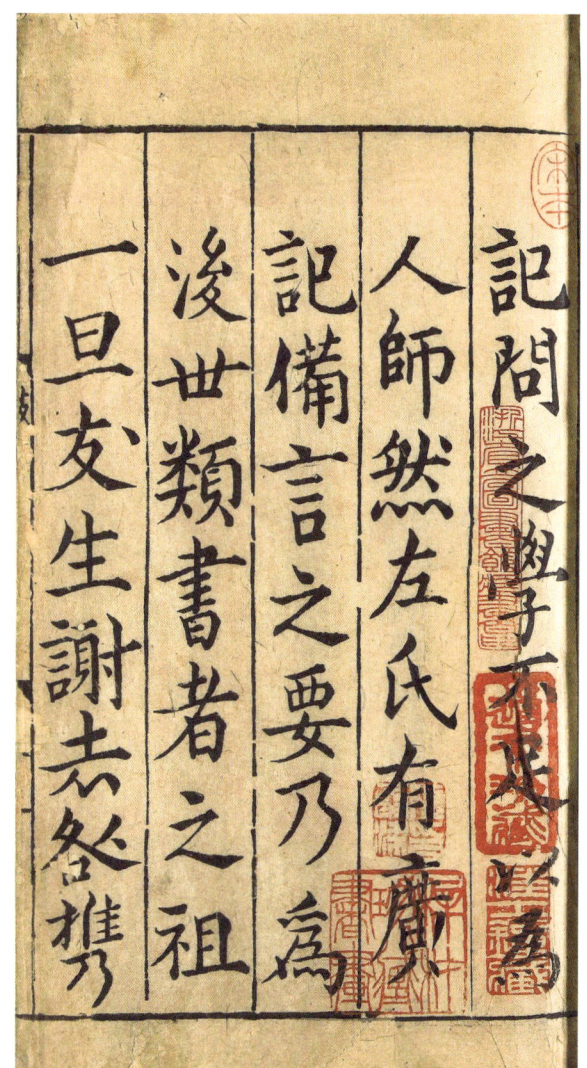

00003 筮儀象解不分卷 （清）陳洪綬撰 稿本 清陳紳、清楊榮、沈鶴書、單丕跋

國家名録號 01291，館藏索書號善 000004

開本高 23.5 厘米，寬 15.4 厘米，無版框，半葉九行，行二十四字，小字雙行同。國家名録著録時未提及陳紳、楊榮、沈鶴書、單丕四人題跋。

四册

卷前襯葉陳紳墨筆題：

《筮儀象解》一卷，吾祖章侯公著作而手筆也，殊爲難得。此册年譜已載，久而未見爲恨。今遊幕長安，遇蕭寺僧，語及兹册，喜甚，以五十金易之，攜歸。昨日裝潢，藏之家塾焉。六世孫紳敬述。

卷前襯葉沈鶴書墨筆題：

陳洪綬，字章侯，諸暨人。四齡就讀婦翁家塾，翁方治舍堊壁，誡童子曰：“毋許人入我室污我壁。”洪綬入，眎之良久，紿童子出，自纍其案登之，手繪漢前將軍關侯像，長十餘尺，拱而立。童子至，惶懼號哭，聞於翁。翁見之，驚且拜。即其舍，奉香火。既長，師事藍山，講性命之學。已而意有所不如，遂縱酒近婦人，而頭面或數十日不沐。客有求畫者，雖磬折至恭，輒弗與。或置酒召妓，輒自至自索紙筆，雖孺子僕從無不應。嘗赴西湖友人之召，先與他船遇，徑登其席，據上坐，舉酒大嚼，主人怪之，已知其爲綬，亟稱其書畫，洪綬鹹曰：“子與我素不相識也！”竟起，拂袖去。崇禎末，入貲爲國子監生。明年還里，遭亂，混蹟浮屠氏，自稱老遲，又稱悔遲，亦稱老蓮。醉酒狎妓則如故。醉後語及國家淪亡、身世顛連，輒痛哭不已。後書畫名逾重，而意逾奇。更數年，以疾終。按：老蓮書法本褚河南，參以米襄陽，而實運以己意，便如天女散花，不可思議。長於易理，所著《筮義》等書楷法精妙，識者珍之。其畫是無等等書咒，乃宿世得來者，後人摹仿之筆，

直是蓬蒢戚施，自獻其百醜圖耳。當時與徐天池先生並稱，可云雙美矣。世傳老蓮之妾胡净鬟者亦能書畫，罕有覩其筆墨矣。余家於癸亥夏得先生墨寶甚夥，爲撮其大略，以誌嚮往云。山陰沈鶴書雲巖氏誌。（後鈐"崔"印）

書尾楊棨墨筆題：

老蓮居士博極群書，於三教九流之學無不通曉。《筮儀》一書，特其一斑，難得者其手録耳。老蓮書得力褚河南，而糅以襄陽筆意，正如天仙化人，往來太空，不可以蹟象求。但見於卷册者多，見於抄録書籍者少，得此可不寶諸？時道光庚子小雪後五日七十八白楊風子棨書於一枝山房。（後鈐"吉道人""仲棨"印）

書尾單丕墨筆題：

右《筮儀象解》爲陳洪綬手稿，首《筮儀》，次《分宮卦象》次序，又次《卦歌》，又次《八卦取象》，皆録自《易本義》。而《分宮卦象》次序則小有移動，《八卦取象》以下爲《卦象》等十解，而次以《變占考》，又次即六十四卦之約注。六十四卦載卦辭、爻辭，而彖象從闕，蓋意主便占，彖象自可略也。《約注》大都以《本義》爲主，有節取《本義》不易一字者，如《乾坤》卦辭之注《坤卦》二爻以下之注是；有訓詁取《本義》而義出別裁者，如《屯卦》二爻、《訟卦》四爻之注是；有取諸《本義》而改易一句者，如《需卦》二爻、《訟卦》二爻之注是。綜觀全書，其擷取《本義》雖多寡不同，而六十四卦中舍大過、坎、解、益、升、艮、旅、渙、節、中孚、小過十一卦外，實皆以《本義》爲藍本，而上經之取資尤多。此大較也。又尋隨卦《本義》，有今按四德云云，直録原文，一無分別。噬嗑三爻注"噬而易嗑者"句誤倒"噬而"爲"而噬"，恒四爻注"乃亨而无咎"句誤書"亨"爲"享"，皆由失檢，未免小疵。然詮義平易，不涉術數，自有可傳者在，不僅書法俊逸已也。中華民國十七年七月單丕庵。

筮儀

擇地潔處為蓍室南戶置牀于室中央。

牀大約長五尺廣三尺毋太近壁。

蓍五十莖韜以纁帛貯以皂囊納之櫝中置于牀北。

櫝以竹筒或堅木或布漆為之圓徑三寸如蓍之長半為底。

半為蓋下別為臺函之使不偃仆。

設木格于櫝南居牀二分之北。

格以橫木板為之高一尺長竟牀當中為兩大刻相距一尺。

大刻之西為三小刻相距各五寸許下施橫足側立案上。

筮儀

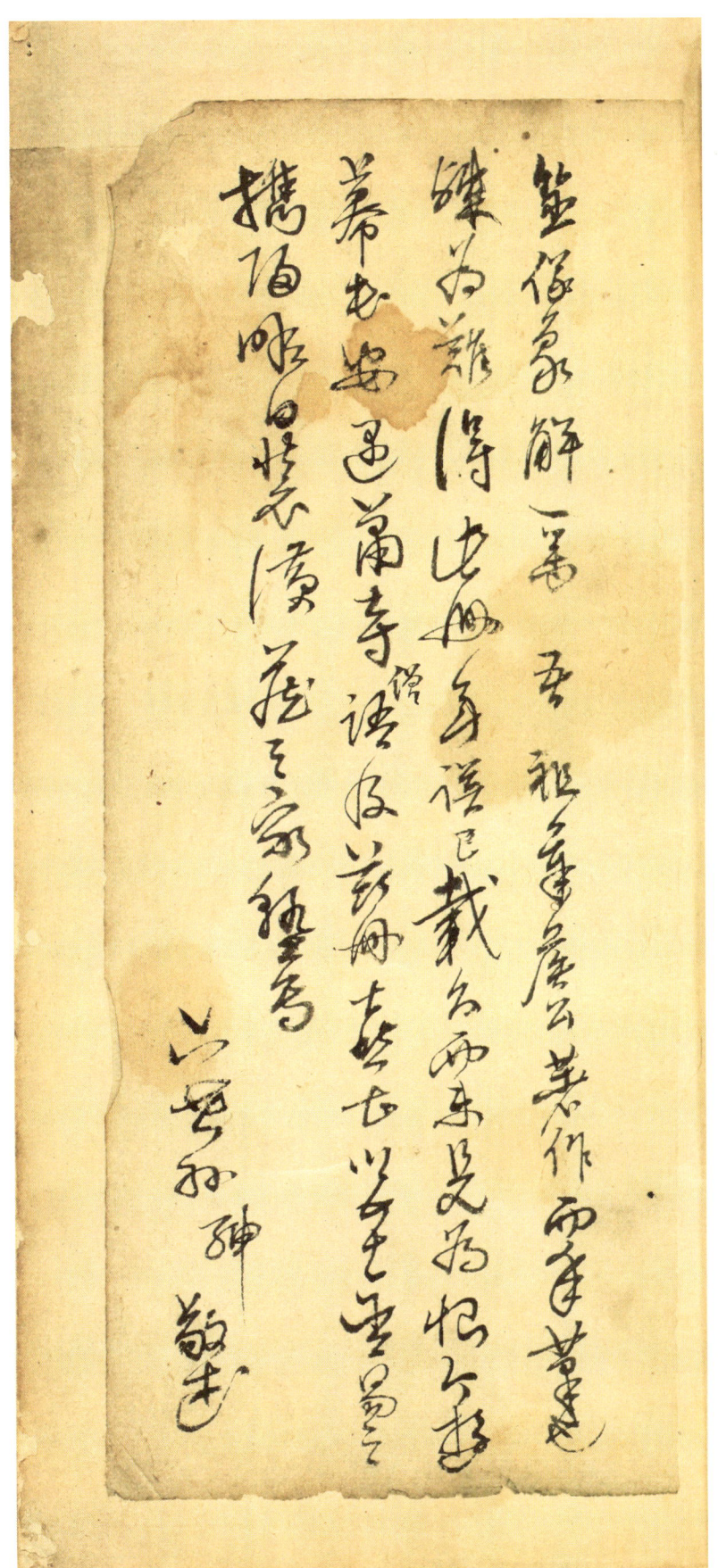

陳洪綬字章侯諸暨人四齡就讀婦翁家塾翁方治舍堊壁誡童子曰母許人入我室污我壁洪綬入塈之良

久紿童子出自蔡其案登之手繪漢前將軍關侯像長十餘尺拱而立童子至惶恐號哭聞於翁翁見之驚

且拜即其舍奉香火阮長師事藏山講姓命之學已而意有所不如遂縱酒近婦人而頭面或數十日不

沐客有求畫者雖酷折至褻辱弗與胷或胷酒召妓輒自至目索紙筆雖孺子儓從無不應當赴西湖友

人之召先與他船遇徑登其席據工坐揮酒大嚼王人怪之已如其為綬巫稱其畫洪綬赧曰子與我

素不相識也竟起拂袖去宗稹末入賞為國子監生明年遭亂混跡浮屠屠氏自稱老遲又稱悔遲六

稱老蓮醉酒狎妓則如故醉後語及國家淪亡身世顛連輒痛哭不已後書名逾重而意愈奇更數年居

疾終按去蓮書法本褚河南參以米襄陽而瞑眴以己意便如天女散花不可思議長千易理所著籤

義等書楷法精妙識者珍之其畫是無等等書兇乃屆世得來者詆入摹仿之筆直是邊施自獻其百

醜圖耳當時與徐天池先生並稱可云雙美世傳老蓮之妾胡鬘者亦能書畫罕有覩其筆墨矣

余家於癸亥夏得先生墨寶甚夥為撮其大略以誌嚮往云山陰沈鶴書雲巖氏誌

老蓮居士博極羣書於三教九流之學無不
通曉筮儀一書尤其一斑雜以者其手錄年
老蓮書法刀裁河南石漆以襄陽筆意正此

天仙化人往來太空不可以迹求但覓其卷冊用告
多見摘錄書籍去少得此可不寶諸以詒遠光

庚子夏吾七十八白楊風子癸未一校西廬

右筮儀象解爲陳洪綬手稿
首筮儀次分宮卦象次序又
次卦歌又次八卦取象皆錄
自易本義而分宮卦象次序
則小有移動八卦取象以下
爲卦象等十解而次以變占

考又次即六十四卦之約注
六十四卦載卦辭爻辭而象
象從闕蓋意主便占象象自
可略也約注大都以本義爲
主有節取本義不易一字者
如乾坤卦辭之注坤卦二爻

以下之注是有訓詁取本義
而義出別裁者如屯卦二爻
訟卦四爻之注是有取諸本
義而改易一句者如需卦二
爻訟卦二爻之注是綜觀全
書其擷取本義雖多竇不同

而六十四卦中含大過坎解
益升艮旅渙節中孚小過十
一卦外實皆以本義為藍本
而上經之取資尤多此大較
也又尋隨卦本義有今按四
德云云直錄原文一無分別

噬嗑三文注噬而易嗑者句
誤倒噬而為而噬恆四文注
乃亨而无咎句誤書亨為享
皆由失檢未免小疵然詮義
平易不涉術數自有可傳者
在不僅書法俊逸已也中華

民國十七年七月單末庵華

00004 六十四卦經解八卷 （清）朱駿聲集註　稿本　朱師轍跋

國家名録號 01300，館藏索書號善 000433

　　框高 19.2 厘米，寬 14.3 厘米，半葉十一行，行二十四字，小字雙行同，白口，左右雙邊，雙對黑魚尾。國家名録著録時未提及朱師轍題跋。

　　四册

第四册書尾朱師轍墨筆題《六十四卦經解跋》：

　　伏羲得河圖而重卦（重卦有四説，或言伏羲，或言神農、夏禹、文王），爲《易》之始。《周禮》："太卜掌三《易》之灋，夏曰《連山》，商曰《歸藏》，周曰《周易》。"舊説文王囚羑里作《卦辭》，周公作《爻辭》，孔子作《十翼》（彖、象、繫辭上下傳、文言、説卦、序卦、雜卦傳），而《周易》始著。孔子傳易商瞿，瞿五傳至西漢田何益盛。立於學官者，有施讐、孟喜、梁丘賀、京房（漢傳《易》有二京房，此爲焦延壽弟子字君明者）四家，皆《易》今文。而民間私傳有費直、高相二家（高兼今文），皆《易》古文。東漢馬融、荀爽咸傳費氏，鄭玄爲融弟子，亦由京《易》復習費《易》，於是今古文並重。又虞氏世傳孟《易》，至翻而盛。蓋漢初治《易》專主義理，其後則參陰陽術數。孟氏以卦氣説《易》（轍按：卦氣見《乾鑿度》，古《易》説），漸趨陰陽災變。焦延壽、京房承之，益重占驗。故清惠棟謂："卦氣六日七分，七十二候，十二月消息，皆出於孟喜。"張惠言則謂："鄭玄之爻辰，荀爽之升降，虞翻之消息納甲，俱其一端。"説《易》穿鑿之弊至漢末已極，故魏王弼出，一掃而空之，以玄言説《易》，由是王學盛行，漢《易》衰落。至唐孔穎達注疏，以王注爲主，社會益厭漢尊王學，雖有李鼎

祛《集解》稍述漢遺緒，然不足以振之。至宋盛談象數，陳摶創《太極》《河洛》先天後天之説，《易》又一變，宋之言《易》者宗之。周敦頤爲《太極圖説》，邵雍精數學，著《皇極經世》，亦爲學者所宗。程頤著《易傳》，舍數言理，故亦推王弼，惟不參老氏之旨，比王爲精。朱子作《本義》，以補程傳言理不言數，故篇首冠以九圖，又撰《啓蒙》，發明圖書之義。或疑九圖爲僞，其實《易》固重理，而亦不能略數，特不可以宋之太極圖書遂爲《易》數耳。至清毛奇齡、黃宗羲、弟宗炎、胡渭、張惠言於圖書皆有辯論，而以胡、張爲精。又焦循以《洞淵九容》比例説《易》，王伯申謂其精鋭鑿破混沌，先大父豐苣博士則謂其勞而寡功。蓋先大父深於經小學，兼通百氏，尤邃於《易》，且精天算，故能中其失。先大父著有《易》六種，而以《六十四卦經解》八卷爲最要一名《周易匯通》，綜核漢宋以來各家之《易》説，而評論其短長，附見於注中；訓詁必窮其原，廣引古籍蘊義、歷史事實以證明人事。又《易》之異同咸爲臚列，而判其得失，其於之卦變化、互卦文義相通者言之尤詳，非精熟深思，經數十年博覽考證研究之功，不克臻此。蓋其用力於《易》，與《説文通訓定聲》相等，實《易》空前之書，最便讀者。又於鄭玄《爻辰》《古今占〈易〉徵驗》並附載焉。至於天文算術之實求，陰陽術數之隱賾，地理方域之考證，卦辭古韻之增訂，固爲先大父之專擅，尤能貫通，非他家所可企及。又於本書隨手劄記其心得卅餘條，多説《易》例及評清代《易》家著述，兹録爲一卷，題曰《易例發揮》，附刊卷首，可與《學易劄記》參觀。學《易》者得此一編，可以無須旁求，已可得其奧要矣。余因略述《易》學歷代大家之派別及先大父斯編之要旨，以告學子，俾便探研，或不無小補歟？公元一九五三年二月十四日，舊曆癸巳元旦，孫師轍謹識於杭州岳王路卅號寄廬，時年七十有五。

重卦者或云伏羲
或云神農夏禹文王
者四說
又連山氏以乃河圖八
困八日連山歸藏氏以
河圖商八因以常藏
伏羲以乃河圖因
又易于文屬勾象自
眾之散著

說卦本有三篇漢初
河内女子獻書時巳亡
其中下篇後人以序卦
雜卦者之上孔子十翼本
等序卦雜卦此二說也

古易會通六十四卦經解　　　　　朱駿聲　集註

連山氏神農也夏曰連山氏歸藏氏黃帝也　　因神太卜掌三易之灋

伏羲得河圖而重卦夏曰連山商曰歸藏周曰周易周者

言易道周普无所不備也　易有三義易簡變易不易是也

又曰月為易又曰蜥蜴能　舊說　生易之易讀若希　用易之易讀若陽
十二時變色易文象形

孔子作象上下傳象上下傳繫上下傳文言說卦序卦雜　文王羑里作卦辭周公作爻辭

卦傳謂之十翼　象之義出于承　芽犀也稊神也一角　象之義出于象

繫辭傳曰天尊地卑乾坤定矣　乾道成男坤道成女乾知

大始坤作成物乾以易知坤以簡能　成象之謂乾效法之

謂坤　夫乾其靜也專其動也直是以大生焉夫坤其靜也

翕其動也闢是以廣生焉　闔戶謂之坤闢戶謂之乾

坤其易之縕耶乾坤成列而易立乎其中矣乾坤毀則无以

六十四卦經解跋

伏羲得河圖而重卦　或言神農夏禹文王
爲易之始周禮太卜掌三易之灋夏曰連
山商曰歸藏周曰周易舊說文王囚羑
里作卦辭周公作爻辭孔子作十翼
繫辭上下傳文言說卦序卦襍卦傳而周易始箸孔子傳易商
瞿五傳至西漢田何益始立於學
官者有施讐孟梁立費京房漢傳
二京房此爲焦延壽弟子字君明者有費直高相二家
私傳有費直高相二家

文東漢馬融荀爽咸傳費氏鄭玄爲
融弟子亦由京易復習費易於是今
古文並重又虞氏世傳孟易至翻而
盛蓋漢初治易主義理其後則
參術數陰陽孟氏以卦氣說易
歸之益重占驗故清惠棟謂卦氣六日
七分七十二候十二月消息皆出於孟喜
張惠言則謂鄭之文辰荀爽之升降
虞翻之消息納甲俱其一端說易穿鑿

之弊至漢末已極故魏弼（王）出一埽而空
之以玄言說易由是王學盛行漢易
衰落至唐孔穎達注疏以王注為主
會益厭漢尊王學雖有李鼎祚集
解稍述漢遺緒然不足以振之至宋
盛談象數陳搏衍太極河洛先天後
之說易又一變宗之言易者宗之周敦
頤為太極圖說邵雍精數學著皇極
經世亦為學者所宗程頤著易傳舍數
言理故亦推王弼惟不參老氏之旨此王

為精朱子作本義以補程傳言理不言
數故篇首冠以九圖又撰啟蒙發明圖
書之義或疑九圖為偽其實易圖重理
而亦不能略數特不可以太極圖書邊
為易數耳至清毛奇齡黃宗羲第
宗炎胡渭張惠言於圖書皆有辯論
而以胡張為精又焦循以洞淵九容比例
說易王伯申謂其精銳鑿空破渾沌先
大豐芑博士則謂其勞而寡功蓋先大
父深於經小學兼通一百氏尤邃於易

且精天算故能中其失先大父有易六種
而以六十四卦經解幾卷一名周易綜
核漢宋以來各家之易說而評論其短
長附見於注中訓詁必窮其原廣引古
籍蘊義歷史事實以證明人事文易
之異同(別有易斷章句咸為臚列而判其得)
失其於卦變化互卦文義相通音言
之詳非精熟深思經數十年博覽研
究之功不克臻此蓋其用力於易與說
文通訓定聲相等實易空前之書最

便讀者又於鄭玄芟辰古今占易徵驗
並附載焉至於天文算術之實求陰陽
術數隱晴地理方域之放證卦辭古韵之
增訂固為先大父之專擅尤能貫通非
他家所可企及又於本書隨手劄記其心
得卅餘條多說易例及評清代易家著
述茲錄為一卷題曰易例發揮附刊
卷首學易者得此一編可以無須旁
求已可得其奧要矣公元一九五三年

二月孫師轍謹於杭州岳王路卅號寄廬

00005 四書遇不分卷 （清）張岱纂　稿本　周大輔批 馬浮跋

國家名録號 01392，館藏索書號善 000014

　　框高 19.0 厘米，寬 13.4 厘米，半葉八行，行二十字，白口，四周單邊。文中附沈鏡與石友先生函一葉。鈐有"鏡明""蘭瑞齋""虞山周左季鴒峰艸堂藏書印""周大輔家藏圖史""曾經鴒峰艸堂周氏所得""周大輔印"等印。曾經民國二十五年浙江省文獻展覽會陳列。國家名録著録時未提及馬浮題跋。

　　六册

册 1 襯葉馬浮墨筆題：

　　明人説經，大似禪家舉公案，張宗子亦同此血脈。卷中時有雋語，雖未必得旨，亦自可喜，勝於碎義逃難、味同嚼蠟者遠矣。馬浮。（後鈐"湛翁"印）

此人說經士似禪家舉公案
張宗子亦同此意脈書甲時
書舊語雖未必得百亦自
可喜潔於辭義迴難啐同
喈時燭者遠矣 馬序

四書遇

大學

聖經章

山陰張 岱纂

艾千子曰對小學而言謂之大學令人以大學屬之
成均辟雍謂天子之學不與庶方小侯同者此是大
學止一學宮之名耳然則改其文曰成均辟雍之道
在明：德可乎後學慎之

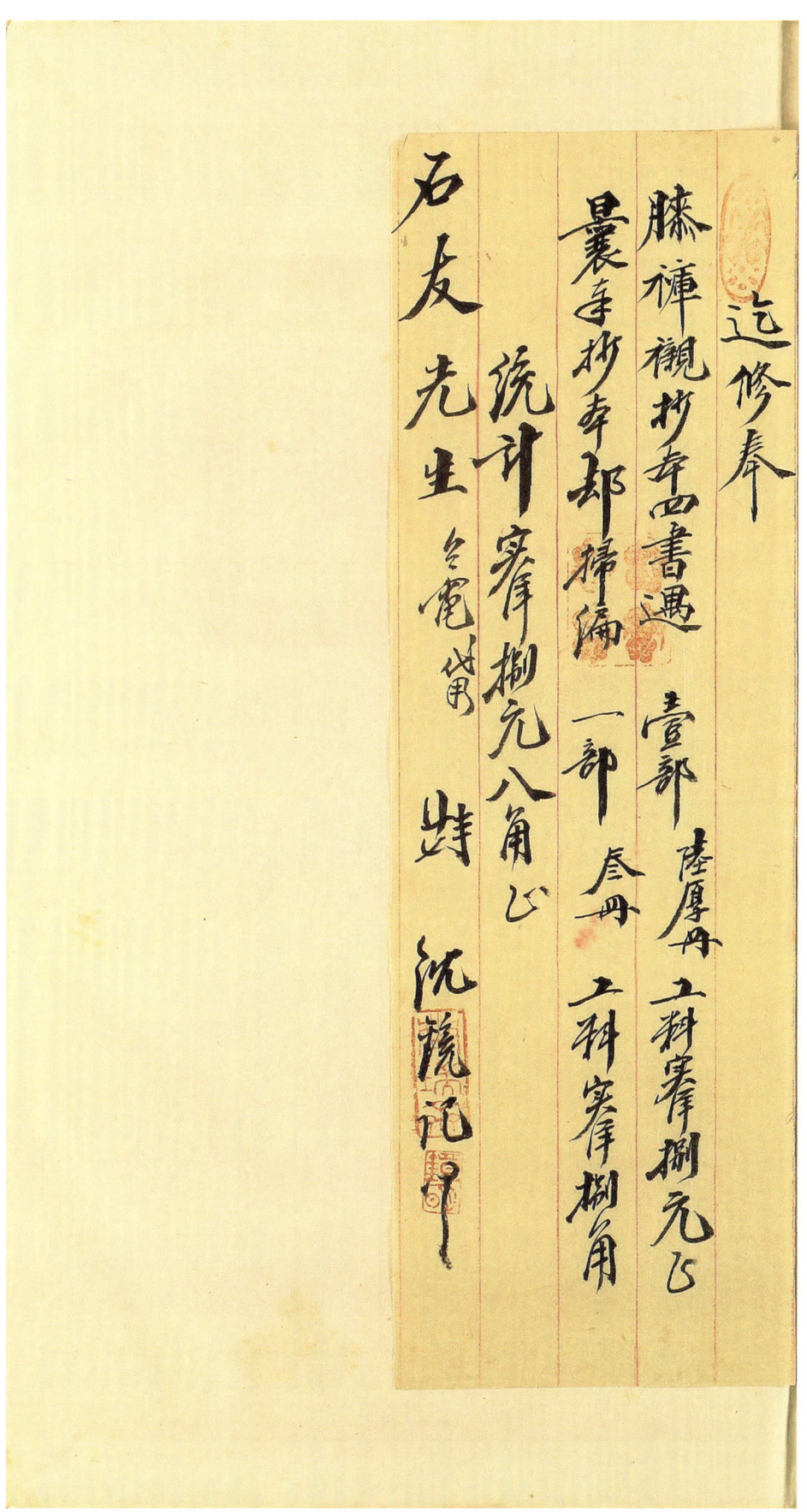

00006 宋元學案補遺一百卷首一卷附三卷 （清）馮雲濠 （清）

王梓材輯　稿本　孫峻跋

國家名録號 01585，館藏索書號善 001338

　　開本高 24.2 厘米，寬 15.1 厘米，無版框，行數及行字不等。有道光十八年馮雲濠跋及道光十八年、二十一年王梓材二跋。鈐有著者王梓材"艧軒"印。曾經民國二十五年浙江省文獻展覽會陳列。題跋款署"康侯"，"康侯"爲浙江仁和（今杭州）藏書家孫峻（1869—1936）的字號。國家名録著録時未提及孫峻題跋。

　　二十五册

册 1 末浮葉孫峻墨筆題：

　　王艧軒先生《宋元學案補遺》手稿，原訂四十卷，改訂壹百卷，計二十五本，四明屠用錫藏。

　　是稿爲外曾祖王艧軒先生手録。原稿歸屠氏古娑羅館之經過，詳《四明叢書》第五集是書校刊記。民國二十五年冬，張約園以是稿歸藏，並告明年三月可出全書，喜極欲狂，書此以告我子孫，當永寶之。海内惟約園藏有寫清本而已。康侯識。二十五，十二，二十九。

　　再，約園並代送浙江文獻展覽會陳列，故第一本附有"曾經民國二十五年浙江省文獻展覽會陳列"之印。康侯又識。

作兩分馮王校補

宋元安定學案補遺卷一

後學鄞慈谿馮雲濠
王梓材同輯

安定學案補遺

推官胡先生訥

胡訥京兆人安定先生翼之父也仕為寧海節度推官著孝

行錄二卷所記多宋初人別見賢惠錄記婦人之賢者

通判王先生逢

王逢字當塗人教授蘇常學者常數百人晚始登第累官

至國子直講駙馬李暐嘗從學後為先生求遷官先生不受久

之以太常博士通判徐州先生與胡安定最善著書有易傳

十卷乾德指說一卷復書七卷姓譜

員外郎楊無為先生傑

0 2 7

王艘軒先生宋元學案補遺手稿

原訂四十卷改訂畫百卷計三十五册

四明屠用錫藏

是稿為外曾祖王艘軒先生手錄原稿歸屠氏古溙羅

館之經迎詳四明叢書弟五集是書校刊記民國二十

五年冬張約園以是稿歸藏並告明年三月可出

全書喜極疏狂書此以告我子孫當永寶之海内惟

約園藏有寫清本而己 柯侯識 三十五十二二十九、

再約園並代送浙江文獻展覽會陳列故弟一平附有蜀锥民國

二十五年浙江省文獻展覽會陳列之汀 柯侯又識

00007 增廣註釋音辯唐柳先生集四十三卷別集二卷外集二卷

（唐）柳宗元撰 （宋）童宗説註釋 （宋）张敦頤音辯 （宋）潘緯音義 **附録一卷** 明正統十三年（1448）善敬堂刻本 明黄翼跋並過録明王錫爵批點

國家名録號 02043，館藏索書號善 000242

　　框高 20.2 厘米，寬 12.7 厘米，半葉十三行，行二十三字，上黑口，四周雙邊，雙順黑魚尾。鈐有"字子羽""黄翼之印"印。文中有黄翼過録明王錫爵批點。國家名録著録時未提及黄翼題跋。

　　十六册

册 1 襯葉黄翼朱筆題：

　　王文肅批點柳文已行世，是又一本，遜之、璽卿得之周子孟家藏者。壬申秋日借臨於玉蘭軒。翼識。

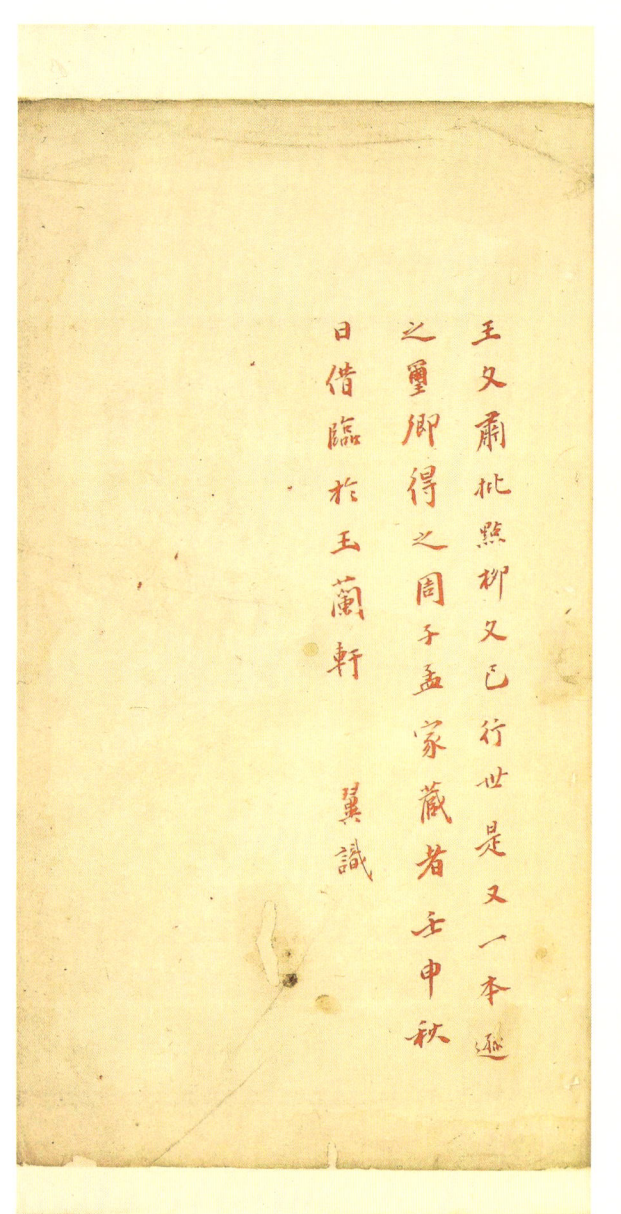

王又刪批點柳又已行世是又一本
之璽卿得之同子孟家藏者壬申秋
日借臨於玉蘭軒　翼識

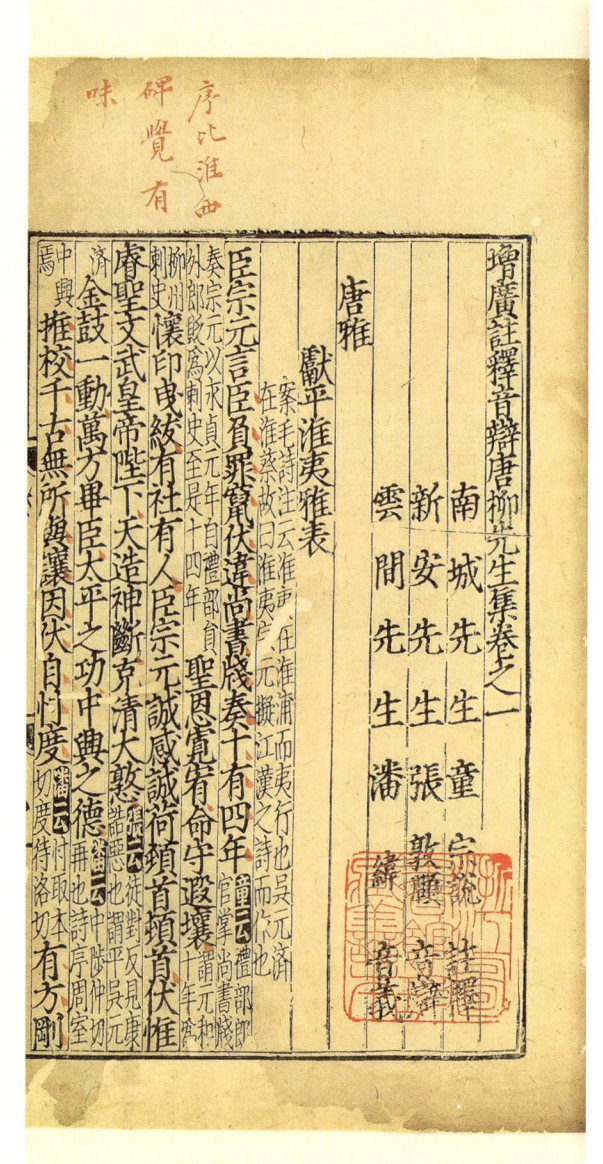

增廣註釋音辯唐柳先生集卷之一

唐雅

獻平淮夷雅表

南城先生童宗說註釋
新安先生張敦頤音釋
雲間先生潘緯音義

臣宗元言臣負罪跧伏違尚書牒展十有四年……

00008 鬳齋考工記解二卷 （宋）林希逸撰 **考工釋音二卷** 宋刻元延祐四年（1317）重修本 明何煒批注並跋

國家名録號 02569，館藏索書號善 000008

框高 20.7 厘米，寬 15.5 厘米，半葉十行，行十八字，小字雙行同，白口，四周單邊，雙順黑魚尾。版心下鐫刻工"楊慶""鄭立"等，據《中國古籍版刻辭典（增訂本）》第 292、576 頁，楊慶、鄭立爲南宋淳祐間人。部分書葉版心下鐫有"延祐四年刊""延祐四年刊補""延祐四年補刊"。鈐有"四明范氏圖書記"等印。國家名録著録存一卷（上），實存二卷（上、釋音上）。

一册（存二卷：上、釋音上）

卷上葉七十八書眉何煒墨筆題：

文章青赤東南起，黼黻相从西北旋。白黑如東南次弟，中黄五色繡方全。

愚撿讀此記，始知朱子承杜預之誤，以黻注蔽也。庸作近體廿八字以揩其方位五色，學者格物之功不可少也。嘉靖二十四年七月二十三日記。

卷上末葉何煒墨筆題：

考工之記多殘缺，殘缺多兮不可觀。細閲鬳州林氏注，注卑者器有根原。

嘉靖廿三年四月十八日，耆古生每觀古書，皆題以近體以志之。《周禮·冬官》不缺，散見於五官之中，李唐君臣不審，以《考工記》補《冬官》之缺，非也。鈞臺丘葵始考正之，學者不可不誊，嗣吾後者當知之。吾年六十有七也，因收藏之，有一部全，一部缺下表矣，并志各體字云。（後鈐"三一居士""四州艸堂""耆古生""何氏朩明""何煒之印""景詹"印）

破俗用
考是互
用也

虞中建
初鬲
屬

誤俗作
屬

撰

鈇壞也俗用
宮闕之闕。

虞齋考工記解上

虞齋林　希逸　撰

周禮六官其五官體制皆同而冬官以考工
記補之又自一體似造物之意特七彼而存
此以成此經之妙也
冬官司空掌百工之事舜命共工即此職也
並之五官其屬亦六十此記兵三十官名以
考工者考試百工之事而記之也人生日用
飲食百工所為必備關一不可宮室舟車等
制十三卦所象皆聖人所作也生民之初檐

大小圖廿五

大小圖和廿

繪畫必雜用五采之色也

東方謂之青南方謂之赤西方謂之白北方謂

之黑天謂之玄地謂之黃

天地四方各主其色以設色之畫本乎天隆

四時亦猶車旗取象之義也天玄者蒼茫之

所極自見其色幽玄非黑非赤故謂之玄

青與白相次也赤與黑相次也玄與黃相次也

青與赤謂之文赤與白謂之章白與黑謂之黼

黑與青謂之黻

此又言五色之相比次序如此青與白東西

相比也赤與黑南北相比也玄與黃天地相

比也此是其相次者若青與赤謂之文赤與

白謂之章白與黑謂之黼黑與青謂之黻又

其不相次者也古人黼黻只是二色相次而

名之論十二章者以黼為斧黻為兩已相背

皆後人私意增加非古也

書之十二章上六言作繪下六言絺繡衣則繪裳

五采備謂之繡

嘉靖二十四
年七月二
十三日記

0 3 3

匋齋考工記解上

嘉靖廿三年四月十八日

壹玖伍伍年柒月念貳日

00009 讀風臆評一卷 （明）戴君恩撰 明萬曆四十八年（1620）

閔齊伋刻朱墨套印本　王修跋

國家名録號 03271，館藏索書號善 000500

　　框高 21.2 厘米，寬 15.3 厘米，半葉九行，行十九字，小字雙行同，白口，四周單邊，無魚尾。書尾刻牌記“皇明萬曆庚申烏程閔齊伋遇五父校”。鈐有“王修鑒藏書畫”“長興王氏詒莊樓藏”印。國家名録著録時未提及王修題跋。

　　二册

卷前浮葉王修墨筆題：

　　《讀風臆評》一卷，明萬曆庚申烏程閔氏朱墨本。

　　前有萬曆戊午八月望巴令荆南戴君恩忠甫自序。後烏程閔齊伋跋謂先生之以臆讀風也，亦恰中人臆，似無臆外之奇，獨是千古陳言一朝新徹，乃大奇耳。戊午之役，我仲兄翁次氏承乏監試蜀闈，遂得與先生朝夕焉，而讀其所以讀風者，火齊不夜，枕中可得而秘欤？是宜廣其讀，以與三百篇同不朽矣云。卷尾“皇明萬曆庚申烏程閔齊伋遇五父校”篆記一行。君恩，字忠甫，湖廣岳州府澧州人，萬曆癸丑周延儒榜三甲第一百八十六名進士。乃丁氏《善本書室藏書志》作長沙人，嘉靖癸丑進士，巴縣知縣，蓋見自序題“荆南”而印章作“癸丑進士”，遂憑臆忖之詞，不僅考據粗疏，並長沙不屬上荆南道，屬下湖南道，澧州隸岳州，正屬荆南道，所謂想當然耳。著書殊不應如是也。

讀風臆評

周南

關關雎鳩在河之洲窈窕淑女君子好逑○參差
荇菜左右流之窈窕淑女寤寐求之不得寤
寐思服悠哉悠哉輾轉反側○參差荇菜左右采
之窈窕淑女琴瑟友之參差荇菜左右芼之窈窕
淑女鐘鼓樂之

文王生有聖德又有聖女姒氏以
為配宮中之人於其始至見其有
幽閒貞靜之德故作是詩

詩之妙全在纘室見奇此詩只窈窕淑女君子

信處信嘗明知公之必歸明知公歸之為大義
却說無以我公歸兮無使我心悲兮正詩之巧
於寫其愛處真奇貞奇
無以我公歸兮詩人言語之妙如此不學詩無
以言信夫　章法句法字法俱妙○○
狼跋其胡載疐其尾公孫碩膚赤舄几几○狼疐
其尾載跋其胡公孫碩膚德音不瑕誇然所以處
之不失其常故詩人美之

168

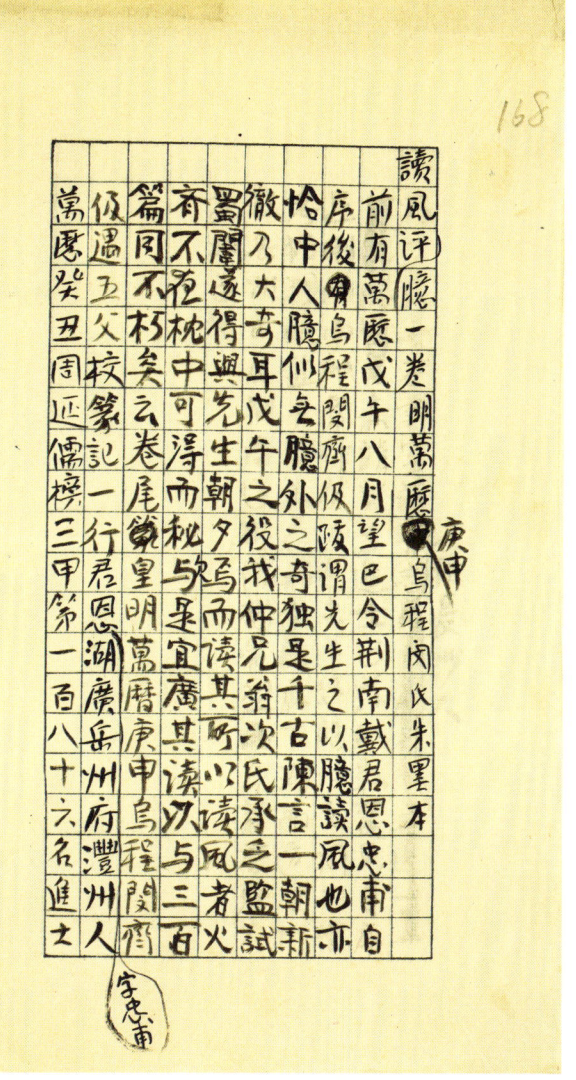

讀風評臆一卷　明萬曆

庚申

烏程閔氏朱墨本

前有萬曆戊午八月望日令荆南戴君恩甫自

序後烏程閔齊伋以臆讀風也亦自

怜中人臆似免臆外

徹乃大奇耳戊午之役我仲兄翁次陳言一朝新

畳屬邃得興先生以臆讀風者火

齊不在朽矣云卷尾皇明萬曆庚申烏程閔齊伋

篇同不父校箋記一行君恩湖廣岳州府澧州人

俚過五父

萬曆癸丑周迋儒標三甲第一百八十六名進士

字忠甫

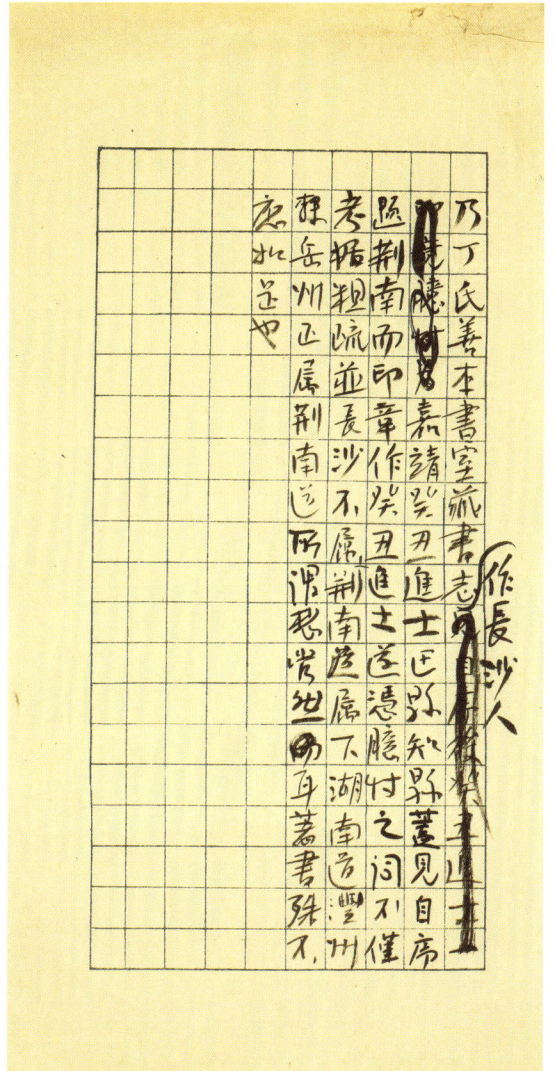

乃丁氏善本書室蔵書志可見目席

作長沙人

臨荆南而印章作癸丑進士正邶知邶蓋見目席

考摉粗疏並長沙不僞荆南迄屬下湖南道

釋岳州正屬荆南道

而百乃萬書尾殊不

應北至也

00010 漢隸分韻七卷 明正德十一年（1516）刻本 清張燕昌
批校並題記

國家名録號 03441，館藏索書號善 000018

　　框高 21.5 厘米，寬 13.9 厘米，半葉六至八行，行字不等，
白口，四周單邊，無魚尾。鈐有"項墨林家珍藏""静妙居士
賞鑑過物""墨林山人""項元汴印""静妙""舒雯""舒
氏雯""南垞審定""袁崿印""崿印""袁崿之印""袁崿
亦字南垞""南垞橅古""顧八分""舊山樓""次侯""趙
印宗建""非昔居士""舊山樓祕笈"等印。

　　六册

册 1 首葉書眉張燕昌墨筆題：

　　乾隆己酉四月海寧州周松靄先生所贈。燕昌記。

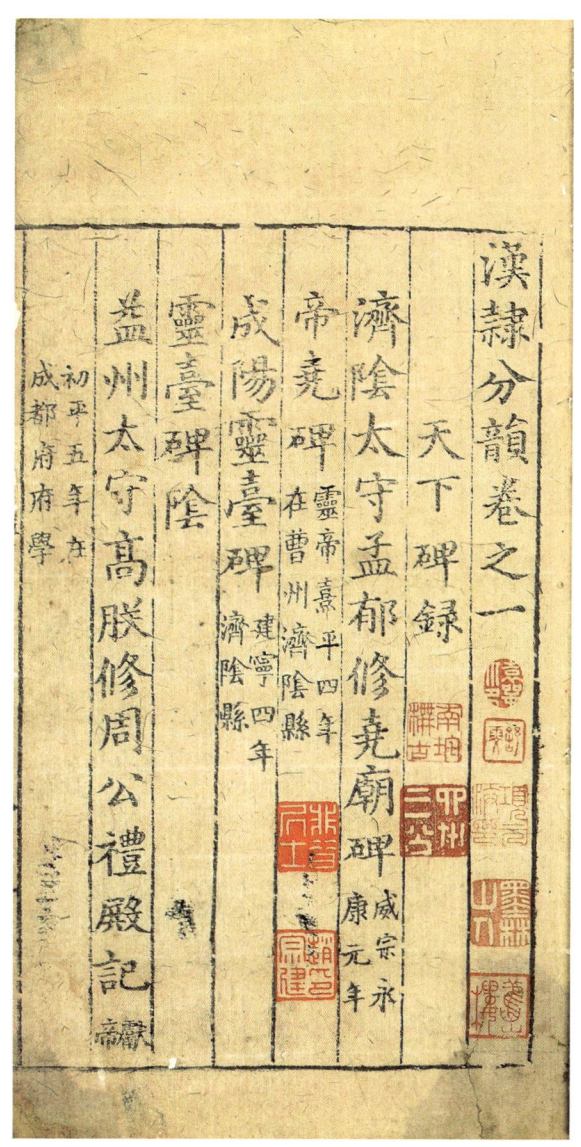

漢隸分韻卷之一

天下碑錄

濟陰太守孟郁修堯廟碑 威宗永康元年

帝堯碑 靈帝熹平四年 在曹州濟陰縣

成陽靈臺碑 建寧四年 濟陰縣

靈臺碑陰

益州太守高朕修周公禮殿記 初平五年在成都府學

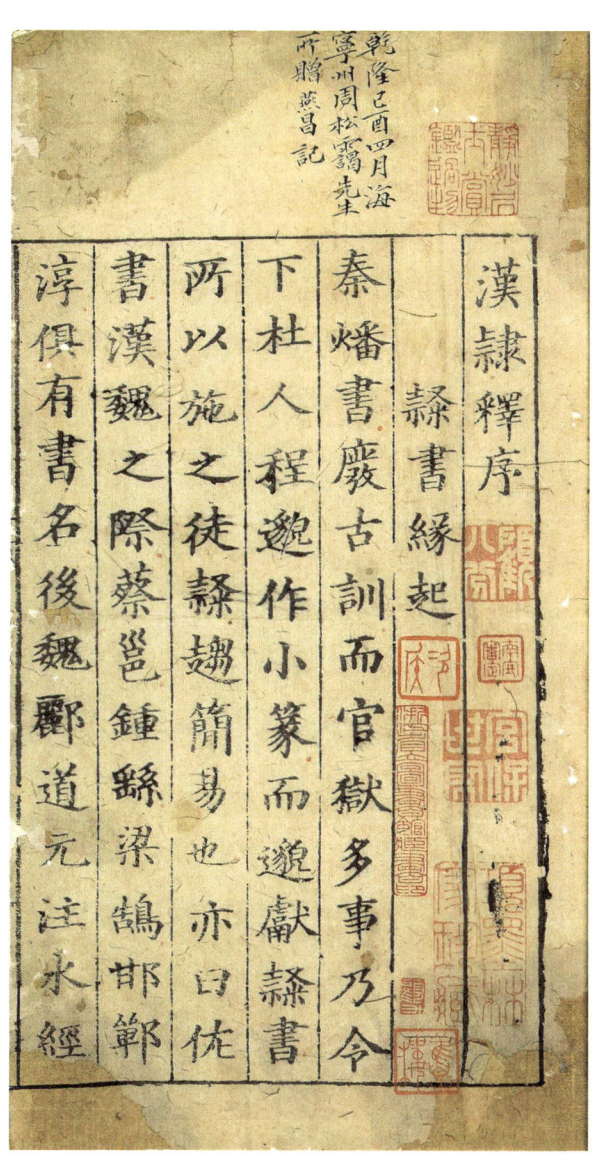

乾隆己酉四月海
寧州周松靄先生
所贈藍昌記

漢隸釋序

一 隸書緣起

秦燔書廢古訓而官獄多事乃令

下杜人程邈作小篆而邈獻隸書

所以施之徒隸趨簡易也亦曰佐

書漢魏之際蔡邕鍾繇梁鵠邯鄲

淳俱有書名後魏酈道元注水經

00011 文選六十卷 （南朝梁）蕭統選 （唐）李善注 明成化
二十三年（1487）唐藩朱芝址刻本 清莫友芝、莫繩孫跋

國家名録號 06221，館藏索書號善 003566

　　框高 22.8 厘米，寬 15.2 厘米，半葉十行，行二十二字，
小字雙行同，上中下黑口，四周雙邊，雙順黑魚尾。成化丁未
（二十三年）希古《重刊文選序》言"近得善本止存李善註，
間有增註者，頗簡要明白，因命儒臣校讎訂正，刻梓以傳"，末
有"唐國圖書"印。卷八前有清莫友芝影抄序及莫彝孫影抄序。
鈐有"友芝私印""伯嗊圖書""莫印彝孫""獨山莫繩孫字
仲武號省教印""吴興劉氏嘉業堂藏書印""劉承幹字貞一號
翰怡""張叔平"等印。國家名録著録時未提及莫友芝題跋及
莫彝孫影抄序。

　　二十册

册4《重刊文選序》末莫友芝墨筆題：

　　隆慶辛未唐府又重刊此書，此序後有南陽知府雷鳴春序，
其刻字甚惡，不及成化初刻遠甚。（後鈐"莫氏子偲"印）

册4卷八首葉粘簽莫友芝墨筆題：

　　唐定王桱，太祖庶二十三子，洪武二十四年封，永樂六年
就藩南陽府。成王彌錦，定王曾孫，成化二十三年襲封，丁未
正二十三年也。莊王芝址，定王孫，成化十三年襲封。端王碩熿，
莊王元孫，隆慶五年襲封，即辛未也。《文選》，成化丁未刊成，
隆慶辛未重刊。晉恭王棡，太祖嫡三子，洪武三年封，十六年
就藩太原府，晉藩亦刊《文選》。（後鈐"莫友芝圖書印"印）

册4《重刊文選序》末莫繩孫墨筆題：

右序四葉爲先徵君手録，當購是書時首闕七卷，先君命伯兄彝孫鈔補，始及九葉而伯兄卒。同治庚午以鄂覆宋本足之，仍存先兄手鈔者附訂於後。今年秋，繩孫於揚州肆中獲成化本殘帙，首七卷完整，乃去鄂本以之配合，於是此書復還舊觀，惜首七卷印校遲，紙亦短陿，然同出一版摹印，四百年後兩殘帙猶能相湊以完，洵快事也。此槧久爲藏書家所珍，稱成化三黑口本，世不多覯。有隆慶辛未重刊者，劣不足尚。光緒己卯七月丙申獨山莫繩孫識。（後有"莫繩孫字仲武"印）

莫彝孫影抄序末莫繩孫墨筆題：

右表序等都九頁，係先伯兄彝孫手書。以前之成化丁未刊《文選》序四頁，乃先徵君郘亭公手録者。全書配合完具之由已詳前繩孫光緒己卯跋語中。又三十年，光緒戊申檢閲是卷，復書此以示子孫。

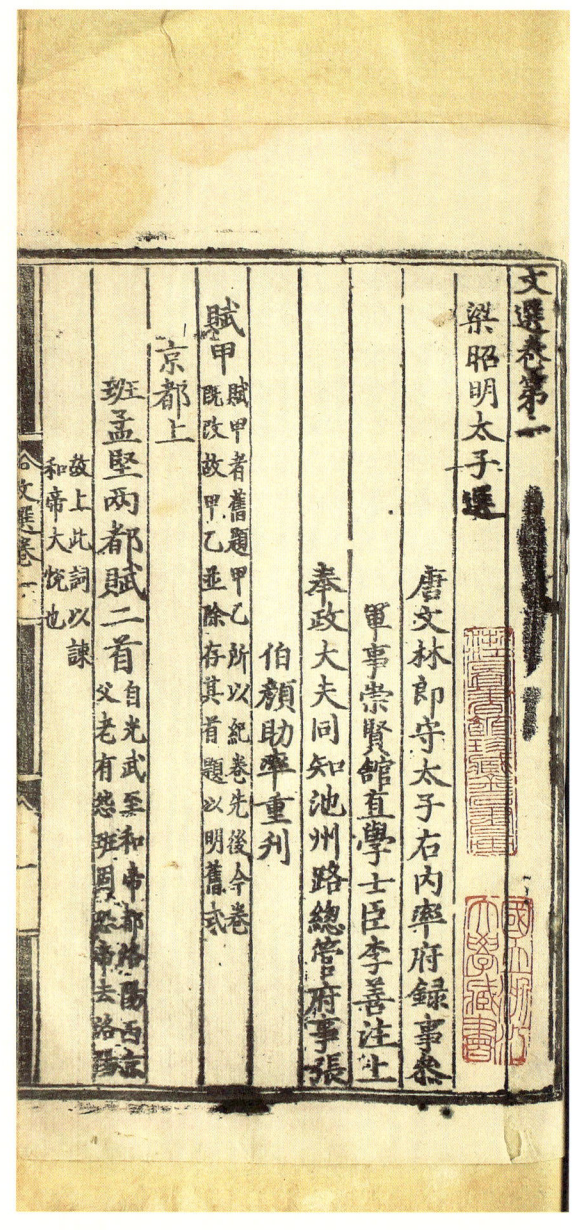

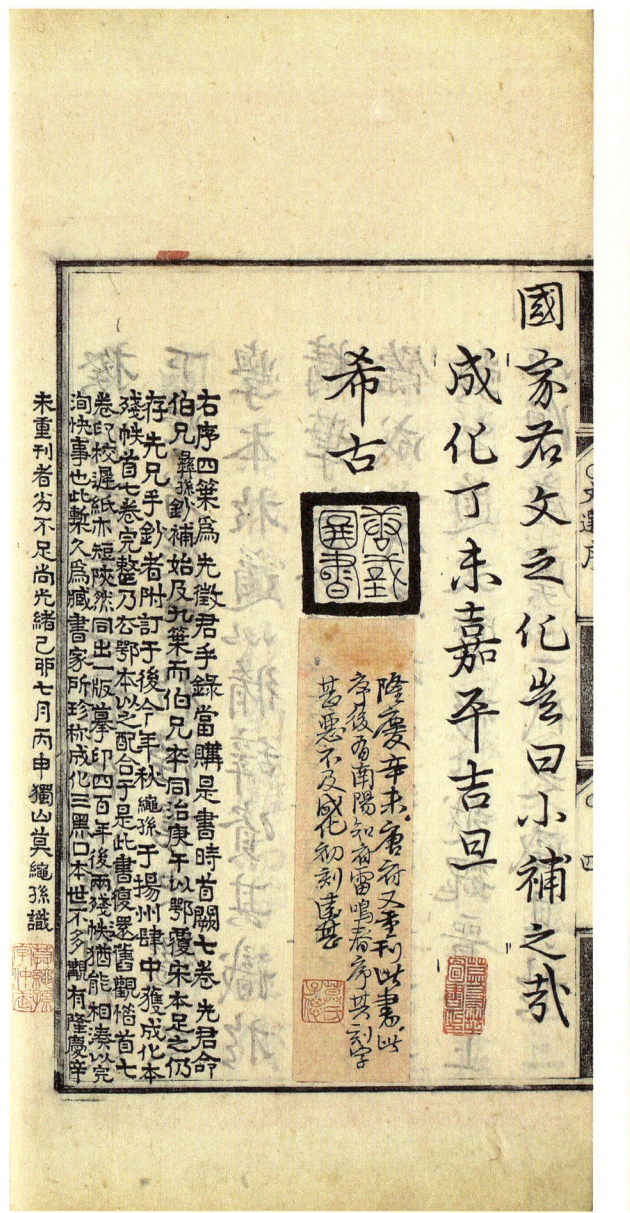

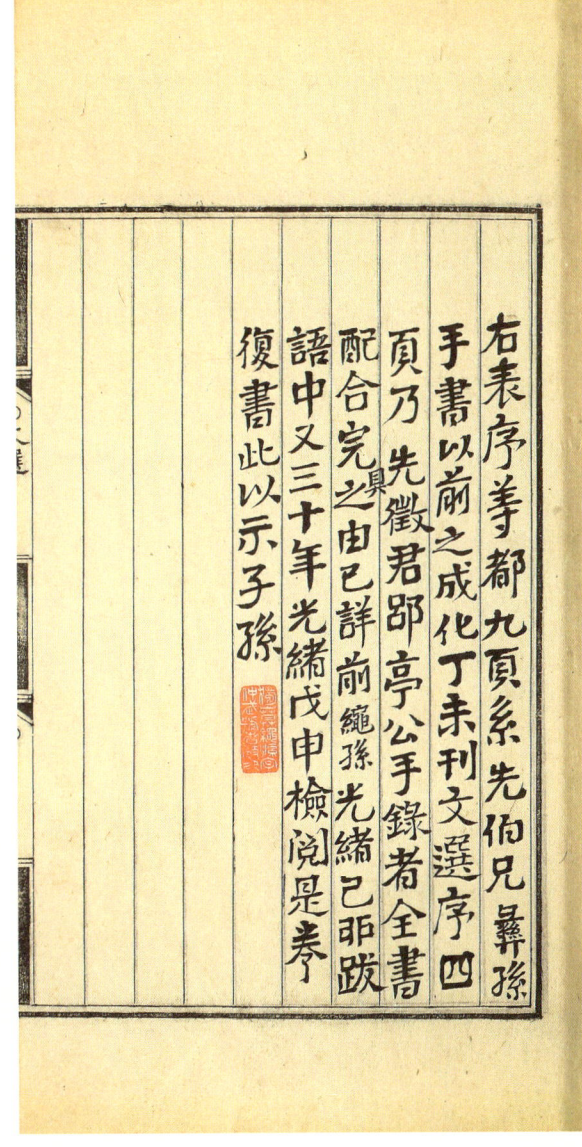

右表序等都九頁系先伯兄彝孫
手書以前之成化丁未刊文選序四
頁乃先徵君邵亭公手錄者全書
配合完之由已詳前繩孫光緒已卯跋
語中又三十年光緒戊申檢閱是卷
復書此以示子孫

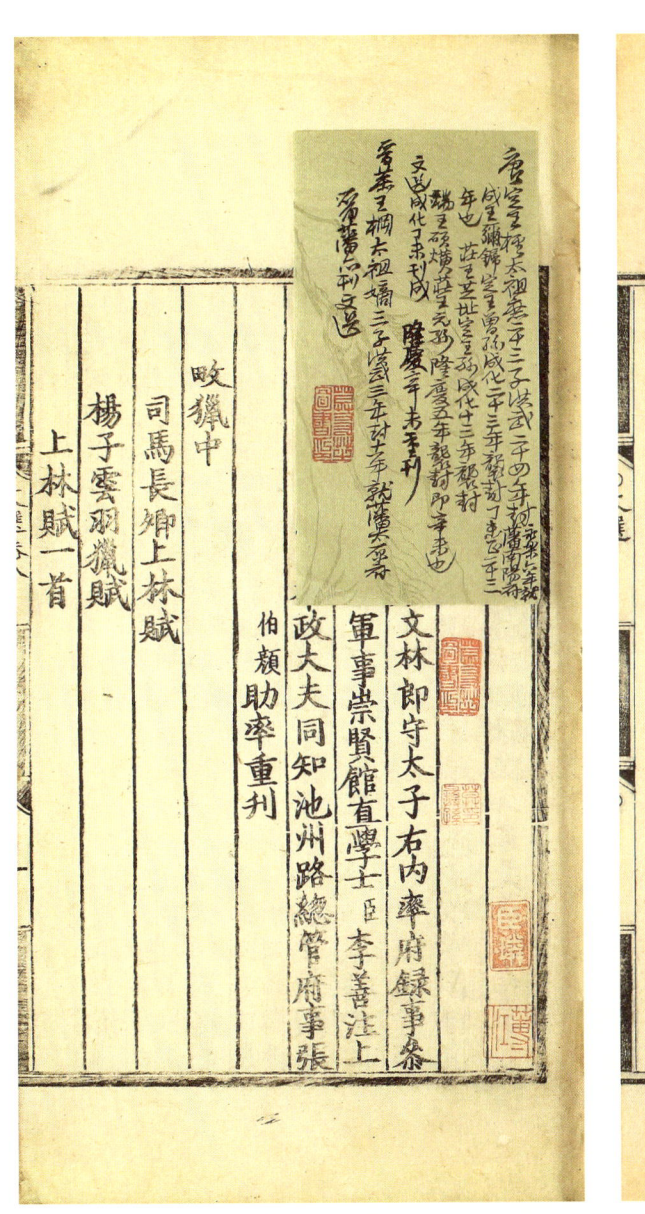

00012 重校正唐文粹一百卷 （宋）姚鉉纂 明嘉靖三年（1524）姑蘇徐焴

刻本 佚名過録清王芑孫校跋

國家名録號 06423，館藏索書號善 003750

　　框高 20.2 厘米，寬 14.3 厘米，半葉十四行，行二十五字，小字雙行同，白口，左右雙邊，單黑魚尾。目録末等刻牌記"嘉靖甲申歲太學生姑蘇徐焴文明刻于家塾"，嘉靖甲申（三年）汪偉《重雕唐文粹序》言"……此太學生徐焴家刻也……徐生嗜古博藏，其刻是集，躬自監視，一字一畫弗稱，必更之"。鈐有"大興程氏收藏""萬春私印""衡昭氏藏書印"等印。此書我館所藏爲殘本，存卷一至七十四，該書另一部分即卷七十五至一百存上海圖書館，文中校跋著録爲王芑孫真蹟，《中國古籍善本書目》、國家名録仍之。上圖藏本上有黃裳跋曰："此漚波舫批本《文粹》，存卷七十五至一百，收於海上，以惕孚手蹟重之也。尚有藏印一方，當藏蓮下居中。癸巳四月十四日黃裳小雁記。"（後有"黃裳"連珠印）實則，從乾隆壬寅（1782）至嘉慶甲戌（1814）前後三十三年的墨蹟與字體一致，應非王氏真蹟。書中跋語與王芑孫生平、交遊合，卷一末跋時間"壬秋"、卷六末跋時間"壬歲"省"寅"乃避王氏父諱。王氏偏愛唐宋文，對《重校正唐文粹》更是情有獨鍾。其應做過選唐文之舉，惜手蹟何在暫不可知，浙圖、上圖藏本乃佚名過録。福建省圖書館藏《重校正唐文粹》與浙圖、上圖館藏"王氏"校跋大致相同，其上原"王"跋後題"同治丙寅二月六日侯官楊浚録"。

　　二十四册（存七十四卷：一至七十四）

册 1 襯葉藍筆題：

　　嘉慶甲戌三月漚波舫重加瀏覽，用"選"字小印識之，選存廿四篇。時余年六十矣。禊後一日，燭下聞船山之喪，海内故人零落殆盡，所謂既傷逝者，行自念也。

册 1 襯葉藍筆題：

嘉慶乙丑七月樗園重覽，因念《文粹》世無善本，其訛脱亦無本可校，百年以來未有重刊者，欲就其中選取五百篇爲《唐文粹》讀本，庶使後門寒酸家有其書，無致貧不能購，故日逐繙覽，頗加點識，自計一年之功可以畢。此或有好事者梓行之，乃貧士人人可購耳。七月十八日惕甫記。

甲戌三月重覽一過，用"選"字小印識之，凡選定二十二篇。

目録首葉前葉藍筆題：

宋槧臨安府本標題祇稱《文粹》，不加"唐"字，蓋姚寶臣自謂上繼《文選》，故無"唐"字。其曰《唐文粹》者，後人加之，以别於《宋文鑑》《元文類》諸書耳。嘉慶癸酉六月朔漚波舫識。

卷一末葉藍筆題：

壬秋八月初四日風潮大作，雨畫夜。燈下記。

乾隆癸卯四月十七日燈下再讀。

嘉慶乙丑七月樗園定，選三篇。

癸酉五月晦日漚波舫重定，選存一篇《含元殿賦》。

甲戌三月重定，選三篇。

卷二末葉藍筆題：

癸卯九月報罷後，補閲《東都賦》竣。二十五日下午苢孫記，是歲芷生冠南榜。

嘉慶乙丑七月樗園重閲，定選二篇。去壬癸初閲已二十三四年，芷生之殁亦已十七年。其所遺保抱之子沂曾亦以補諸生，既冠而將娶婦矣。時琢唐自蜀乞假，還家過余邗上，正與商量沂曾婚事。未得報書，未知如何矣。

癸酉五月重定二篇：《西都賦》《東都賦》。

卷三末葉藍筆題：

乙丑七月定選。此余屢有閲本，故不復加點。唐一代言文，無可以置李杜而勿之及也。

卷四末葉藍筆題：

乙丑七月定選三篇。

卷六首葉藍筆題：

壬歲秋八月伏讀一過。

卷六末葉藍筆題：

乾隆壬歲秋八月三日燈下讀。是日上丁風雨總至，疑有海潮之虞。鐵夫。

嘉慶乙丑七月定選九篇。

卷七末葉藍筆題：

乾隆癸卯四月十有七日苣孫補閱記。

嘉慶乙丑七月定選十篇。

卷八末葉藍筆題：

乾隆癸卯四月十七日補讀。

嘉慶乙丑七月定選六篇。

卷九末葉藍筆題：

乾隆癸卯四月十七日補閱畢。

乙丑七月定選六篇，連前共四十二篇。

卷十首葉前葉藍筆題：

嘉慶十四年歲在己巳，余家居，作《碑版廣例》，繙閱及此，重加裝訂。四月廿八日漚波舫記。

卷十九上末葉藍筆題：

姚內史廣蒐唐文，而鄭魏公《九成宮醴泉銘》獨見慭遺，豈亦失之耳目之前也耶？

嘉慶乙丑七月十八日定選二篇。

甲戌三月二日漚波舫燭下重定，以“選”字記之二篇。

卷十九下末葉藍筆題：

乙丑七月十八日補閱，定選三篇。

甲戌三月二日重定三篇，以“選”字小印識之。

卷二十末葉藍筆題：

乙丑七月十八日定選三篇。

甲戌三月三日"選"字印三篇。

卷二十一末葉藍筆題：

乙丑秋七月補閱。

乙丑定選六篇。

甲戌三月三日重定三篇。

卷二十二末葉藍筆題：

定選一篇。

卷二十三末葉藍筆題：

乾隆癸丑二月二十一日寫《中興頌》，繙閱，楞枷山人記。

嘉慶乙丑七月十九日樗園再讀，定選三篇，此本共廿篇。

甲戌三月三日又定二篇，小印識之。

卷二十四末葉藍筆題：

乙丑七月選。腕力既疲，不甚加點。定選十篇。

甲戌三月三日燭下用"選"字小印五篇。

卷二十五末葉藍筆題：

乙丑七月選五篇。

卷二十六上末葉藍筆題：

乙丑八月選三篇。

甲戌三月"選"字小印記出二篇。

卷二十六下末葉藍筆題：

乙丑八月初七日選二篇。

甲戌三月重定一篇。

卷二十七末葉藍筆題：

選六篇。

甲戌重定"選"字小印記出一篇。

卷二十八末葉藍筆題:

乙丑八月十三日選三篇。

甲戌三月"選"字印一篇。

卷二十九末葉藍筆題:

乙丑七月廿七日選二篇。是日談弢華至。

甲戌重選一篇。是日,聞船山之喪,而弢華之殁八年矣。

卷三十上末葉藍筆題:

甲戌三月重定選三篇。

卷三十下末葉藍筆題:

選一篇。

甲戌三月七日漚波舫晨起讀,時牡丹初放,花事正殷,南園一帶黄金布地,皆菜花也。

卷三十一末葉藍筆題:

乙丑七月選三篇。

甲戌三月定選二篇。

卷三十二末葉藍筆題:

選五篇。

哀册獨存高祖、太宗、明皇三篇,后妃中獨存獨孤后,足見其概。乙丑七月燭下。

甲戌三月七日重定五篇。是日趙雲球入京,枉别。

卷三十三上末葉藍筆題:

乙丑七月廿八日蚤起選三篇。

甲戌三月七日重選二篇。

卷三十三下末葉藍筆題:

嘉慶十年七月廿八日樗園晨起選八篇,甲戌三月重定。

卷三十四末葉藍筆題：

乙丑七月廿三日選八篇。

甲戌重選定取六篇。

卷三十五末葉藍筆題：

嘉慶乙丑七月廿四日樗園選五篇。

甲戌三月八日選三篇。

卷三十六末葉藍筆題：

乙丑七月選五篇。

甲戌重定。

卷三十七末葉藍筆題：

選五篇。

甲戌三月八日胥莊掃墓歸，長日如年，僅未刻耳。船山之弟問萊枉過，舊門人楊繼昂自蜀來吳見之，別七年矣。繼昂更名廷賢，以拔貢至。

卷三十八末葉藍筆題：

乙丑七月選五篇。

甲戌重定四篇。

卷三十九末葉藍筆題：

乙丑七月選七篇。

甲戌重定。

卷四十末葉藍筆題：

嘉慶乙丑七月廿四日選五篇。

甲戌重選四篇。

甲戌三月初九日，寒雨幢幢，花事蕭散。計今日是禮闈首場，未知何人作試官也。

卷四十一末葉藍筆題：

乙丑七月廿四日燈下選十篇甲戌三月重定。

卷四十二末葉藍筆題：

選七篇。

甲戌重定。

卷四十三末葉藍筆題：

乙丑七月卅日主人勘範隄工回矣。選七篇。

甲戌三月九日雨中重定六篇。是日新生釋菜。

卷四十四下末葉藍筆題：

選《古漁父》四篇並後序。

甲戌重定。

卷四十五末葉藍筆題：

乙丑八月朔日選十篇。

甲戌三月九日雨止，漚波舫燒燭，重定選八篇。時牡丹方及八分，菜花十分，正當極盛，忽遭一雨，或垂頭而倚風，或折腰而臥烟矣。

卷四十六末葉藍筆題：

乙丑八月二日选十三篇。

甲戌重定九篇。

卷四十七末葉藍筆題：

选五篇。

甲戌重定。

卷四十八末葉藍筆題：

乙丑七月選四篇。

甲戌重定選三篇。

卷四十九末葉藍筆題：

選八篇。

甲戌重定。

卷五十末葉藍筆題：

嘉慶乙丑七月廿九日燭下選四篇。

甲戌三月十日重選定取二篇。

卷五十一末葉藍筆題：

選二篇。

甲戌重定。

卷五十二末葉藍筆題：

選四篇。

甲戌重定。

卷五十三末葉藍筆題：

乙丑七月卅日選三篇。

甲戌重定。

卷五十四末葉藍筆題：

選一篇。

甲戌重定。

卷五十五上末葉藍筆題：

選二篇。

甲戌三月重定一篇。

卷五十五下末葉藍筆題：

選四篇甲戌重定。

存上官昭容之序、郇國公主之碑，所以見唐室壼教不修，無葛覃卷耳之化。存岐陽公主、東光縣主，所以見婦人之賢，有出於天性而非國俗所能敗，亦《國風》録宋襄夫人、許穆夫人之義耳。乙丑七月卅日。

甲戌三月十日舫齋牡丹極盛，今年閏二月春寒多雨，故花事小遲，而天又連會，信宋人詩所謂“淡雲微雨養花天”、梅村詩所謂“春陰蘊藉養花天”也。燒燭讀終此本。

卷五十六末葉藍筆題:

乙丑七月選三篇。

甲戌重定。

己巳三月自揚州囘,二十三日燈下點閱。

卷五十七末葉藍筆題:

乙丑七月廿九日選三篇。

甲戌三月十一日重定選五篇。

卷五十八末葉藍筆題:

乙丑七月選六篇。

甲戌三月十二日晴暖,牡丹開至十分,重選六篇,可備《金石廣例》之用。是日方議賣去蠡口之田,以抵兩年積空。晚暮蹉跎,昔欲買山而隱者,今又賣田而食,可笑亦可涕也。

卷五十九末葉藍筆題:

乙丑七月選三篇甲戌重定。

卷六十末葉藍筆題:

選五篇。

甲戌重定。

卷六十一末葉藍筆題:

選五篇。

甲戌三月十三日重定選四篇。

卷六十二末葉藍筆題:

乙丑七月晦選五篇。

甲戌三月十三日,立夏之前三日也,驟暖,牡丹未諭。爲船山之弟及蜀人楊生作書記,重閱選二篇。

卷六十三末葉藍筆題:

乙丑七月廿八日選五篇,重定記。

甲戌三月十三日，青浦生邵雲以詩來質，別去，讀此。釋家掌故非經生所重，然在今日亦當稍識其源流派別，勿致茫然無辨，故選存不少。

卷六十四末葉藍筆題：

乙丑七月廿八日選一篇。

甲戌重定。

卷六十五末葉藍筆題：

選六篇乙丑七月。

甲戌三月重定四篇。

卷六十六末葉藍筆題：

乙丑七月選四篇。

甲戌三月十四日，春陰不雨，作僑嶼書報船山之喪，讀此，定選三篇。牡丹爛漫將殘矣。

卷六十七末葉藍筆題：

選七篇。

甲戌重定。

卷六十八末葉藍筆題：

選五篇。

甲戌重定三篇。

卷六十九末葉藍筆題：

乙丑七月廿九日選五篇。

甲戌三月望晨起重定六篇。庭花過雨，開謝離披矣。

卷七十末葉藍筆題：

選二篇。

甲戌三月望重定五篇。

卷七十末葉後葉藍筆題：

甲戌三月重定選五十七篇。

卷七十末葉後葉藍筆題：

　　甲戌三月重定選九十篇。

卷七十一末葉藍筆題：

　　嘉慶乙丑七月樗園遣暑。是月既望定選三篇，主人遣蔣書辦回話。

　　甲戌家居，三月望日，雨後重覽，定選九篇。是日，蜀生楊繼昂求爲其兄繼曉作傳。

卷七十二末葉藍筆題：

　　嘉慶乙丑七月樗園。是月既望定選六篇。

　　甲戌三月重定六篇。是日得溧陽來信，知二兒當受代矣。

卷七十三末葉藍筆題：

　　《韓城尉廳壁記》可以見有唐人士熟習當時掌故如是，詹以閩人而習之，尤可貴也。嘉慶乙丑七月。

　　嘉慶乙丑七月十四日點識。是月既望定選七篇。

　　甲戌三月重定選八篇。

卷七十四末葉藍筆題：

　　嘉慶乙丑七月望日定選八篇。

　　甲戌三月望夕燭下重定十篇。

重校正唐文粹卷第一

吳興姚鉉

古賦甲揔三首

聖德二
　含元殿賦 李華　○明堂賦 李白

失道一
　○阿房宮賦 杜牧

　○含元殿賦 并序　　　　　　李華

李子潮

宮殿之賦論者以靈光爲宗然諸侯之遺事蓋務恢張飛動而已
自兹巳降代有辭傑播於聲頌則無聞焉大先王建都營室必相
地形詢卜筮考農隙工以子來虞人獻山林之斡太史占日月之
吉雖班張左思角立前代未能備也而曩之文士賦長笛洞簫懷
握之細則廣言山川之阻採伐之勤至于都邑宮室宏模廓度則
略而不云其體病矣至若陰陽慘舒之變宜於壯麗棟宇綱墨之

重校正唐文粹目錄

姑蘇後學尤柱

朱整同校正

嘉靖甲申歲太學生姑蘇徐焴文明刻于家塾

嘉慶甲戌三月漚波舫重加圈
覽用選字小印識之時余年六
十矣辦後一百燭下閱船山之書
海內故人零落殆盡所謂晚嵗
逝者行自念也

嘉慶乙丑七月檇園重覽日念文粹世无善本其
祝脫去吾本校百年以來未有重刊者狀就壬申選
東西百篇為唐文粹讀本庶使後門寒暖家有
其書無故貧不能購却日逐繡晚頻加點識自計
一年之功可以畢此或有好事於梓行之乃貧士人之
可媿耳
甲戌三月重覽一遍用選字小印識之
凡選定二十二篇
七月十八日暘甫記

宋鄞縣安府本標題祇稱文粹不加唐字蓋
姚寶臣自謂上紹文選故無唐字其曰唐文
粹者後人加之以別于宋文適元文類諛
書耳　嘉慶癸酉六月朔涇波舫識

而敢怒獨夫之心日益驕固戌卒叫函谷舉楚人一炬可憐焦土
嗚呼滅六國者六國也非秦也族秦者秦也非天下也嗟乎使六
國各愛其人則足以拒秦秦復愛六國之人則遞三世可至萬世
而爲君誰得而族滅也秦人不暇自哀而後人哀之後人哀之而
不鑑之亦使後人而復哀後人也

重校正唐文粹卷第一　王秋八月初四日風潮大作兩晝夜燈下讀

乾隆癸卯四月十七日燈下卌讀

嘉慶乙丑七月橋園定選三篇

癸酉五月晦日涇波時重定選存一篇　舍元殿賦

甲戌三月重定選三篇

咸是言前年日南至天子謁太清宮太廟郊天祀地既畢事執謙
端班謂公卿大夫曰予在人上歷祀三四年穀比登未及于富人
庶稍蓄未臻于壽動殖小遂猶有枯天日月所至猶照叛土戎狄
雖貢西地猶虜今行幸大禮得不愧望于天而獻羞于祖是尚以聖
政爲憂未意於行幸也先生曰大哉爲君用是言也治是事也則
千里如郊萬里如圻在西而東均處內而外肥吾歸息鄉里之謠
安堯舜之時將齊驅於壽域何近喜而遠悲則知鑒四姓之覆轍
嗣重業之休烈用是言也理是事也即所都者在東在西可也

重校正唐文粹卷第二 癸卯九月報罷後補闕東都賦陵
嘉慶乙丑七月檇園重閱定選二篇 玄壬癸初閱巳
二十三四年芟生之歿点巳十七年其明遺保抱乙假遷
浙曾点以補誕生耶冠而將娶婦 矢時琢唐自剪乙
家遷余邢上正与商量浙有婚事 未句報書
朱竹如何矣
癸酉五月重空二篇 西都賦 東都賦

文粹二

七

清

兮掩淚衣玄紛兮斷腸當盛明兮共樂忽幽處兮獨傷去故庭兮
曰遠即新宮兮夜長綵無文繡之飾器無珠貝之藏蓋自我之立
制刑有國之大方鳴呼哀哉見送往之空歸歎終焉之如此方士
神兮是與非甘泉畫兮疑復似遺音在於王瑱陳迹留於金門獻
萬壽兮無期存二南之餘美

重校正唐文粹卷第三十二 選五篇

哀册后足見其概 乙丑七月燭下

獨孤后見高祖太宗明皇三篇 后妃中獨存

甲戌三月七日重定五篇是日趙雲璈入京枉别

侯聞問之則曰素有癡病癇中讔言非所知也引讔婢自辯辭說
云云侯疑學婢鞭之不止髡之鉗之奴讔愈甚奴於是重窺侯意
先事讔說說侯之過警以禍福侯又無如奴何客有知侯禍機因
讔奴之先扣侯門諫侯以改過免禍侯納客爲上賓復其奴命之
曰讔良氏子孫世在于部大夫誠能學奴效婢言以規諫人
主俾悔過追悔與天下如新大夫見尊重威權何止侍中司隸火
夫乃歎曰鳴呼吾謂今之士君子曾不如部侯夷奴耶

選五篇

重校正唐文粹卷第三十七

甲戌三月八日晉莊掃墓歸 長日坐年 僅夫刻竟
舩山之和閱萊枉遇舊門人楊經昂自罶來吳見
之别 七年矣張昂更名廷賢以援贄云

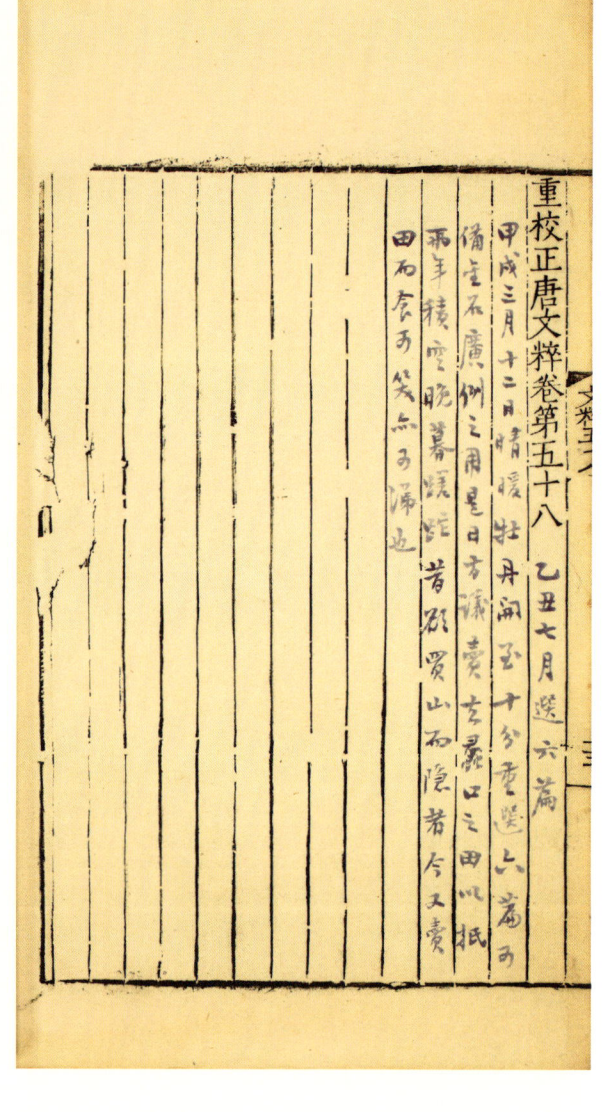

重校正唐文粹卷第五十八　乙丑七月選六篇

甲戌三月十二日晴暖　牡丹開至十分看選六篇

備產不廣例之用是日菁議賣玄暴口之田以抵

兩年積雲晚暮暌距昔別賣山石隱著今又賣

田石食多矣無子歸也

反於機我於往昔天方荃瘥彷徉推極本毒謂何就承最上密受

居多未究深海旋驚尺波變異潛感悲憂斷絕皆發大怖徧身見

血深入靜思義開形閉當知恒住敢告非滅

乙丑七月廿八日

重校正唐文粹卷第六十三　選五篇　重定記

甲戌三月十三日青浦生卿坐以詩末顏別玄凑此

釋睿學枯弘經生所重駐生今日点當精淺史

源流派別　勿致荒謬辨辨　枛選存不少

陶淵明等十數人並游千醉鄉没身不返死葬其壤中國以爲酒
仙云嗟乎醉鄉氏之俗豈古華胥氏之國乎何其淳寂也如是余
將游焉故爲之記

重校正唐文粹卷第七十一

嘉慶乙丑七月檇園遣暑

是月閱坐定選三篇主人遣蔣書辦回話

甲戌家居三月望月雨後重晚定選九篇是日蜀生楷

經昂求爲黄先礎曉作傳

00013 附釋音周禮註疏四十二卷　（漢）鄭玄注　（唐）賈公彦等疏　（唐）陸德明釋文　元刻明遞修本　章炳麟跋

國家名録號 06983，館藏索書號善 000007

　　框高 19.8 厘米，寬 13.3 厘米，半葉十行，行十七字，小字雙行二十三字，上下黑口間白口，左右雙邊間四周雙邊，雙順黑魚尾間單黑魚尾。元刻原版漫漶不清。版心有題"正德六年刊""正德十二年刊"者，爲明正德間兩次修版。另有其他明修版。鈐有"田耕堂藏""泰峰借讀""陸進之印"等印。

　　二十四册

册 1 襯葉章炳麟墨筆題：

　　《附音周禮注疏》四十二卷，得自潮州丁日昌家。署"田耕堂"者，其家印也。此本雕於南宋，元明遞修，爲阮刻《十三經》所據。每半葉十行，行十七字，注疏夾行，行二十三字，故通稱十行本。及所得《左傳》《禮記注疏》皆同，而《周禮》修補特少，蓋不異宋時完槧矣。卷中有"泰峰借讀"印，其人上海郁氏。時江東遺籍甚多，淮上賊李鴻章爲亂蘇松，日昌蓋阻兵得之。日昌後終福建巡撫，以勤吏事、談時務扶其貪墨，然三疏賴是得完，復出人閒，斯亦貪夫之一得歟？民國三年孟秋章炳麟書於北庭。（後鈐"大炎""章印炳麟"印）

附釋音周禮註疏卷第一

朝散大夫行大學博士弘文館學士臣賈公彦等奉

勅撰

國子博士兼太子中允贈齊州刺史吳縣開國男臣陸德明釋文

天官冢宰第一 ○一作家宰者官上非餘卷放此

陸德明音義曰本或

疏 天官冢宰鄭曰天官者統理萬物天子

立冢宰使掌邦治亦所以惣御衆官使不失職不言司者大

宰惣御衆官不主一官之事也 ○釋曰鄭云象天者周禮六

官故云惣攝三百六十官故云象天也○家者大之上此不對人宰故云家大也宰者下

者亦是管攝爲號故題曰天官也鄭又云家大宰之官也宰者

註對大宰則天冢者大之上此不對人宰故云家大也宰者下

立冢宰使掌邦治亦所以惣御衆官不主一官之事者此官

調和膳羞之名此冢宰亦能調和衆官故號大宰之官鄭又

云不言司者大宰惣御衆官不主一官之事者此官不言司故

者亦是管攝爲號故題曰天官也鄭又云家大宰之官也宰者

録云象天所立之官冢家大也宰者官也天官者統理萬物天子

對司徒司馬爲司寇司空此天官則兼攝羣職故不言

言司此天官則兼攝羣職故不言

職歲掌邦之賦出賜

典官府財用之出

而淡其財以待邦之移用

凡官府都鄙羣吏之出財用受式

凡内人公器賓客之無帥則幾其出入

婦出入則為之闔

以時啓閉

凡外内命夫

門庭

燎蹕宮門廟門

大祭祀喪紀之事設門

掌埽

凡

賓客亦如之〔疏〕

附音周禮注疏四十二卷得自潮州丁
日昌家嘗田耕堂書其家印也此本彫
于南宋元州遞修為阮刻十三經所據
每半葉十七行行十七字注疏夾行行
二十三字故通稱十行本及所得左傳禮
記注疏皆同而周禮疏修補特少蓋不
異宋時完槧矣中方泰半備讀其

人上海郭氏時江東遺籍甚多淮上
賊李鴻章為亂蘇松日昌盡取異得
之日昌後終福建巡撫吕勸吏事談時
務扶其貧墨然上疏賴是得完亥出八
閱斯亦貪夫之一得歟民國三年孟秋
辛炳麟書于北定

00014 附釋音春秋左傳註疏六十卷 （晉）杜預注 （唐）孔穎達等疏 （唐）陸德明釋文 元刻明修本 章炳麟跋

國家名録號 06997，館藏索書號善 000011

框高 19.3 厘米，寬 13.2 厘米，半葉十行，行十七字，小字雙行二十三字，白口（明修版爲上下黑口），左右雙邊，雙順黑魚尾。鈐有"吳越王孫""錢季修""錢季修圖書印"印。

二十册

册 1 襯葉章炳麟墨筆題：

《附音春秋左傳注疏》六十卷，即十行本，刻於宋，修於元明，爲阮氏所依據。卷前有"吳越王孫"印，即錢永。卷中或朱筆校字，亦據常行各本，正其譌奪，無所發明，不知校此者何人也。書亦出潮州丁氏。注疏中卷牒最多者，獨《左傳》《禮記》，次即《周禮》。今皆完碩，無所缺遺，斯可不謂幸歟？民國三年孟秋章炳麟書於北庭。（後鈐"大炎""章印炳麟"印）

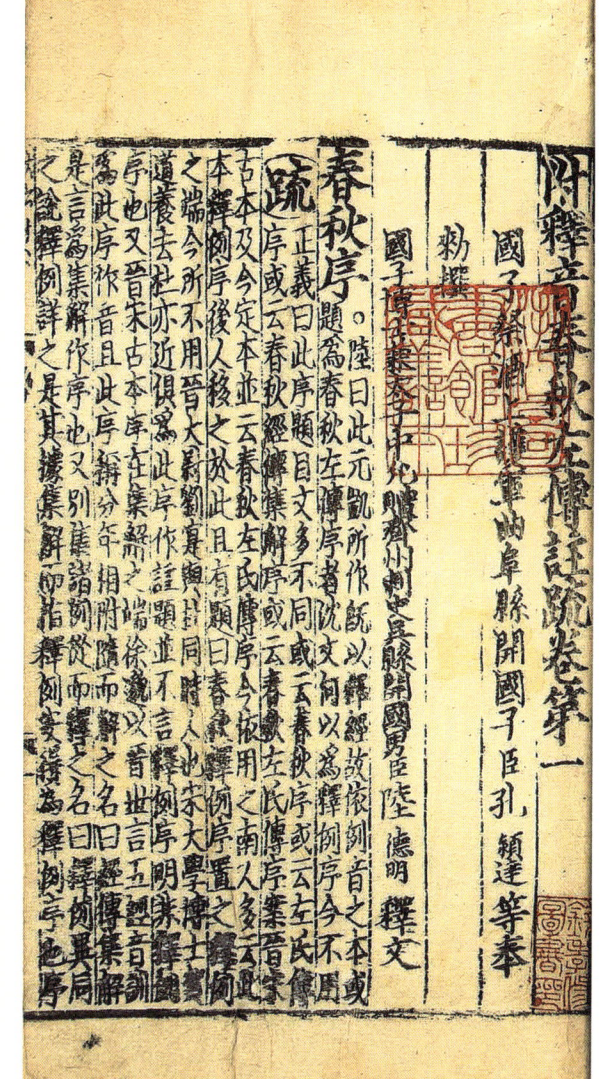

右頁

附釋音春秋左傳註疏卷第一

國子祭酒上護軍曲阜縣開國子臣孔穎達等奉

敕撰

國子博士臣陸德明釋文

春秋序

〔疏〕正義曰此春秋序陸曰此元凱所作既以釋經故依劉氏首之本或題曰春秋左傳序者沈文阿云不以爲釋例序今不同或云春秋經傳集解序或云春秋序或云左氏傳序或云春秋左氏傳序或云春秋左氏傳序

左頁

傳十一年春滕侯薛侯來朝爭長〔薛魯國薛縣〕

〔疏〕註薛魯國薛縣○正義曰遁云薛國薛縣是也奚仲之後邾仲虺居薛以爲湯左相武王復以其胄爲薛侯齊桓相霸諸侯黜爲伯獻公始與魯同盟小國無記世不可知亦不知

附音菁琳左傳注疏六十卷即十行
本刻于宋修于元明為阮氏所依據
卷首有吳越王孫即卽錢永卷中戌
朱筆校字夾據常行各本正其誤夸
無所發明不知校此者何人此書夾
出潮州丁氏注疏中卷牒嚴多者獨
左傳禮記次即周禮今皆完碩無所

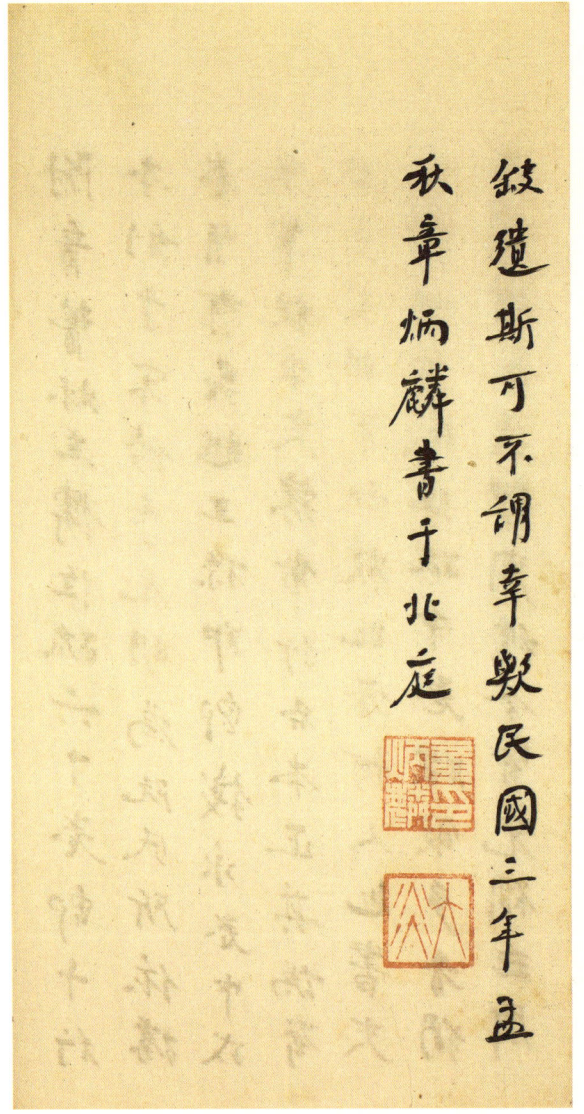

缺建斯可不謂幸歟民國三年五
秋章炳麟書于北庭

00015 通鑑紀事本末四十二卷 （宋）袁樞編 宋寶祐五年

（1257）趙與㦂刻元明遞修本 清張廷濟、清瞿中溶跋 佚名過
錄清黃丕烈跋

國家名錄號 07099，館藏索書號善 000036

　　框高 25.9 厘米，寬 20.1 厘米，半葉十一行，行十九字，
小字雙行同，白口，左右雙邊，單黑魚尾。瞿中溶跋題"木翁
識於拙齋"，"木翁"即瞿中溶（1769—1842），字萇生，號
木夫，錢大昕婿。鈐有"吳門繆氏珍賞""光煦""自彊庵主
人五十歲以後所得書印"等印。國家名錄著錄時未提及張廷濟、
瞿中溶及佚名錄黃丕烈題跋。

　　三十五冊（存三十五卷：一、四、六至十八、二十至
三十、三十二至三十七、三十九、四十一至四十二）

卷前襯葉張廷濟墨筆題：

　　大字本《通鑑紀事本末》，宋趙節齋刻本，舊在繆氏，余
每欲一見而不可得。今生沐廣文蔣六兄親家從吳下購歸，出以
見眎，其中原缺二卷、三卷、五卷、十六卷、十九卷、卅一卷、
卅八卷、四十卷，讀者慎無以圭斷璧殘等閒視同玉屑也。廷濟記。
（後鈐"張未未""廷濟""張未未"印）

卷前襯葉佚名墨筆過錄黃丕烈題：

　　《通鑑紀事本末》，今俗刻本誤謬脫落往往有至數十字者，
以此南宋槧大冊本校之，觸目皆是，不勝枚舉，可見斯書之善。
兼以書法古雅，刻畫精工，極盡宋人刊書能事。而宋諱缺筆之
字一一弗爽，悉屬可據，充好古讀書君子之秘笈無媿焉。所惜
者，印本已後，時有漫漶，而亡佚八卷，不成完璧。雖然，夏玉、

商金、秦刻、漢碑莫非至寶，何嘗無殘泐，自當一例等諸。生
沐廣文愛而有之，實具眼者，否則奚好此耶？余既爲兩家騎驛，
了此一重翰墨緣，曷可不記？西山努蕘翁丕烈。

卷前襯葉瞿中溶墨筆題：

　　異哉此刻，老眼猶得一册再見於斯，盖宋寶祐中宋室趙節
齋以嚴陵舊本字小且訛，乃易爲大書，精加讎校，以私錢重刊
於里居，特便老眼者。節齋昔好此書，繙閱四年，嘗謂關於世
教甚大，故刻之也。曩時張君月霄得是本，相與詫爲奇絕，何
幸復睹斯刻。斯刻之希，在今日已同麟角鳳觜矣，爰告有此者
珍之重之，勿以殘闕而輕之。木翁識於拙齋。

　　後廿日又聞之思適齋主人，云建安袁樞《通鑑紀事本末》宋
槧凡二，其一爲小字本，王伯厚《玉海》所言淳熙三年詔嚴州摹
印一部者也；其二爲大字本，節齋趙與籌於寶祐丁巳重槧者，即
此本也。版片歷久未壞，明初尚在南監，補刊者不過數葉。今繙
此本，凡補刊者作楷略小，歷歷可指也，故鑒賞者慎毋以此本爲
明紙明印而疑之。拙齋坐雨重識，時六月廿五日。

通鑑紀事本末卷第一

三家分晉

威烈王二十三年　初命晉大夫魏斯為諸侯

慶為諸侯

臣光曰臣聞天子之職莫大於禮禮莫大於分分

莫大於名何謂禮紀綱是也何謂分君臣是也何

謂名公侯卿大夫是也夫以四海之廣兆民之眾

受制於一人雖有絕倫之力高世之智莫敢不奔

走而服役者豈非以禮為之紀綱哉是故天子統

三公三公率諸侯諸侯制卿大夫卿大夫治士庶

人貴以臨賤賤以承貴上之使下猶心腹之運手

嚴當與弟入參自閒消息乃俱入趣玄武門上時
巳召裴寂蕭瑀陳叔達等欲按其事建成元吉至
臨湖殿覺變即跋馬東歸宮府世民從而呼之元
吉張弓射世民再三不彀世民射建成殺之尉遲
敬德將七十騎繼至左右射元吉墜馬世民馬逸
入林下爲木枝所絓墜不能起元吉遽至奪弓將
扼之敬德躍馬叱之元吉步欲趣武德殿敬德追
射殺之翊衛車騎將軍馮翊馮立聞建成死歎曰
豈有生受其恩而死逃其難乎乃與副護軍薛萬
徹盈咥直府左車騎萬年謝叔方帥東宮齊府精
二千馳趣玄武門張公謹多力獨閉關以拒之

不得入雲麾將軍敬君弘掌宿衛兵屯玄武門
身出戰所親止之曰事未可知且徐觀變俟兵
成列而戰未晚也君弘不從與中郎將吕世衡大
呼而進皆死之君弘雋之曾孫也守門兵與萬
徹等力戰良久萬徹鼓譟欲攻秦府府士大懼尉
遲敬德持建成元吉首示之宮府兵遂潰萬徹與
數十騎亡入終南山馮立殺敬君弘謂其徒曰
亦足以少報太子矣遂解兵逃於野上方泛舟海
池世民使尉遲敬德入宿衛敬德擐甲持矛直至
上所上大驚問曰今日亂者誰邪卿來此何爲對
曰秦王以太子齊王作亂舉兵誅之恐驚動陛下

大字本通鑑紀事本末宗趙英齋刻本舊
在繆氏余每欲一見而不可得今
生沐廣文蔣六九乾家經吳下購得出以見眎
至十原缺 二卷三卷 五卷 十三卷 十九卷 廿二卷 廿三卷 四十卷 讀者慎
無以坐對辟殘等閒視同玉屑也 建齋記

通鑑紀事本末今傳刻本誤誤脫落復三有玉屑千字者
以此南宋槧大册本校之觸目皆是不勝枚舉 見
斯書之美蓋以書傳古雅刻畫精工楷畫宋人刊
書能事而宗諱缺事之字二三兩舉為句據
元好古讀書君而主秘笈之觀寫畫楷本即本已涉時
有滿清康雨之後公素不成完錞錐盎夏重冒金壽刻
漢碑莫非正實何嘗之主琢洲自當一倒等語 生沐廣
又爱而為之實具耶余阮為兩家驕
駫于此一番翰墨緣眉而右記 西山蜀箋翁至敘

異矣此二刻老眼猶得一無見乎斯蓋宋
寶祐中宋室趙節公以嚴陵舊本
字小且訛乃多為大書精加讎校以和
錢重刊于里匠特使老眼者節公二晉
好此書繕閱四年嘗謂開於世數昆
大故刻之也曩時張君月霄得是本
相與詫為奇絕何幸復睹斯刻二之希
左今日已同戲角鳳觜美告有此者
珍之重之勿以殘闕而輕之木翁識於拙公二
愛世廿日又聞之息通齋主人云建安袁樞
通鑑紀事本末宋槧凡二其一為小字本

王伯厚玉海所言淳熙三年詔嚴州
摹印一部者也其二為大字本節齋
趙與懃蕙炎寶祐丁巳重槧者即此本
也版片歷久未壞閩初尚在南監補
刊者不過數葉全繕此本凡補刊者
作楷略小廉二可指也故鑑賞者慎
毋以此本為閩紙閩印而疑之　拙齋閔堅雨
重識時六月廿五日

00016 書傳會選六卷 （明）劉三吾等撰　明趙府味經堂刻本　清湯金釗題簽　清蔡名衡、清蔡金相、清王紹蘭跋　清去非觀款

國家名錄號 07283，館藏索書號善 000005

　　框高 20.1 厘米，寬 14.4 厘米，半葉九行，行十八字，小字雙行同，上下黑口，四周雙邊，單白魚尾。版心上鐫"味經堂"。鈐有"吳修私印""王禮治檢叔珍藏印信""奉求定正六經文字後裔""蕭山蔡陸士藏玩書畫鈐記""蔡聖涯家珍藏""齎臼盦""六經鼓吹""字湘芷""繆沅之印""金釗""鄰江草堂藏書印""會稽董春庭經眼"等印。國家名錄著錄時僅蔡名衡、王紹蘭題跋，未提及湯金釗題簽、蔡金相題跋、去非觀款。

　　六册

卷一首葉去非墨筆題：

　　癸丑夏日去非重讀。

卷六末蔡名衡墨筆題：

　　是書爲劉三吾等奉勅撰。按：三吾，茶陵人，初名如孫，以字行。洪武十八年以茹瑺薦召至，年七十三矣。奏對稱旨，授左贊善，纍遷翰林學士。時天下初平，典章缺略，帝銳意製作，宿儒凋謝，得三吾晚，悦之，一切禮制及三場取士法多所刊定。三吾博學，善屬文章，製《大誥》及《洪範注》成，皆命爲序，勅修《省躬録》《書傳會選》《寰宇通志》《禮制集要》諸書，皆綜其事，賜賚甚厚。事蹟俱載《明史》列傳。恭閱《欽定四庫全書總目》，載《書傳會選》六卷，浙江朱彝尊曝書亭藏本。此本未審與朱氏所藏同否。內版心上刻"味經堂"三字，白綿紙本，瑩潔如新，字畫精工，似初印刷者，當爲趙府初刻本無疑。憶壬戌歲衡在岳家金少愚先生隣江草堂讀書，以此書授衡，云係閩中物色得之，曾爲泰州繆侍郎家藏本，圖記在焉。其"大滌講徒"一印及硃筆批點，則漳浦黄忠端公道周手蹟也。拜觀之下，點畫莊嚴，精謹不苟，即一圈一點之間具見圍範，而一種端勁之氣現於豪端，令人不敢褻視。

今夏曝書庭中，適蠡城沈君西霞復燦訪予於齋曰盒中，相與披覽之餘，不勝羨慕，私語予云："尊藏倪黃合璧册，雖爲忠賢墨寶，好古家猶有藏者，此種恐無再得矣。君其善藏之，當作枕中鴻寶也。"道光三年歲在癸未六月蕭山蔡名衡陸士甫識。（後鈐"衡"印）

書尾蔡金相墨筆題：

家大人授相此册，拜觀之下，不勝珍重。內有墨筆旁批三字及書眉十五字，亦黃忠端公手書。長男金相盥手敬識。（後有"金玉其相"印）

又查《畢命》第二十六頁白文改正二字，《君牙》第三十一頁白文旁書一字。道光四年二月九日正忠端降岳之辰也。（後鈐"脈望鑽書""敝帚自享""宜子孫"印）

第六册浮葉上王紹蘭墨筆題：

右《書傳會選》六卷，黃忠端公所評點也。《堯典》篇"以親九族"，評云："九族上自高祖下至元孫。似拙。"今按，《五經異義》曰："九族，今戴《禮》、今《尚書》夏侯、歐陽説九族乃異姓有親屬者，父族四、母族三、妻族二。古《尚書》説九族者上從高祖下至元孫凡九，皆爲同姓。"許慎謹案："《禮》'緦麻三月以上服，恩之所及也'。禮爲妻父母有服，明在九族中也。九族不得但施于同姓。"是叔重用今文説。鄭駁之曰："元之聞也，婦人歸宗，女人適人，字猶繫姓，胡不得父兄爲異族，其子則然。《昏禮》'請期'辭曰：'惟是三族之不虞。'欲及今三族，未有不億度之事而迎父也。如此所云，三族不當有異姓。異姓其服皆緦麻，緦麻之服，不禁嫁女，是爲異姓不在族中。《喪服小記》説服之義曰：'親親以三爲五，以五爲九。'以此言之，知高祖至元孫昭然察矣。"是康成用古文説。公謂古文似拙，蓋與許同，與鄭異。"宵中星虛"，評謂："宵，陽氣消也。"今按，《爾雅·釋言》："宵，夜也。舍人云：宵，陽氣消也。"公説本此，足見其無不根之言。"平在朔易"，評云："三時力役田野，當次序之。冬則物皆藏入，須省察之。故別秩而言

在。"此足爲讀書得間之法。《舜典》"以齊七政",評謂:"七者,各自異政,故爲七政。得失繇政,故稱政。"今按,鄭注云:"七政謂春、秋、冬、夏、天文、地理、人道,所以爲七政也,人道盡而萬事順成。"公説與鄭略同,而云得失繇政,其義更深切著明。此足爲施政者之徵戒。"輯五瑞",評謂:"瑞本受于堯,斂而又還之。若舜新付之,改爲舜臣,與之正新君之始。"今按,《史記》"輯"作"揖",馬訓爲"斂"。五瑞,公、侯、伯、子、男所執爲瑞信。江氏叔澐曰:"群后即四岳群牧,堯命既斂其瑞,既乃擇月日,使舜見之,而還反其瑞焉。"江義本公説,而公云與之正新君之始尤足以發明經義。"群后四朝",評云:"四方諸侯各自會朝于方岳之下,故曰四朝。"今按,鄭注云:"巡狩之年,諸侯朝于方岳之下。其間四年,四方諸侯分來朝于京師,歲徧。"公説與鄭同,而蔡傳不言四方諸侯朝于方岳,非古義也。"鞭作官刑,朴作教刑",評謂:"《益稷》篇'撻以記之',大射、鄉射皆云司馬搢朴,則朴亦官刑,鞭、朴俱用,教刑唯朴而已,故屬朴于教。"今按,《周官·條狼氏》誓大夫曰"敢不關鞭五百"是鞭之施于官刑者,《射禮》"司馬搢朴"是朴之施于官刑者。《學記》曰"夏楚二物,學校之刑也",盧侍中引"朴作教刑"爲證,則教刑有朴無鞭。公此説亦發前人所未發。"予擊石拊石",評謂:"大擊爲擊,小擊爲拊。"今按,鄭注云:"磬有大小。夔語舜曰:'予擊大石磬,拊小石磬。'"《周官》太師職曰:"令奏擊拊。"鄭司農云:"樂或當擊,或當拊。"後鄭以磬大小分擊拊,先鄭則渾言之,不明言擊拊爲何義,皆不若公説之明顯。《益稷》篇"以出納五言",評謂:"《漢書·律曆志》稱五聲播于五常,角爲仁,商爲義,徵爲禮,羽爲智,宮爲信,是五言爲出納五德之言。"今按,江氏説此句云:"順以歌詠五常之言。《易緯·通卦驗》鄭注凡黃鐘六律之聲、五音之動與神靈之氣通,人君聽之,可以察己之得失,而知群臣賢否。"江亦以五常釋五言,而引緯書釋經,且五常與五行相通又無明證。公引《漢志》五聲播五常,角仁、商義、徵禮、羽智、宮信,以五言爲五德之言,于經義正協,較江説爲長。《湯誓》篇"朕不食言",評謂:"孟武伯惡郭重曰:'何肥也?'公曰:'是食言多矣,能無肥乎?'"今按,《爾雅·釋詁》:"食,僞也。"邵氏與桐《正義》云:"古者僞、爲二字通用。孫炎曰:'食,

言之僞也。'左氏僖二十八年傳'背惠食言',成十〈十〉六年傳'瀆齊盟而食話言',又云'臨事而食言',襄二十七年傳'食言者不病',哀二十五年傳'是食言多矣'。"紹蘭謂"是食言多矣,能無肥乎"二句文義相貫,唯肥見其食言,唯食言乃見其肥,邵引上句不引下句,則哀公語意不顯。公全引之,而郭重之肥、武伯之惡、哀公之不滿于三家,其情狀畢見,亦較邵氏爲長。《盤庚》篇"乃正厥位",評謂:"《禮》,郊在國外,左祖右社,面朝後市。'正厥位'謂正此郊廟朝社之位也。"今按,《考工記》:"左祖右社,面朝後市。"此建國一定之法。盤庚既遷,自應匠人營國,則位即辨方正位之位。蔡傳但云"正君臣上下之位",其義未該,公說爲長。《君奭》篇"弗弔,天降喪于殷",評謂:"自後世言殷之喪,周之福也。而曰'弗弔',蓋聖賢以天下爲心,不幸遇喪亂而任此責,豈所樂哉?緯書乃云'武王克紂,前歌後舞',謬矣。"今按,公此說直探古聖人奉天伐罪、救民而無利天下之心,於"弗弔"二字見之,發經義之精蘊,非注疏家所及。其深斥緯書,更足一掃漢人陋習。《秦誓》篇"我心之憂,日月逾邁",評謂:"魏武老驥伏櫪,感慨同此。同一霸氣,覺彼橫此尚厚。"今按,秦穆唯臨死以三良殉葬,君子知其不復東征,至晉文定霸,全賴穆公納之,則重耳輔周之勛,實任好助晉之力。阿瞞賣履分香,惓惓于銅雀臺,使身死之後猶以疑冢逞其奸獪,何能仿佛穆公,故公云彼橫此厚也。通讀全書,不但一圈一點必敬必恭,無豪髮苟且,足徵定静功深,而于孔氏《書》序、蔡氏考定《武成》既無評論,亦無圈點,蓋一以爲僞作,一以爲不足憑,此又公之讀書特具卓識者矣。道光五年歲在乙酉二月初九日忠端生辰,蕭山後學王紹蘭恭跋。(後鈐"南陔""王印紹蘭"印)

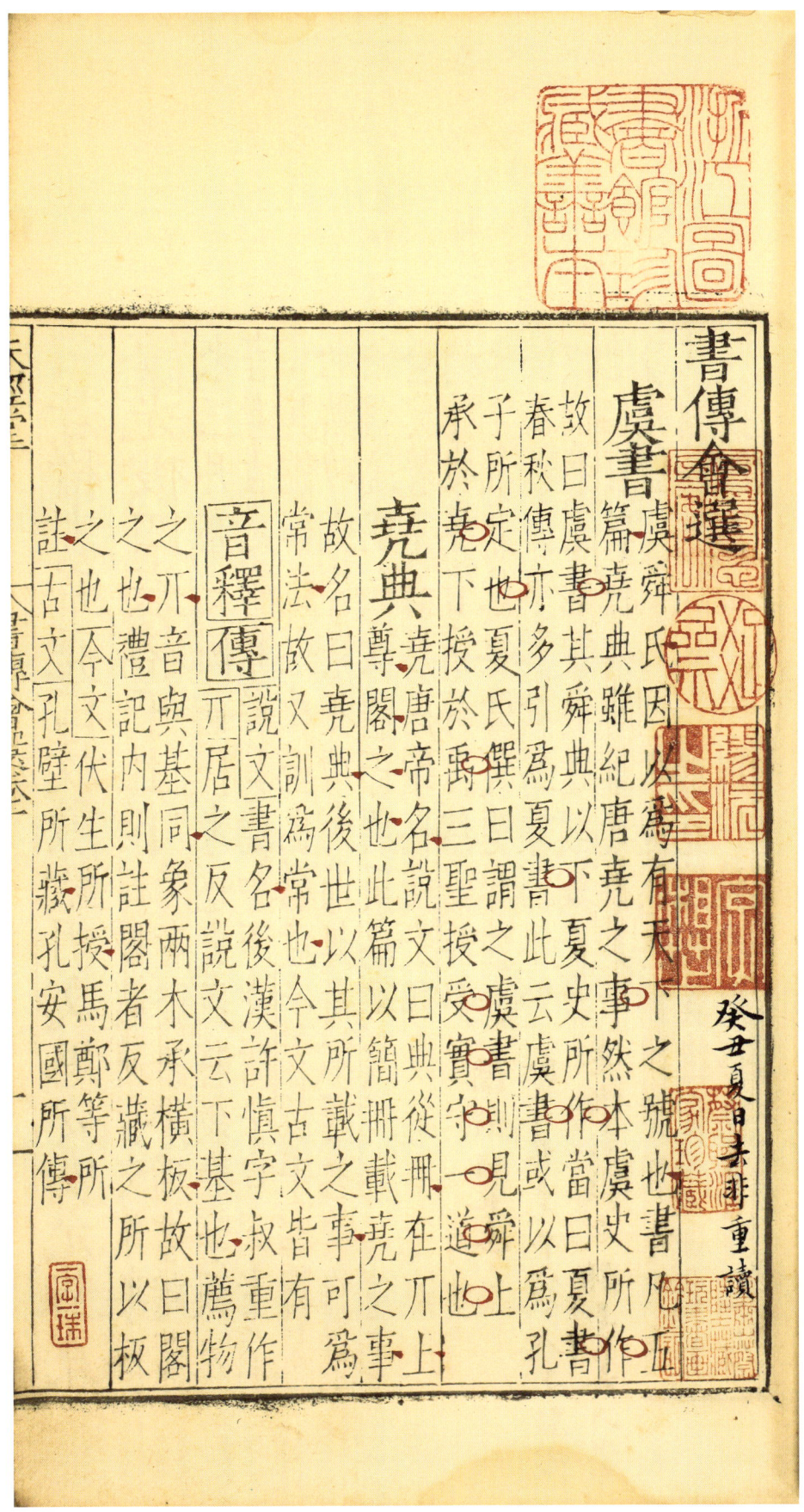

書傳會選

虞書

虞舜氏因以為有天下之號也書凡
承於堯下授於禹三聖授受寶字一見舜上道也
子所定也夏氏譔曰謂之虞書則見舜上
春秋傳亦多引為夏書此云虞書或以為孔
故曰虞書其舜典以下夏書之事或以為夏書
虞書篇堯典雖紀唐堯之事然本虞史所作

堯典

堯唐帝名說文曰典從冊在丌上
尊閣之也此篇以其所載簡冊載堯之事可作
故名曰堯典後世以今文古文皆有重作
常法故又訓為常也

音釋傳

說文書名後漢許慎字叔重薦物
居之反說文云下基也
丌音與基同象兩木橫板故曰閣
之也禮記內則註閣者反藏之所以
之也今文伏生所授馬鄭等所傳
註之也古文孔壁所藏孔安國所傳以板

癸丑夏日東軒重讀

是書為劉三吾等奉勅撰按三吾茶陵人初名如孫以字

行洪武十八年以茹瑺薦召至年七十三矣對稱旨授左

贊善累遷翰林學士時天下初平典章缺署帝銳意制作

宿儒凋謝得三吾晚悅之一切禮制及三場取士法多所刊定

三吾博學善屬文章製大誥及洪範注成皆命為序勅脩

省躬錄書傳會選棗宇通志禮制集要諸書皆綜其事賜賚

甚厚事蹟俱載明史列傳恭閱

欽定四庫全書總目載書傳會選六卷浙江朱彝尊曝書亭藏本

此本未審與朱氏所藏司否內板之工劉味經堂三字白綿紙

本瑩潔如新字畫精工似初印刷者當為趙初刻本無疑憶王

成藏衛在岳家金少愚先生隆江艸堂讀書以此書授衛云係

閩中物色得之曾為泰州繆侍郎家藏荃圖記在焉其大滌

講徒一印及碟筆批點則漳浦黃忠端公道周手跡也拜觀

之下點畫莊嚴精謹不苟即一圈一點之間具見圍範而一種

端勁之气現於豪端令人不敢褻視令夏曝書庭中適蠹

城沈君西霞復燥訪予於靈日盦中相與披覽之餘不勝美

慕私語予云尊藏倪黃合璧卅雖為忠賢墨寶好古家猶有

藏者此種恐無再得矣君其善藏之當作枕中鴻寶也

道光三年歲在癸未六月　蕭山蔡名衛陸士甫識

多方 第四十八頁白文旁批一字

第六卷

冏命 第三十五頁白文政正三字

呂刑 第四十二頁三行十五字

第四十五頁白文旁批二字

秦誓 第五十二頁五行三十二字

共二千二百三十五字又副頁標目共一百四十四字統共

一千三百七十五字 內有藍筆圈點數處旁批墨筆數

字墨圈數處疑另是一人

家大人獲相此冊拜觀之下不勝珍重內有墨筆旁批三

字及書眉十五字亦黃忠端公手書長男金相鹽手敬識

又查冏命第二十六頁白文政正三字君牙第三十一頁白文旁書二字

道光四年二月九日正忠端嘗孫岳之辰也

右書傳會選六卷黃忠端公所評點也堯典篇以親九族評云九
族工自高祖下至元孫似拙今按五經異義曰九族今戴禮今尚
書復庭歐陽說九族乃異姓父族四母族三妻族二古
尚書說九族者工從高祖下至元孫凡九皆為同姓許慎謹集禮
緦麻三月以工服恩之所及也禮為妻父母有服明在九族中也
九族不得但施于同姓元之闘也婦
人歸宗女人適人字猶繫姓明不得父其子則然昏禮
請期辭曰惟是三族之不虞欲及今三族亦有不虞度之事而迎
父也如此所云三族不當有異姓其服皆緦麻緦麻之服不
禁嫁女是為異姓不在族中襄服小記說服之義曰親親以三為
五以五為九以此言之知高祖至元孫昭然矣是康成用古文
說公謂古文似蓋與許同與鄭異宵中星虛評宵陽氣消也
今按爾雅釋言宵夜也舍人云宵陽氣消也公說本此足見其無
不根之言平在此役田野當次序之各則物省藏
入滄省察之致別秋而言評云三時刀役田野當次序之各則物省藏
政評韻七省各自異政我為七政得失錄政故稱政今按鄭注云
七政謂春秋冬夏天文地理人道所以為七政也人道盡而萬事
順成公說与鄭畧同而云得失語政具義更浹切著明此足為施

政者之徵戒輯五端詳謂端本受于堯敕而又還之若舜新付之
政爲舜臣與之正新君之始今按史記輯作撰爲敕五瑞公
羲伯子男所執爲瑞信江氏叔澄曰摯后卽四岳摯收堯命旣敕
其瑞旣乃擇月日使舜見之而還反其瑞爲江義本公說而公云
與之正新君之始尤足以發明經義摯后四朝詳云四方諸侯各
而暮侍不言四方諸侯朝于方岳非古義也鄭作官刑朴作教刑
自會朝于方岳之下故曰四朝今按鄭注云巡狩之年諸侯朝于
方岳之下其間四年四方諸侯分來朝于京師藏編公說與鄭同
詳謂盈稷篇據以記之大尉御射皆云司馬擔朴則朴亦官刑鞭
朴俱用敕刑惟朴而已故扇朴于教今按周官係狼氏哲大夫曰
敢不關鞭五百是鞭之施于官刑者附禮司馬擔朴是朴之施于
官刑者學記曰夏楚二物學校之刑也盧侍中引朴作敎刑爲證
則敎刑有朴無無鞭公此說亦發前人所未發予摯大石拊石謂
大擊爲擊小擊爲拊今按鄭注云摯有大小豐語舜曰于摯大石
磬拊小石磬同官太師職曰令奏擊拊云樂或當擊戒當
拊後鄭以磬大小分擊先鄭則渾言之不明言擊拊爲何義皆
不若公說之明顯盈稷篇以出納五言詳謂漢書律林志稱五聲
播于五常角爲仁商爲羲微爲禮羽爲智宮爲信是五言爲出納

五德之言也今按江氏說此云順以歌詠五常之言易緯通卦驗
鄭注凡黃鐘六律之聲五音之動與神靈之氣通人君聽之可以
審己之得失而知舉臣賢否江亦以五常釋五言而引緯書釋經
且五常與五行相通又無明證公引漢志五聲播五常角仁商義
徵禮羽智宮信以五言為五德之言于經義何肥也公曰是食言多矣
誓為朕不食言許謂孟武伯惡郭重曰何肥也公曰是食言多矣
能無肥乎今按爾雅釋詁食偽也邵氏與桐正義古者偽為二
字通用孫炎曰食言之偽也左氏僖二十八季傳背惠食言咸十
十六季傳瀆齊盟而食話言又云臨事而食言襄二十七季傳食

言者不病哀二十五季傳是食言多矣紹蘭謂是食言多矣能無
肥乎二句文義相貫唯肥見其食言唯食言乃見其肥邵引工句
不引下句則哀公語意不顯公全弘之而郭重之肥武伯之惡
公之不滿于三家具情狀畢見亦較邵氏為盡盤原篇乃正欣原
詳謂禮郊在國外左祖右社而朝後市正欣位謂正此郊庙朝社
之位也今按考工記左祖右社而朝後市此建國一定之法盤康
既遷目應匠人譽國則位即辨方正位之位但云于殷許謂目後
下之位其義未詳公說為長爽篇弗弔天降喪于殷許謂目後
世言殷之喪喪周之福也而曰弗弔蓋聖賢以天下為心不幸遇

譽亂而任此責豈所樂哉緯書乃云武王克紂前歌後舞謬矣今
按公此説直探古聖人奉天代罪救民而無利天下之心於帝吊
二字見之發經義之精蘊非注疏家所及其深斥緯書更足一掃
漢人陋習奉誓篇我心之憂日月逾邁詳謂魏武老驥伏櫪感慨
同此同一霸氣覺彼橫此尚厚今按奉模唯臨孔以三良殉葵君
子知其不復束征至晉文定霸金賴穆公納之則重耳輔周之助
實任好助晉之力阿瞞賣履分香懷懷于銅雀臺俊曷殉之後猶
以疑冢道其奸猾何能仿佛穆公故公云波橫此厚也通讀全書
不但一圈一點必恭無毫髮苟且足激定靜功溪而于孔氏

書序蔡氏攷定武成既無評論亦無圈點蓋一以為偽作一以為
不足憑此又公之讀書特其卓識者矣道光五年歲在乙酉涂月初九日
萧山後學王紹蘭恭跋
忠端先生裔

00017 重刊通鑑集要二十八卷通鑑總論一卷 （明）諸燮輯

明嘉靖四十三年（1564）譚潛刻本 清查燕緒題記

國家名録號 07679，館藏索書號善 001052

　　框高 20.9 厘米，寬 13.4 厘米，半葉十二行，行二十六字，小字雙行同，白口，四周單邊，雙順白魚尾。有嘉靖甲子（四十三年）譚潛重刻通鑑集要序，序末鎸“劉志明刊”。鈐有“查翼甫讀書記”“查燕緒考藏經籍印”等印。

　　七册

卷二十八末查燕緒朱筆題：

　　同治丙寅四月浙西查燕緒閱竟識。（後鈐“燕緒游藝”印）

重刊通鑑集要卷之一

三皇五帝紀

前進士餘姚理齋諸燦輯

○盤古氏

○氣化御世
太極生兩儀兩儀生四象四象變化而庶類繁矣相傳首出御世者

曰盤古氏又曰渾敦氏（盤古猶言盤固敦末昭晣之謂也渾）

五峯胡氏曰盤古生於大荒莫知其始明天地之道達陰陽之變

○三才首君
為三才首君於是混荒開矣

○天皇氏（蓋取天開於子之義也）

○人皇氏（寅之義也）

當是時萬物群生淳風汤穆政教君臣所自起飲食男女所自始

四明陳氏曰夫人靈於萬物而氣稟不齊其才德出類者則為眾

○君道名始
所宗此君道之始也又曰以盤古之先為無若邪吾不得而知也

○子德出類為眾所宗

○地皇氏（蓋取地闢於丑之義也）

然反之於其泉東廓先生之教終不若求
之於心之為要也故學者之於史書始焉
旁搜以博其趣既焉詳說以約其理合傳
約而誠之於心思以會其精此予得之於
先生故因其請而筆之直欲以是而望諸
來學也是為序
嘉靖甲子孟春既望太邑文林郎知嵊縣事
仰松譚潛謹識
劉志明刊

00018 戰國策十卷 明吴勉學刻本 明余煌批點 清李廷基觀款
並批點 清沈復燦題簽並跋 佚名跋
國家名録號 07741，館藏索書號善 001128

　　框高 19.9 厘米，寬 14.2 厘米，半葉九行，行十八字，白口，
左右雙邊，單黑魚尾。鈴有"余煌""劉畔堂""大華所讀"等印。
　　四册（存五卷：一至三、六至七）

册 1 襯葉佚名墨筆題：

　　余忠節公點批本《戰國策》，係沈氏鳴野山房藏笈也，末
附霞西跋識。忠節名煌，字武貞，會稽人，天啓中進士第一，
授修撰，崇禎中乞叚歸。魯王監國紹興，拜煌兵部尚書督師，
紹興破，赴水死。沈復燦，字霞西，山陰人。幼家貧，不能事
科舉，乃勤力以養親，母疾則割肱，父疾則嘗糞。乾嘉閒隱於
書肆，廣搜博覽，藏書之富，莫可與京，輯有《鳴野山房書畫記》
及《彙刻帖目》，著録多屬珍本，遂負盛譽於東南。道光中有
詔徵孝廉隱逸，將以復應，會因哭兄致疾，未上而没。（首鈴"通
經致史"印，後鈴"大華校閲"印）

卷一首葉李廷基墨筆題：

　　余武貞先生閲。
　　天啓乙丑狀元諱煌。
　　厚庵廷基。（後鈴"字師周""李廷基印"印）

卷三首葉李廷基墨筆題：

　　己卯大吕月正本堂再閲。浮山師周記。（鈴"三十六帝之外臣"
印）

卷六首葉李廷基墨筆題：

浮山閣書溪上園。余武貞原閱。（鈐“李氏師周圖書”印）

卷七首葉李廷基墨筆題：

己卯大呂月立庚辰春日正本堂再閱。浮山師周記。（鈐“三十六帝之外臣”印）

册 4 末葉沈復燦墨筆跋：

右吴勉學校《戰國策》本十卷，今缺四卷、五卷、八卷、九卷、十卷，墨識以及青黄圈點係明季余忠節公手筆也。嘉慶十三年皋月中旬七日，山陰後學沈復燦志。（後鈐“子復”印）

戰國策卷第一

西周

安王

明　新安吳勉學校正

天啓乙丑狀元譚煌

厚菴逄基

嚴氏爲賊而陽竪與焉道周周君留之十四日、
載以乘車駟馬而遣之韓使人讓周周君患之
客謂周君正語之曰寡人知嚴氏之爲賊而陽
竪與之故留之十四日以待命也小國不足以
容賊君之使又不至是以遣之也

余忠節公點批本戰國策係沈氏鳴
野山房藏笈也末附霞西跋識忠節
名煌字武貞會稽人天啟中進士苐
一授修撰崇禎中气段肆魯王監國
紹興拜禮兵部尚書贊師絀興破赴
水死沈謐槊字霞西山陰人幼家貧
不能事科舉乃勤力召養親毌疾

則封胠父疾則嘗糞乾嘉間隱於
書肆廣搜博覽歲書之富莫可與
京輦有鳴野山房書亞記及彙刻
帖曰著錄多屬珎本遂負盛譽于東
南道光中有詔徵孝廉隱逸辭以讓
應會囚哭兄致疾未上而没

戰國策卷第三

山師周記

明　新安吳勉學校正

秦

孝公

衞鞅亡魏入秦孝公以爲相封之於商號曰商
君商君治秦法令至行公平無私罰不諱强大
賞不私親近法及太子黥劓其傅朞年之後道
不拾遺民不妄取兵革大强諸侯畏懼然刻深
寡恩特以强服之耳孝公行之八年疾且不起

戰國策卷第六

余武真恖閱

浮山閣書溪上園

明　新安吳勉學校正

趙

襄子

智伯帥趙韓魏而伐范中行氏滅之休數年使
人請地於韓韓康子欲勿與段規諫曰不可夫
智伯之爲人也好利而驁復來請地不與必加
兵於韓矣君其與之彼徙又將請地於他國他
國不聽必鄉之以兵然則韓可以免於患難而

古吳勉學校戰國策本十卷今秩
四卷五卷八卷九卷十卷史墨評以及
青貢圈點俱明季余忠節公筆
此素慶十三年臘月廿旬吉山陰
浚學沈汝懌志

戰國策卷第七　己卯六昌月立庚辰春日正本堂再
閱浮山師周記明　新安吳勉學校正

魏

桓子

智伯索地於魏桓子魏桓子弗予任章曰何故
弗予桓子曰無故索地故弗予任章曰無故索
地鄰國必恐重欲無厭天下必懼君予之地智
伯必驕驕而輕敵鄰國懼而相親以相親之兵
待輕敵之國智氏之命不長矣周書曰將欲敗

00019 三垣筆記四卷補編一卷　（清）李清撰　（清）傅以禮補　清抄本　清傅以禮校並跋　佚名跋

國家名録號 07777，館藏索書號善 001218

　　開本高 28.2 厘米，寬 17.7 厘米，無版框，半葉九行，行二十字。《補編》一卷乃傅以禮所輯，有傅以禮光緒丁丑（三年）跋，並鈐"節子""清河傅氏"印，是爲其稿本。鈐有"錫鬯""彝尊私印""學在氏""姜實節印""檇李曹溶""長恩閣藏書""傅氏藏本""節子辛酉以後所得書""以禮審定""傅氏鈔本""元祐黨人之後""大興傅氏收藏印""節子題識""余越園讀書記""賀印揚靈""曾藏賀揚靈家"等印。

　　三册

册 1 襯葉浮葉上佚名墨筆題：

　　此鈔本共四卷，曾爲朱彝尊、姜實節、曹溶所藏。光緒年間傅節子從各家借得寫鈔本，分別校補，並纂成《三垣筆記跋》一册附後，殊可寶也。

卷二末葉傅以禮朱筆題：

　　光緒丙子孟夏借周季貺太守所藏蕭山王氏十萬卷樓寫本據校一過，王鈔止首兩卷，而較多十五則，亟補録附後。（後鈐"節子手校一過"印）

卷四末葉傅以禮朱筆題：

　　丁丑季春下浣又從凌子與茂才借得鈔本，視此詳略迥異，同者僅二十九則，已標識各卷上方。其出是本外者轉有三十七則之多，爰與周本寫出各條，彙録一帙，以爲此本補編。（後鈐"節子手校一過"印）

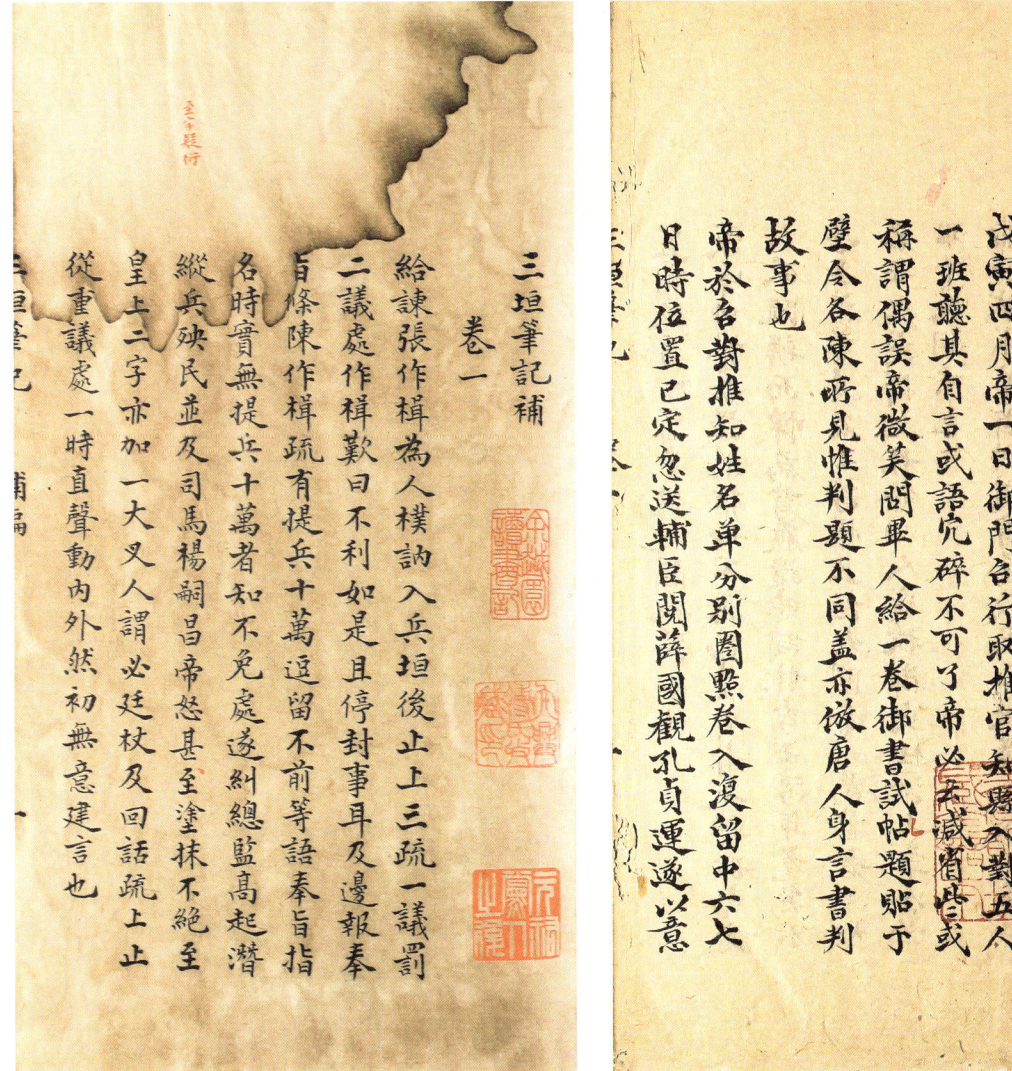

三垣筆記卷一

興化李清記

戊寅四月帝一日御門畢行取推官知縣入對五人
一班聽其有言或語究碎不可了帝必不減省些或
稱謂偶誤帝微笑問畢人給一卷御書試帖題貼于
壁令各陳曉見惟判題不同蓋亦倣唐人身言書判
故事也

帝於各對推知姓名單分別圖照卷入復留中六七
日時位置已定忽送輔臣閱薛國觀孔貞運遂以意

三垣筆記補
卷一

給諫張作楫為人樸訥入兵垣後止上三疏一議罰
二議處作楫歎曰不利如是且停封事耳及邊報奉
旨條陳作楫疏有提兵十萬逗留不前等語奉旨指
名時實無提兵十萬者知不免處遂糾總監高起潛
縱兵殃民並及司馬楊嗣昌帝怒甚至塗抹不絕至
皇上二字亦加一大叉人謂必廷杖及回話疏上止
從重議處一時直聲動內外然初無意建言也

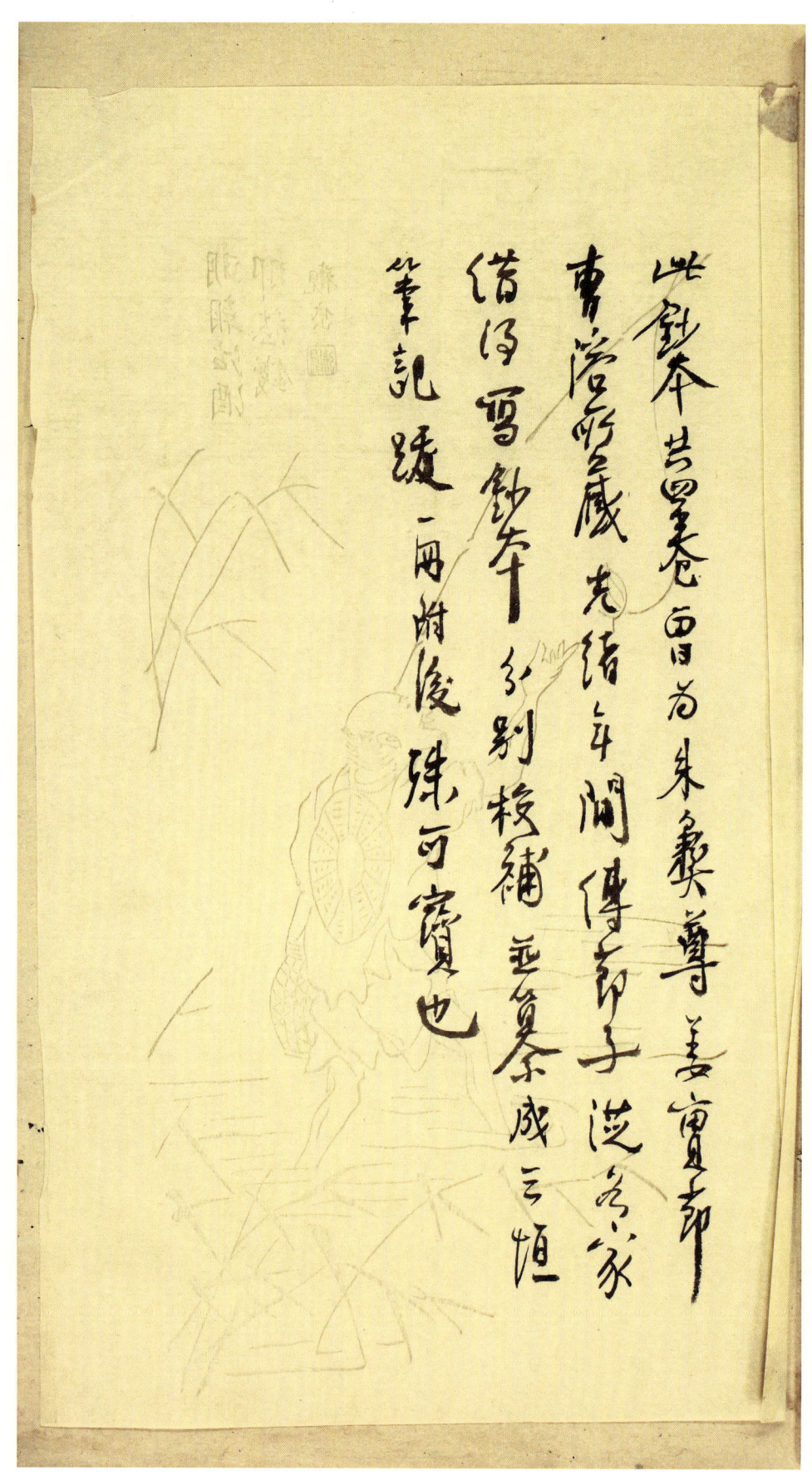

此鈔本共四冊十卷西晉為朱彝尊竹垞師

曹溶所藏先結年間傳鈔李子德氏家

借得書鈔本分別校補至夏奈咸三垣

筆記隨一兩附後殊可寶也

之

輔臣周延儒丹召
輔臣馬士英以薦光祿院大鋮
于忠肅謙
輔臣馬士英初亦有意為君子
章奏外官
弘光元年正月朔
少司馬左懋第等北使
少司馬院大鋮語人云
少司馬院大鋮意氣軒驚
輔臣王鐸初入閣
闖偽防禦使武愫
上命台省
往例諸臣入朝
應天府教授張丁乾
左良玉兵半羣盜
湖廣巡撫王驥
江南既陷
光祿許譽卿
右十八則據後本增

三垣筆記卷二終

三垣筆記乙　卷二

光緒丙子孟夏借周季貺太守所藏蕭山王氏十萬卷樓
寫本據校一過王鈔止首兩卷而較多十五則並補錄跗後

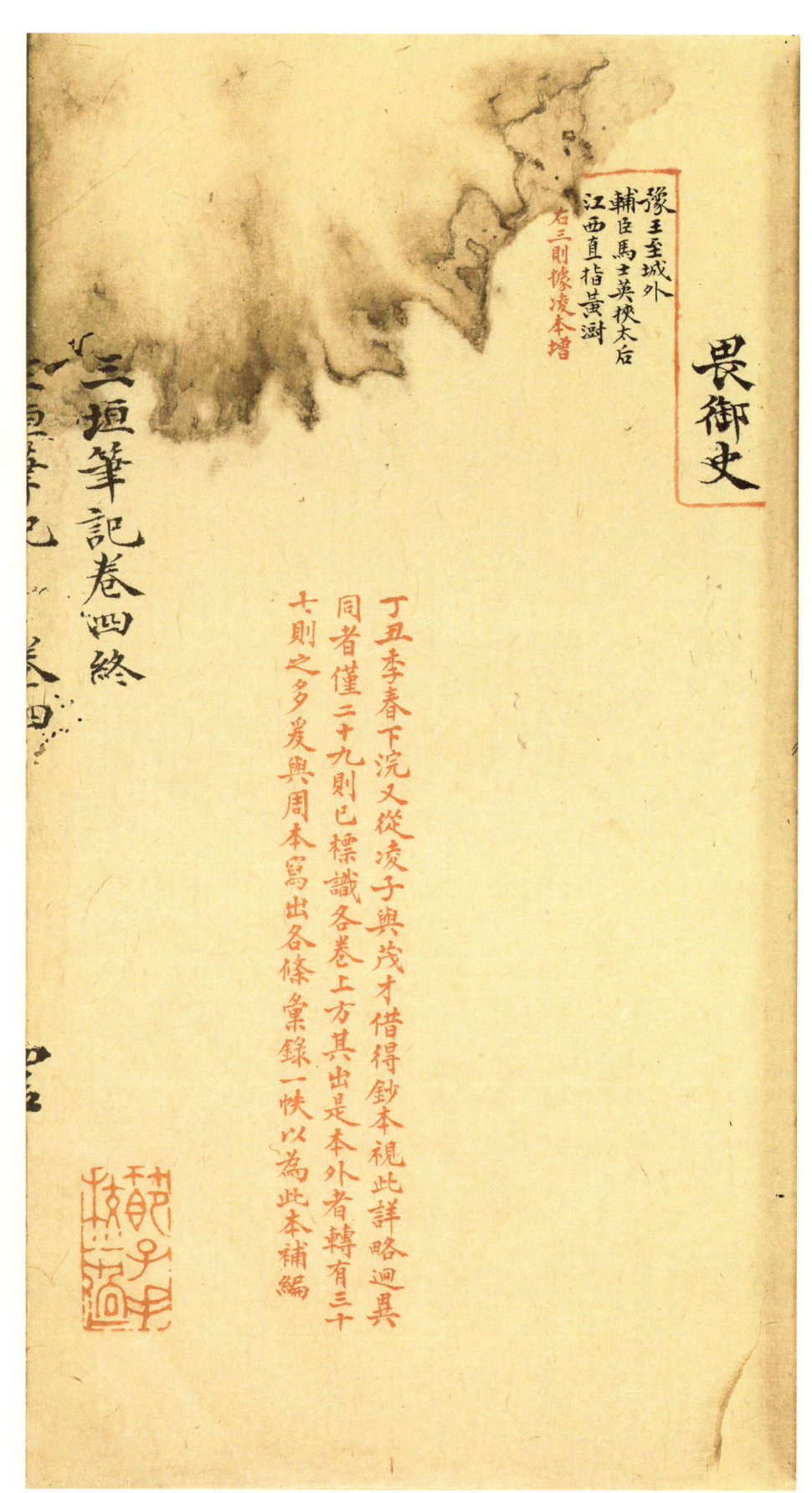

畏御史

豫王至城外
輔臣馬士英挾太后
江西直指黃澍
右三則據凌本增

三垣筆記卷四終

丁丑季春下浣又從凌子與茂才借得鈔本視此詳略迥異
同者僅二十九則已標識各卷上方其出是本外者轉有三
十七則之多爰與周本寫出各條彙錄一帙以爲此本補編

00020 從祀先聖事蹟録二十四卷　（明）李廷寶輯　明嘉靖

四十一年（1562）刻四十五年（1566）印本　敬軒跋

國家名録號 07835，館藏索書號善 001306

　　框高 22.4 厘米，寬 14.7 厘米，半葉十行，行二十一字，上下黑口，四周雙邊，無魚尾。此書不見他録，《中國古籍總目》所收即此部。《中國古籍總目》及國家名録均著録爲"明嘉靖四十五年刻本"。書中有毅軒壬戌（嘉靖四十一年）序言"……遂覓匠以鋟於梓"，又有其嘉靖四十五年序言"《從祀先賢録》既刻，寶以是録就正於虞坡公，值戎務之劇，公不暇序，迺以書復如左焉：云承手教並佳刻……"。據西安碑林博物館編《碑林集刊（2105.11）》載耀州文廟新發現明代《重修廟學記並詩碑》，其中一詩後款署"奉直大夫知耀州事曲沃毅軒李廷寶"。是書中序者"毅軒"即著者李廷寶，此書應爲明嘉靖四十一年刻四十五年印本。鈐有"長興王氏詒莊樓藏"印。國家名録著録時未提及敬軒題跋。

　　六册

書尾敬軒墨筆題：

　　孟子曰："服堯之服，誦堯之言，行堯之行，是堯而已矣。"兹集載聖賢言行甚悉，誠能言其言，行其行，則亦聖賢而已矣。讀是集者可不興哉？敬軒謹識。

從祀先聖事蹟錄卷之一

長史司左長史曲沃李逄賓輯著

榮府

聖代議定位號

至聖先師孔子

先師孔子諱丘字仲尼殷成湯之後湯傳至紂爲周所

滅微子帝乙之元子紂之兄也食於微謂之微子

抱祭器奔周武王封之於宋以奉湯祀自微子傳弟

微仲五傳至哀公熙生弗父何及厲公祝弗父何讓

位於厲公而世爲卿何生宋父周生正考父得

商頌十二篇於周大師歸以祀其先王考父生孔父

列聖崇儒重道之意

皇上作人崇正之道不亦可少盡萬一也哉

皇明嘉靖肆拾年辛酉肆月貳拾日序

予編此書蓋以自玩也瀾溪子見之謂其有補風教可

以刊行且饋其所未有書於予因得以補增其所

未備爲完善矣瀾溪又賜以佳序惠以梨板內司午橋

又助以工價遂覓匠以鋟於梓蓋欲與斯文共之也壬

戊六月望教軒識

江右隱人楊琳刊

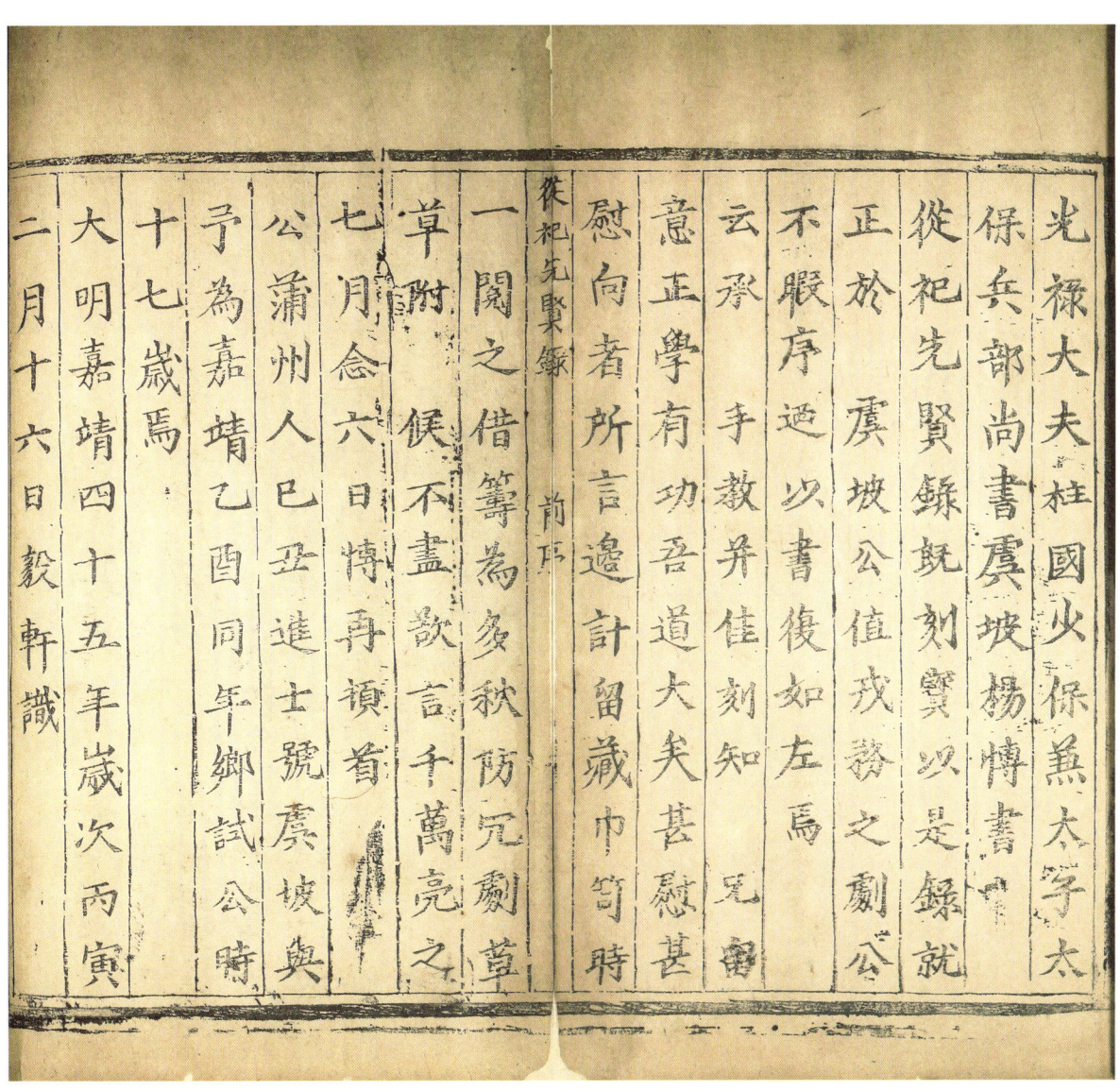

光祿大夫柱國火保兼太子太

保兵部尚書震坡楊博書

從祀先賢錄既刻寶以是錄就

正於震坡公值戎務之劇公

不暇序述必書後如左焉

云承手教并佳刻知吾兄

意正學有功吾道大夫甚慰

慰向者所言邊計留藏巾笥時

從祀先賢錄　前序

一閱之借籌為多秋防冗剩草

草附候不盡歔言千萬亮之

七月念六日博再讀首

公蒲州人巳丑進士號震坡與

予為嘉靖乙酉同年鄉試公時

十七歲焉

大明嘉靖四十五年歲次丙寅

二月十六日毅軒識

孟子曰服堯之服誦堯之言行

堯之行是堯而已矣其亦集

聖賢言行甚多惟能言其

言行其行則亦聖賢而已

矣續是集者可不興起

敬軒謹識

00021 同治三年甲子京師日記一卷（清同治三年九月初一至十二月二十九日） （清）周壽昌撰　手稿本　何維樸、李瑞奇跋　丁傳靖、戴仁題詩　王東培題詩並跋

國家名録號 07880，館藏索書號善 001477

　　册頁裝，開本高 22.7 厘米，寬 12.5 厘米，裝裱後開本高 30.2 厘米，寬 16.5 厘米，無版框，行數及行字不等。國家名録著録時僅何維樸、李瑞奇題跋，未提及丁傳靖、戴仁題詩及王東培題詩並跋。

　　一册

書尾何維樸墨筆題：

　　周荇農先生以名翰林躋卿貳，享大年，爲吾湘人望。歸道山後，所藏金石書畫散佚殆盡。此日記一本，爲先生孫椿圃觀詧於燹後敝篋中檢獲者，屬爲題記。余荷先生垂愛甚至，展讀數過，恍如當年侍坐談菽時光景，不覺涕泗交頤矣。謹識數語以寄慨慕。丁巳四月朔申江僑寓道州何維樸，時年七十有六。（後鈐“詩孫”“維樸之印”印）

書尾丁傳靖墨筆題：

　　刼餘手澤幸猶存，鴻雪宣南舊梦痕。想見承平風雅事，典衣買畫海王村。丁巳端陽丹徒後學丁傳靖敬題。（前鈐“虬松閣”印，後鈐“闇公”“傳靖”印）

書尾戴仁墨筆題：

　　傷心古道已無存，披卷唯遺翰墨痕。事業功名一手册，長留模範示來昆。己未驚蟄後一日後學戴仁敬題。（後鈐“戴仁印”印）

書尾李瑞奇墨筆題：

周荇農先生精鑒別，富收藏。余昔年在長沙，得先生遺蹟甚夥。《後漢書補注》手稿，其尤著者也。鑒賞必精楷，長跋尤徵，精力勝人。此日記信筆隨手書，精整如此。先輩遇事不苟，於茲益見，令人敬佩。庚夏旅居金陵，酷熱，展讀神遊，忘苦暑矣。數識數語，以志景仰，願得者寶之。筠盦李瑞奇揮汗率記。（前鈐“臨川”“陵名”印，後鈐“筠盦”“李瑞奇印”印）

書尾王東培墨筆題：

先朝侍從舊承旨，清況廉于玉井冰。劫後猶留數行墨，北窗讀罷感寒鐙。甲子冬十月後學古上元東培山氏謹題。（前鈐“冷緣”印，後鈐“寄漚鑑賞”“半山亭長”印）

書尾王東培墨筆題：

周侍郎，湖南長沙人，字應甫，又字荇農，別號自庵，官名壽昌，道光乙巳進士，以內閣學士一署禮部侍郎。著有《思益堂詩文鈔》。平生工小楷，好收藏，鑒別極精致，湘人尤昂望一時。陳石遺編《近代詩鈔》，稱所著甚佳。十月初九日早起寄漚又識。（後鈐“王東翁”“寄漚”印）

同治三年甲子京師日記　　　翁隨章

九月初一日晴　午後西風甚大　王兒生日　席中金家飲酒喫麵
甚盛　柴山　柴頭有舊冷金箋偶取澄清堂帖諸第數種
山泉和尚來此讀書　竟日　珊瑚賄得坡公小行楷書帖
素自叙真蹟得天雨徐幼文兩波上真上此行楷蹟直
輕小昂從典衣購之可謂癡絕　熊韻橋大令明日生京四
湖小燈小來誌至二更始去

初二日晴　傳大哥來語早飯後小休攜子竟夜之語小云其
途遠城去抱龍之至　小攤之送录在軍　千文帖一本以是得
岡齋乃刻且初拓也於今為小易丙之珊兒以一金購之妙極

初三日晴　接丙玉兒八月節復自湖北蔡來之信和唐蔭
燭小雪玻南陽頗藏古畫信明日去又限十二日為餞定
卿費十三兩失付六兩　夏蓋山地狹陰性愎剛愎特質天性尚
厚興之之仁粉宵為之此其二節可取蓋未日家庭之前物一
難壽置幸張姬源庠和毛舍客其順彼元相姿又食客
喜惠病之深許多不上相暇多子女志情者順行體此匕
相若窮至此　一家安樂耳
少飲酒多假粥　多苦蒙少食月少開目多橱頭
少洗浴少舉不多獨宿多收書少積玉少取名多遣辱
多行善多禄倦宜句徒好手小如無巖病從來

周荇農先生以名翰林薦卿貳亭大年為吾
湘人望歸道山後所藏金石書畫散佚殆盡此
日記一本為　先生孫椿圃觀詧於癈後紙籠中
檢獲者屬為題記余荷　先生垂愛甚至展讀
數過悅如當平侍坐談藝時光景不覺滋泗交
頤矣謹識數語以寄慨慕
丁巳四月朔中江僑寓道州何維樸時年七十有六

刻餘手澤幸猶存鴻雪宣南舊夢
痕担具承平風雅事典衣賣畫海
王村　丁巳端陽再徒後學丁傳靖敬題

傷心古道已無存披卷唯遺翰墨
痕事業功名一手冊長留模範示
來昆　己未驚蟄後一日後學戴仁敬題

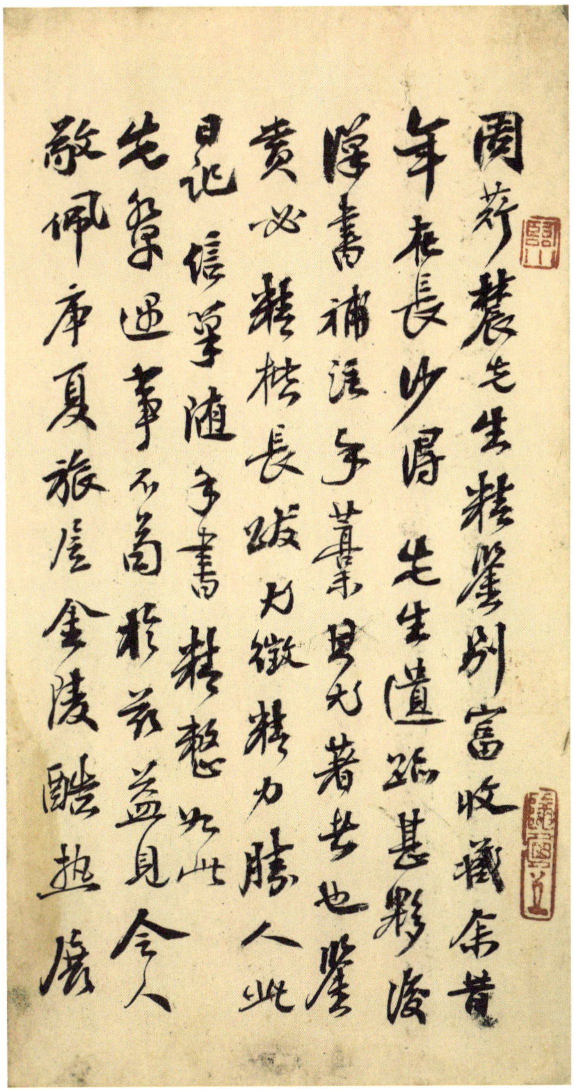

闲荪龚先生精鉴别富收藏余昔
年在长少得先生遗迹甚夥凌
暮书补注予菫某见无著芯也鉴
黄必装梏长跋为徽梏力胜人此
见记信笔随多书精愁以此
先辈遮事不苟精荛益见今人
敬佩庚夏旅信金陵酷热屐

读神游忘吾暑兵敬後教语
此志景仰愿得者宝之
筠盦李瑞奇辉汗率记
先朝侍從舊承自清況廬于玉井水劫後猶甕衍
墨北窓讀罷感寒鐙
甲子冬十月後學古上元束悟山民謹題

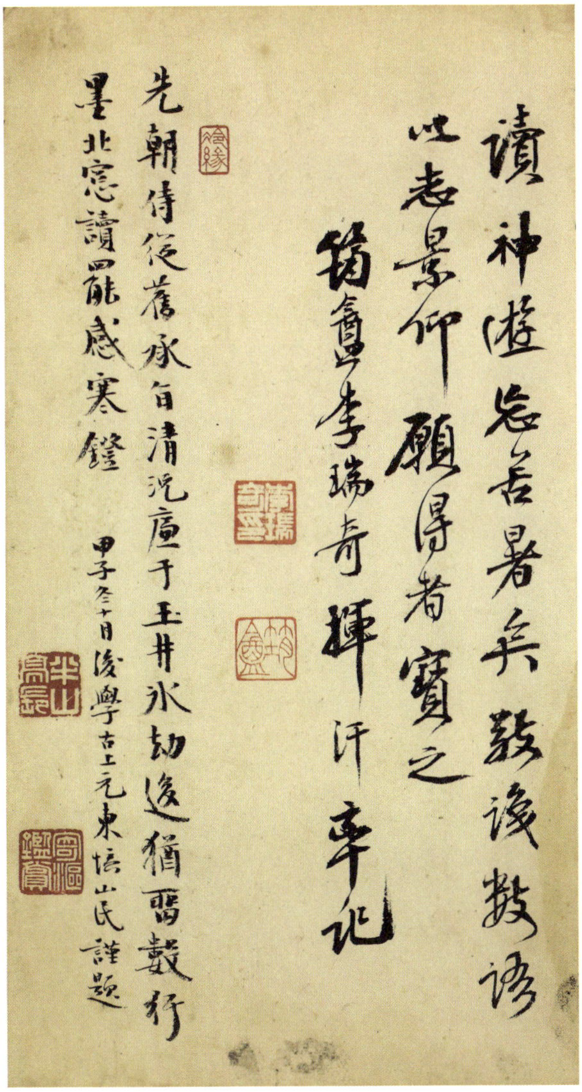

周侍郎湖南長沙人字應甫又字荇農別號自庵官
名壽昌道光乙巳進士以四阿闊學士二署禮部侍郎箸有
思益堂詩文鈔　平生工八楷好收藏鑒別極精致跋
他人尤昌坐一時陳石遺謂近代詩鈔錄所箸甚佳

十月初九日早起弄脩文讖

00022 太玄經十卷 （漢）揚雄撰 （晉）范望解贊 **說玄一卷**
（唐）王涯撰 **釋文一卷** 明嘉靖三年（1524）郝梁刻本 清莫
友芝校並跋

國家名録號 08426，館藏索書號善 003146

框高 17.1 厘米，寬 12.9 厘米，半葉十行，行十八字，小
字雙行同，白口，左右雙邊，無魚尾。嘉靖甲申（三年）郝梁
跋中言"予得有宋善本於建業黃氏，即命工刊之，示不敢自私焉"。
卷前司馬光《説玄》、陸績《述玄》配抄。鈐有"張敦仁印""古餘""江
山劉履芬觀""文章大守""莫友芝圖書印""莫印繩孫""莫
印彝孫""吳興劉氏嘉業堂藏""張叔平"等印。

三册

册 1 襯葉莫友芝墨筆題：

《太玄經》范注一之三（首載陸績述玄一篇、玄圖一紙）。
此明江都郝梁據宋萬玉堂本傳刊者，《愛日精廬藏書志》載有
此本，蓋明時佳刻也。然共一卷，羨首即脱去贊之初一經注
三十六字。凡傳刻古書，不依舊式，每有此病（宋本半頁八行，
行十七字）。圖後附説六頁，前又有司馬溫公集注序及《説玄》
集事，蓋皆刊本所無，昔藏者録以備觀。溫公自有書，不應屬
入此本耳。（後鈐"莫友芝"印）

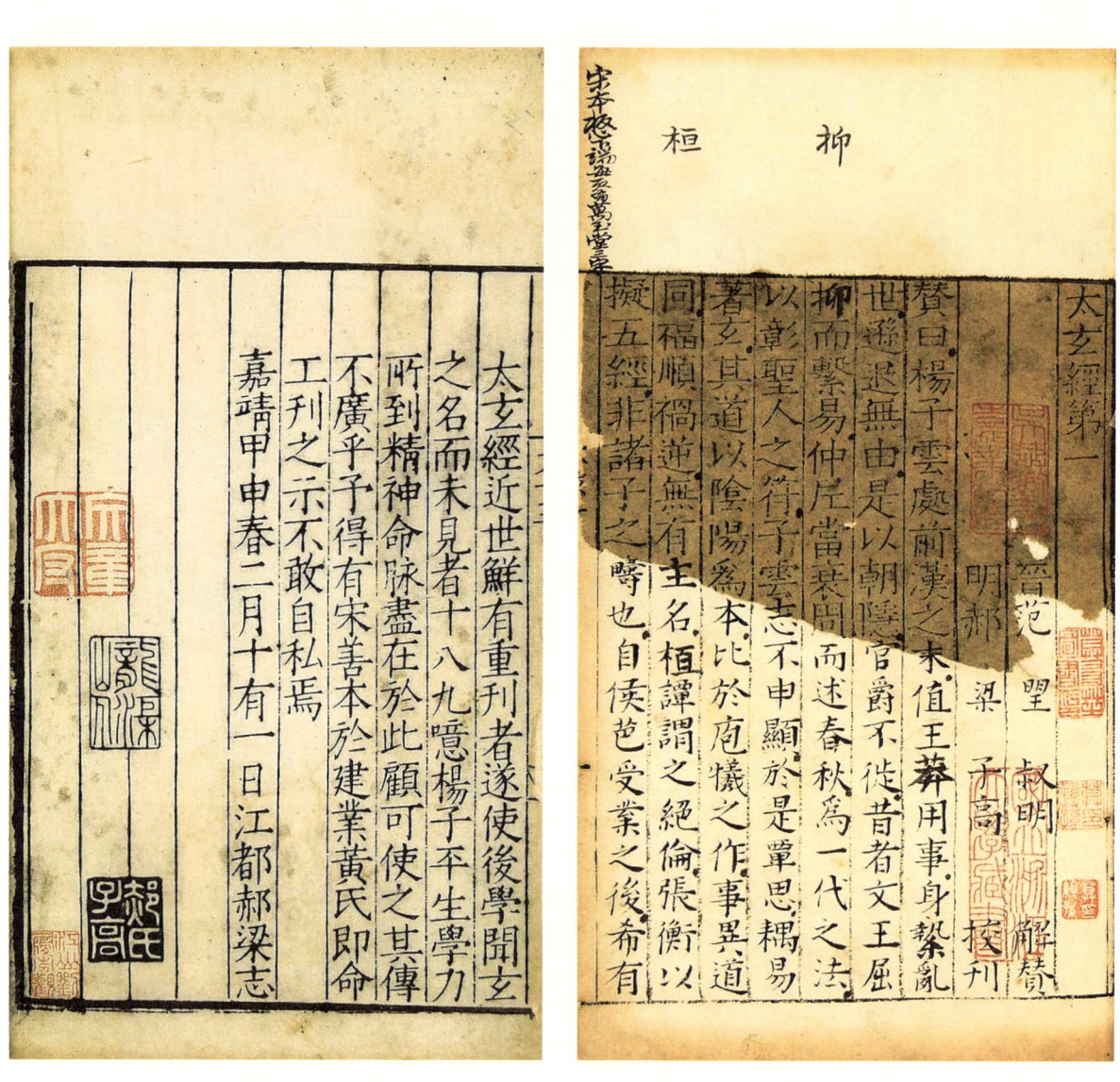

太玄經范注　乙之三　首載陸續述玄篇

以明江都郡梁摸宋萬玉臺本傳刊者愛
日精廬藏書志載有此本蓋明時佳刻也
乾共一㲄蓋首即脫去樓之初一經注三十七字凡
俟刊古書不依舊式每卷以病玄圖一紙　玄圖後附
說一頁前又有司馬溫公集注序及說玄集
事蓋皆刊本並無晉昔藏者錄以備觀溫
公有古書不應羼入此本耳

00023 太玄經十卷 （漢）揚雄撰 （晉）范望解贊 **說玄一卷**

（唐）王涯撰 **釋文一卷** 明嘉靖孫沐萬玉堂刻本 清佚名批校
佚名過録清黄丕烈跋

國家名録號 08428，館藏索書號善 000180

　　框高 20.7 厘米，寬 13.8 厘米，半葉八行，行十七字，小
字雙行同，白口，四周雙邊，單黑魚尾。版心下鐫"萬玉堂"。
卷十末有翁同龢抄洞霄隱叟許翰記，後鈐"同龢""叔平"印。
鈐有"張道生印""常熟翁同龢藏本""文端文勤兩世手澤同
龢敬守""翁印同龢""稽瑞樓"等印。國家名録著録時未提
及佚名過録黄丕烈題跋。

　　四册（存十卷：太玄經十卷）

書尾佚名墨筆録黄丕烈題：

　　是書爲惠半農校閱之本，於范注紕繆處悉加駁正，信善本
也。繼又得鈔本司馬光集注《太玄》，與先生駁正之語多所印合，
益歎先生學術邃深、識見高卓，故下語輒合古人，絶非腐儒所
能企及。後之讀之者，由先生校閱之本而進觀温公集注之書，
不誠津梁有自乎？爰命工人重爲裝治，寶而藏之於讀未見書齋。
蕘圃黄丕烈。

是書為惠半農校閱之本於范注紙墨廬考好駭正信喜
本也後又得鈔本司馬光集注太元與先生駁正之語多所
印合蓋歎先生學術邃深識見為卓故下語輙合也
絕筆腐儒所能企及後之讀之者由先生校閱三本而進
觀溫公集注之書不溷淆者自平亥命工人雲石紫
治宝所藏之於讀畫見書齋

菱園黃丕烈

太玄經卷第一

晉范　望　字叔明　解賛

賛曰楊子雲處前漢之末值王莽用事身縶
亂世遜退無由是以朝隱官爵不徙昔者文
王屈抑而繫易仲尼當衰周而述春秋爲一
代之法以彰聖人之符子雲志不申顯於是
覃思耦易著玄其道以陰陽爲本比於庖犧
之作事異道同福順禍逆無有主名桓譚謂

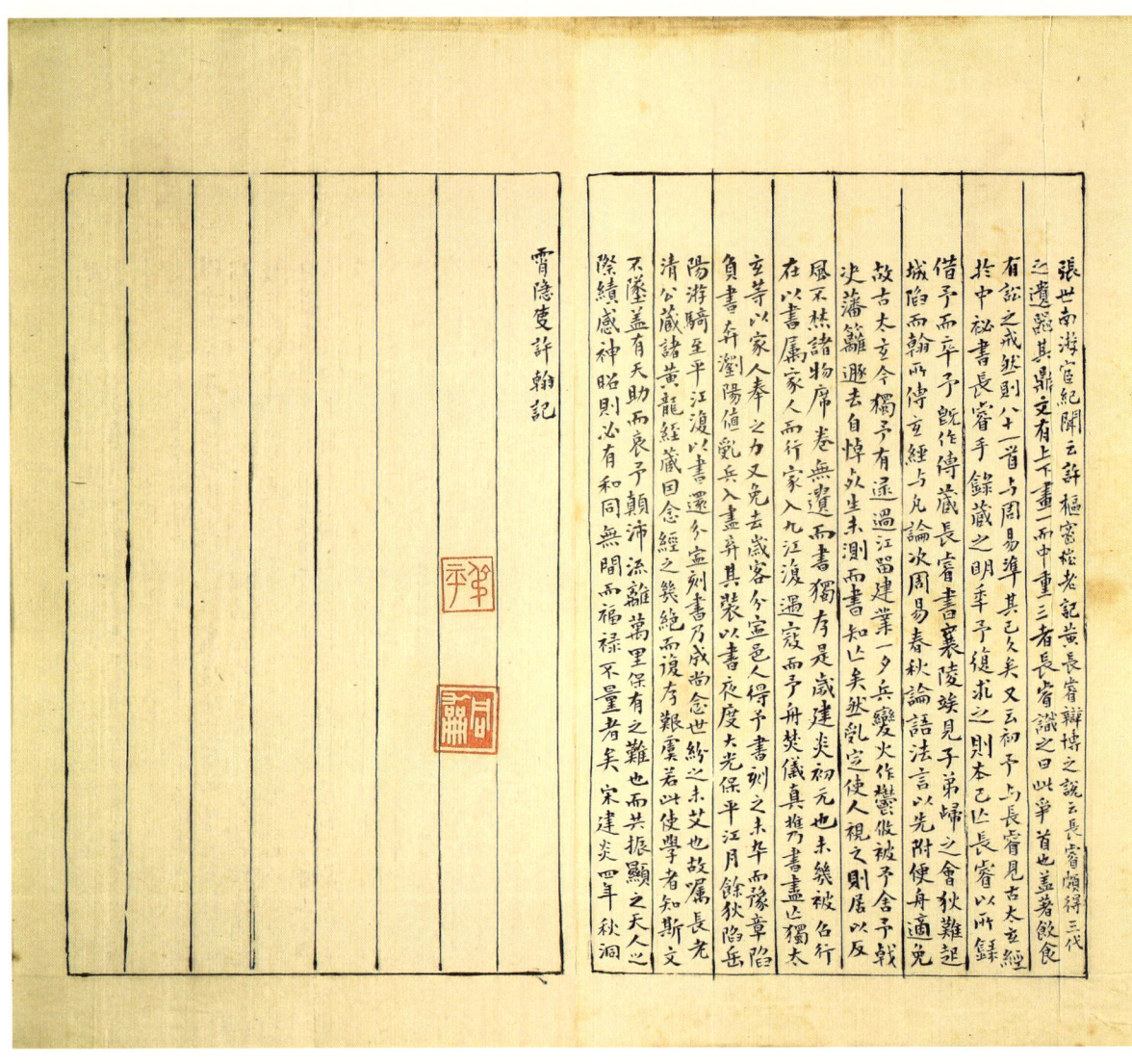

張世南游宦紀聞云許樞密崧老記黃長睿辯博之諫云長睿頗得三代
之遺韻蓋其鼎彝有上下畫一而中重三者長睿識之曰此爭首也蓋著飲食
有法之戒然則八十一首與周易準其已久矣又云初予與長睿見古太玄經
於中祕書長睿藏之明年予遲求之則本已亡長睿以所錄
借予而卒予既作傳藏長睿書襄見予弟婦之會狄難起
城陷而翰玄經與凡論語次周易春秋論語法言以先附便舟適來
故古太玄令獨予有遠過江留建業一夕兵變火作盡被予舍予戰
失蕃籬遽去自悼此生未測而書知此矣然乳定使人視之則居以反
風不禁諸物席卷無遺而書獨夸於是歲建炎初元也未繼被名行
在以書屬家人而行家人九江渡遇寇而冊莢儀真將為書盡此獨太
玄莘以家人奉之力又免去歲客分宣邑人得予書列之末華而豫章陷
負書奔劉陽偃甄兵入盡弃具裝以書夜度大光保平江月餘狄陷岳
陽游騎至平江渡以書還分宣列書乃成尚念世紛約之未艾也故屬長光
清公藏諸黃龍經藏回念經之莢絕而謾孝艱囊若此使學者知斯文
不墜蓋有天助而戾予顛沛流離萬里保有之難也而共振顯之天人之
際續感神昭則必有和同無間而福祿不量者矣　宋建炎四年秋洞
霄隱叟許翰記

00024 承清館印譜初集一卷續集一卷 （明）張灝輯 明刻鈐印本
清楊浚題款 清傅以禮跋
國家名録號 08471，館藏索書號善 000193

　　框高 21.2 厘米，寬 14.4 厘米，行數及行字不等，白口，四周單邊，單黑魚尾。鈐有"虛室有餘閒""蘭癡""管氏藏書""大興傅氏收藏印""華延年室""節子所得金石""傅氏華延年室所藏""以禮審定""清河傅氏""節子讀竟手識""節子辛酉以後所得書""傅氏藏本""傅氏金石""長恩閣藏書""大興傅氏秘笈""華延年室珍藏"等印。

　　二册

册 1 卷前葉一楊浚墨筆題：

　　《承清館印譜初續集》。

　　光緒甲申閏月侯官楊浚題耑。

册 1 卷前葉二至三傅以禮墨筆題：

　　《承清館印譜》初、續集各一卷，明張灝輯。灝，字夷令，太倉諸生，南京工部尚書輔之子，庶吉士溥從兄也。其譜每翻列印八，兩集各三十翻，共收四百八十印。各印下首載釋文，次詳印質，末列鐫者姓字。所載印人爲文三橋（名彭，字壽承，長洲人，官國子監博士）、何長卿（名震，又字主臣，號雪漁，婺源人）、梁千秋（名袠，揚州人）、歸文休（名昌世，崑山人）（以上四人見《印人傳》）、李長蘅（名流芳，號檀園，又號泡菴，嘉定人，萬曆丙午舉人）、蘇嘯民（名宣，字爾宣，又號泗水，徽州人，有《印略》）、程彥明（名遠，無錫人，有《印則》《印旨》）、張休儒（名嘉，譜中有序）、沈從先（蘇州人）、沈千秋、楊漢卿、葉德榮、錢適之、周朗生、王梧林、歸道玄、陳居一、徐上甫、王修之、王晉卿（以上十六人俱見鞠履厚《印人姓氏》）、

吳考叔、王玄陽、徐上卿（以上三人無考），共二十三人。《初集》
前有張峋、陳元素、張嘉、舒曰敬序暨灝自序，後有李繼貞、王在公、
李吳滋、徐日久、金在鎔跋，王伯稠題詞。《續集》前有管珍、張壽朋、
陸文獻、歸昌世、黃元會、張大復序暨自序，後有薄淡儒、錢龍錫、
王志堅、陸獻明、王瑞章跋。篇尾皆不署年月，惟徐日久跋內有"歲
己酉見所集印譜"語，金在鎔跋內有"是譜肇於丙丁之際，今春始告成"
語。以其時考之，則萬曆中葉也。張氏別有《學山堂印譜》，其成書
後此譜二十餘載，卷首論印極推崇文三橋、王梧林，而譜中並未采及，
向竊疑之。今秋沈淇泉茂才客吳門，偶得此譜，寓書杕兒備述體製。
始知張氏有前後兩譜，并恍然後譜之不收文、王兩家，以其已具前編也。
亟馳書，屬爲物色，適有故家以此本出售，遂以泰西銀錢十八枚易得。
吾友魏稼孫大令專門金石之學，旁及篆刻，嘗浼趙撝叔大令刻一小印，
文曰"印奴"。其癖嗜與余同，至訪求之勤、鑒別之確、裒集之富、
橅拓之精，則自愧不逮遠甚。凡明季國初諸名家，如何長卿、程穆倩、
稼孫咸得其手製，餘亦藏有拓本，惟以未獲文氏真蹟爲憾。曩客黃巖，
從友人借觀賴古堂殘譜，其中文印適闕，因手識云："余所見國博印，
獨其詩箋押尾'文彭之印''文壽承氏'兩印真耳。未谷先生論文氏
父子印，亦以書蹟爲據，今人守其贋作，可哂。櫟園相去不遠，所輯
當不謬，竟不得見，則終不得見矣。"其傾慕懇摯如此，余之不靳重
值致此，正以中有文刻，欲與稼孫共欣賞耳，乃郵寄，未達，遽於八
月初作古，"終不得見"之言不意竟成語讖，而今而後更何人相與考析
耶？烏乎傷已！因跋是譜，遂并及之。光緒辛巳嘉平既望大興傅以禮
節子識。（後鈐"節子""以禮題跋""元祐黨人之後"印）

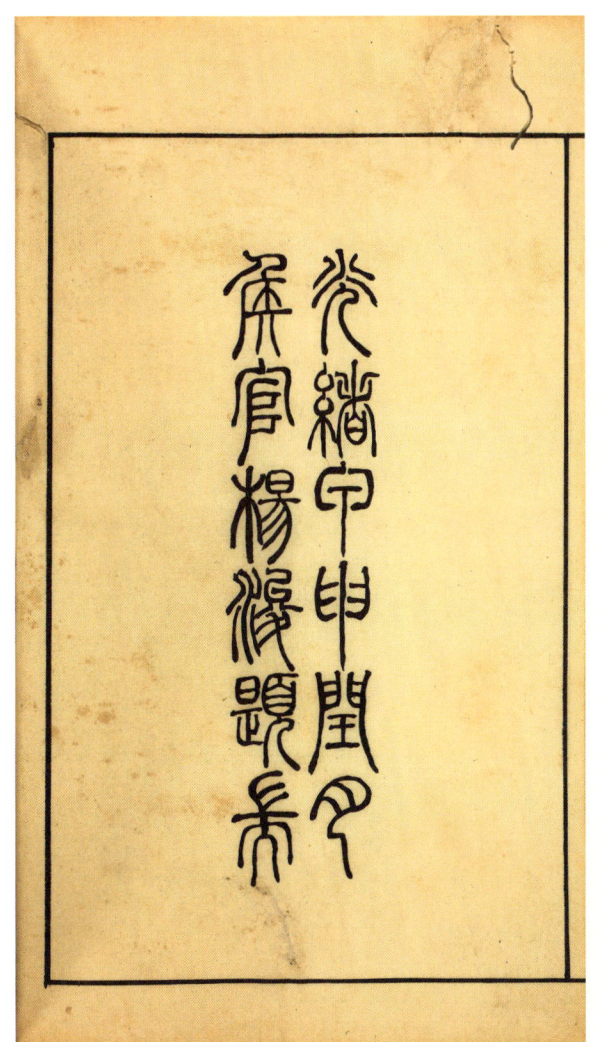

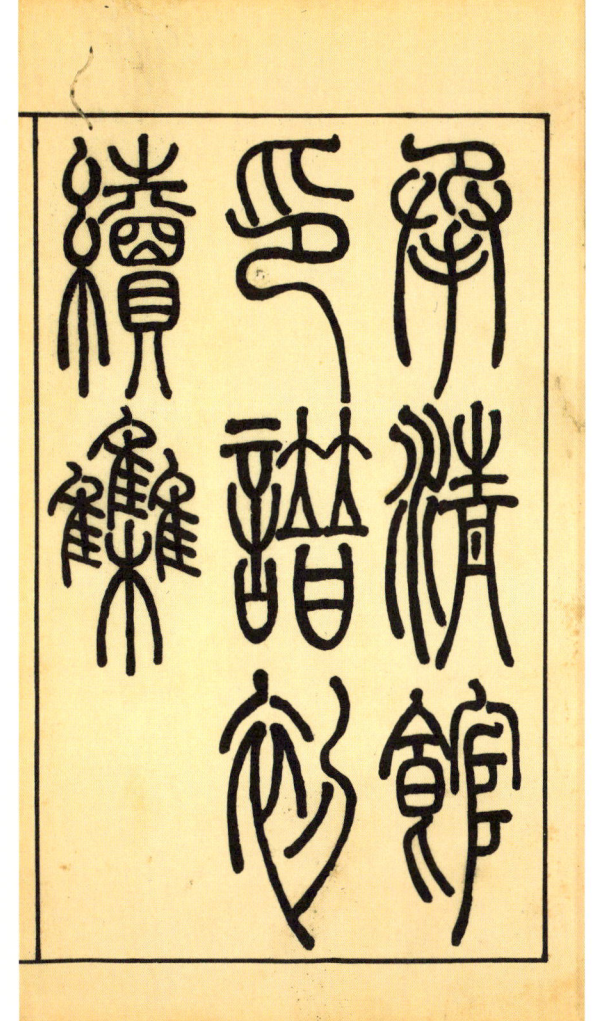

承清館印譜序

周官貨賄用璽節則官印所緣來矣

六書稍定秦漢間而周璽文別無可

致今史傳所記唯鳥跡與科斗書家

古耳岐陽石鼓及孔氏壁間書皆周

時物以此貌當皆璽文武當近之漢

王用鬮生言刻印將以封六國後則

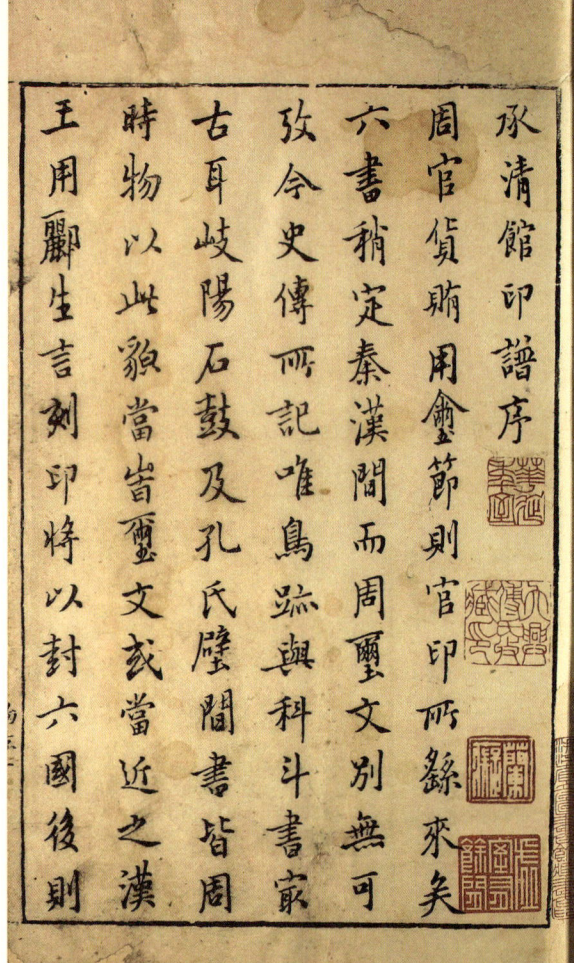

印譜續集引

吾妻有古道烏誰能述也走侍槻于

先君子則僅聞弇州王公之風流遍

古而其人既往弇園猶存古風乎一

日全友人過園中新綠蔭野晴蘿掛

壁悅見弇州遺容而不肯還憶我先

君子舍北次、

白水間衆

承清館印譜初續集各一卷明張灝輯灝字夷令太倉
諸生南京工部尚書輔之子庶吉士溥從兄也其譜每
翻列印八兩集各三十翻共收四百八十印各印下首
載釋文次詳印質末列鐫者姓名字所載印人為文三橋

何長卿〔名震又號雪漁字主臣梁千秋名表〕
李長衡〔號檀園名流芳〕
程彥明〔名遠號泡無錫人則萬〕
〔名彭字壽承官國子監博士名昌世見印人四名崑山人以上〕
〔麻人丙午蘇嘯民水名巖宣字爾人蘇州沈千秋楊漢卿葉德榮〕

錢適之周朗生王梧林歸道玄陳居一徐上甫王修之
王晉卿〔鞠侯厚印〕以上十六人俱見吳考叔王玄陽徐上卿三人以上
〔人姓氏見〕

考共二十三人初集前有張嶧陳元素張嘉舒曰敬序
暨灝自序後有李繼貞王在公李吳滋徐日久金在鎔
跋王伯稠題詞續集前有管珍張壽朋陸文獻歸昌世
黃元會張大復序暨自序後有薄淡儒錢龍錫王志堅
陸獻明王瑞章跋尾皆不署年月惟徐日久跋內有
歲己酉見所集印譜語金在鎔跋內有是譜肇於而
之際今春始告成語以其時考之則萬麻中葉也張氏
別有學山堂印譜其後此譜二十餘載卷首論印
極推崇文三橋王梧林而譜中並未來及向竊疑之今
秋沈淇泉茂才容吳門偶得此譜寫書栻兒備述體製

始知張氏有前後兩譜并恍然後譜之不收文王兩家
以其巳具前編也亟馳書屬為物色適有故家以此本
出售遂以泰西銀錢十八枚易得吾友魏稼孫大令專
門金石之學旁及篆刻嘗浼趙撝叔大令刻一小印文
曰印奴其癖嗜與余同至訪求之勤鑒別之確寔其之
富穠拓之精則自愧不逮遠甚凡明李國初諸名家
如何長卿程穆倩稼孫咸得其手製餘亦藏有拓本惟
以未獲文氏真蹟為憾囊客黃巖從友人借觀賴古堂
殘譜其中文印適闕因手識云余所見國博印獨其詩
箋押尾文彭之印文壽承氏兩印真耳未谷先生論文

氏父子印亦以書蹟為據今人守其贗作可哂櫟園相
去不遠所輯當不謬竟不得見則終不得見其傾慕
懇摯如此余之不斳重值致此正以中有文刻欲與稼
孫共欣賞耳乃郵寄未達邊於八月初作古終不得見
之言不意竟成語讖而今而後更何人相與考析耶烏
乎傷巳因跋是譜遂并及之
光緒辛巳嘉平既望大興傅以禮節子識

00025 菊譜一卷附老圃新菊一卷詩一卷 （清）吳升纂 **馬實**

夫詞一卷 （清）馬若虛撰 稿本 張宗祥跋

國家名錄號 08488，館藏索書號善 002812

開本高 20.1 厘米，寬 11.9 厘米，無版框，半葉六行，行二十字，小字雙行同。鈐有"進思珍藏"印。

一册

襯葉張宗祥墨筆題：

此爲初稿，未刊行，又改名《九華新譜》方刊行，然與此稿不同。張宗祥記。

黃色

金寶相莖青葉肥厚不甚尖高可五六尺花深黄色

瓣寬而尖有匙內抱中心豐碩處金光團結足壯秋

容花徑三寸餘

芳

按羣花譜金芍藥一名金寶相花金光愈開愈黄

菊中極品的是此種

附錄

馬寶夫詞

疎影

王彤軒刺史書詞怡園菊事值子種白色初

開因填此詞即乞南來佳品

秋香旱逗恰書來問訊繞過重九玉蕊新苞初放瑤

華微似西施中酒小學瞿曇留幻相一縷清芬無偶

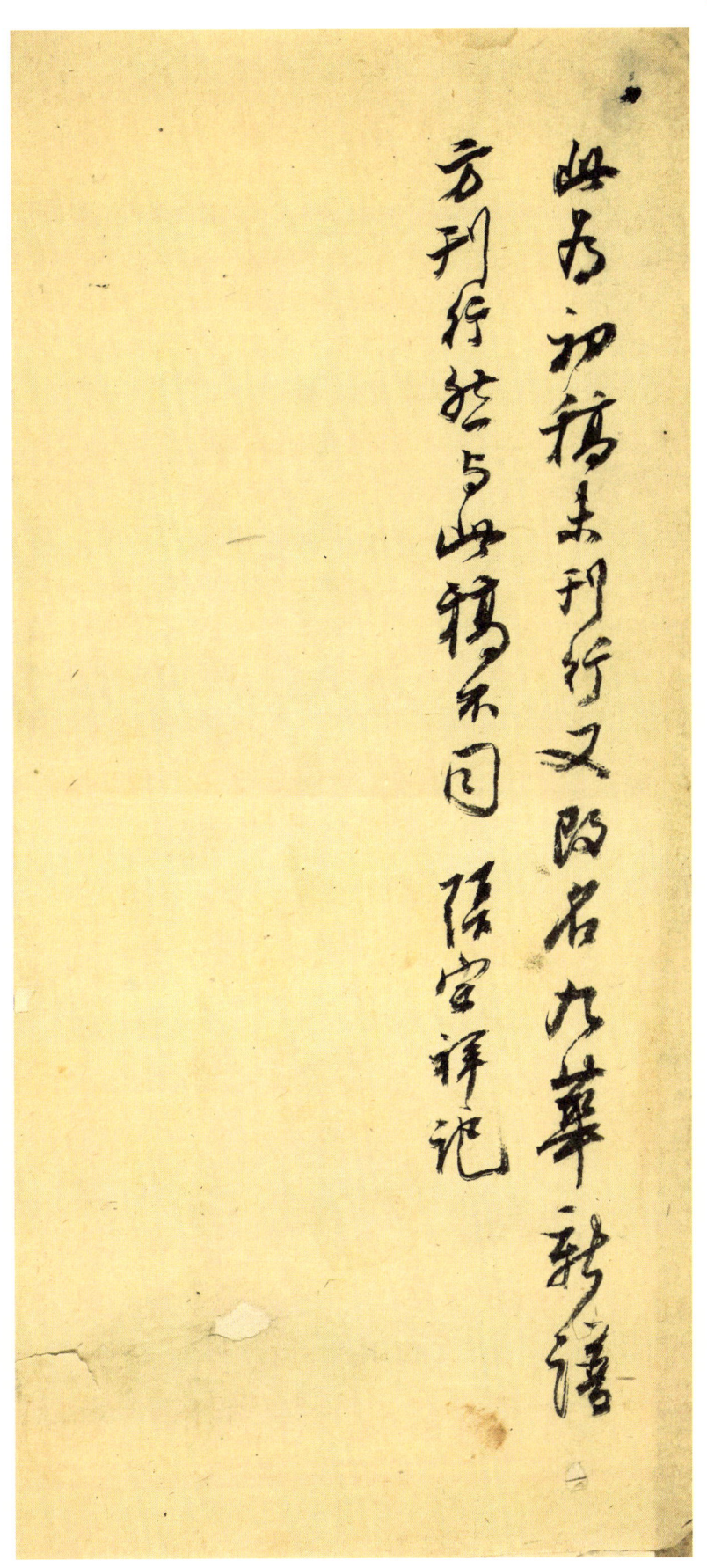

此為初稿未刊行又附名九華新語
方刊行於與此稿不同陳宮祥記

00026 京本校正音釋唐柳先生集四十三卷別集一卷外集一卷

（唐）柳宗元撰　（宋）童宗説音註　（宋）張敦頤音辯　（宋）潘緯音義 **京本校正音釋唐柳先生文集附録一卷** 明刻本　清蔡鴻鑑題記

國家名録號 08790，館藏索書號善 004145

　　框高 19.0 厘米，寬 12.8 厘米，半葉十行，行二十四字，小字雙行同，白口，四周雙邊，雙順黑魚尾。"检""校"不諱，版心鐫有"范元壽""吴道元""范元升""王英""葉榮""李文英"等刻工（按：《中國古籍版刻辭典（增訂本）》第516頁著録范元壽爲明嘉靖間閩中地區刻字工人）。鈐有"碧玉壺蔡鴻鑑校書讀畫之印""墨海樓"印。國家名録著録時未提及蔡鴻鑑題記。

　　十六册

册 1 封面蔡鴻鑑黄筆題：

　　宋本《柳州全集》，共四十三卷，四明墨海樓秘藏，甲戌九穐自日本購歸。蔡鴻鑑季白并誌于玉壺行舍。

京本校正音釋唐柳先生集卷之一

唐雅

獻平淮夷雅表　桑毛詩注云淮夷任淮蔡故曰淮夷唐東郊此源征漢文
詩石 陳也

臣宗元言臣頁罪賞伏遠尚書咸奏十有四年掌尚書懺奏宗
元以永貞元年自禮部郎貶外郎貶為郴州刺史和十年
聖恩宥命守遼壞為柳州刺史
懷印曳綬有社有人臣宗元誠感荷頓首頓首伏惟廉聖文
武皇帝陛下天造神斷克清大憝張云徒對反見東誥　金鼓一
勤萬方毕臣太平之功中興之德詩序周室中興仲切也再也推梭千
古無所與讓因伏自忖度切渡待洛切有力剛之力不得備戎

曰加灵蕠千秋舊日頌得仲禰期死於奔其
勇士三百人必新嘉以報仲禰期死於奔其父　前漢崔夫字仲儒
以日領取吳王若將軍頭義激者親名高竹帛臣雖無似有慕古
人雖身塗草野死而不朽披肝瀝血脈死上陳無任懇迫忠實
之至謹錄奏聞伏候勅旨

進農書狀濃書三卷

右伏奉某月日勅宜以二月一日為中和節所司進農書求以
為恒式者　年詔五　匠伏以平秋東作虞書立制載南畝周雅
重文此皆奉天時以授人盡地力而豐食自陛下恐宗惟新令
節益勸農功既立典於可傳每陳書而作則耕鑿之利較帝力
於壹嘉謨稼穡之難勤天心於廉覽勤勞率下超邁古先凡在

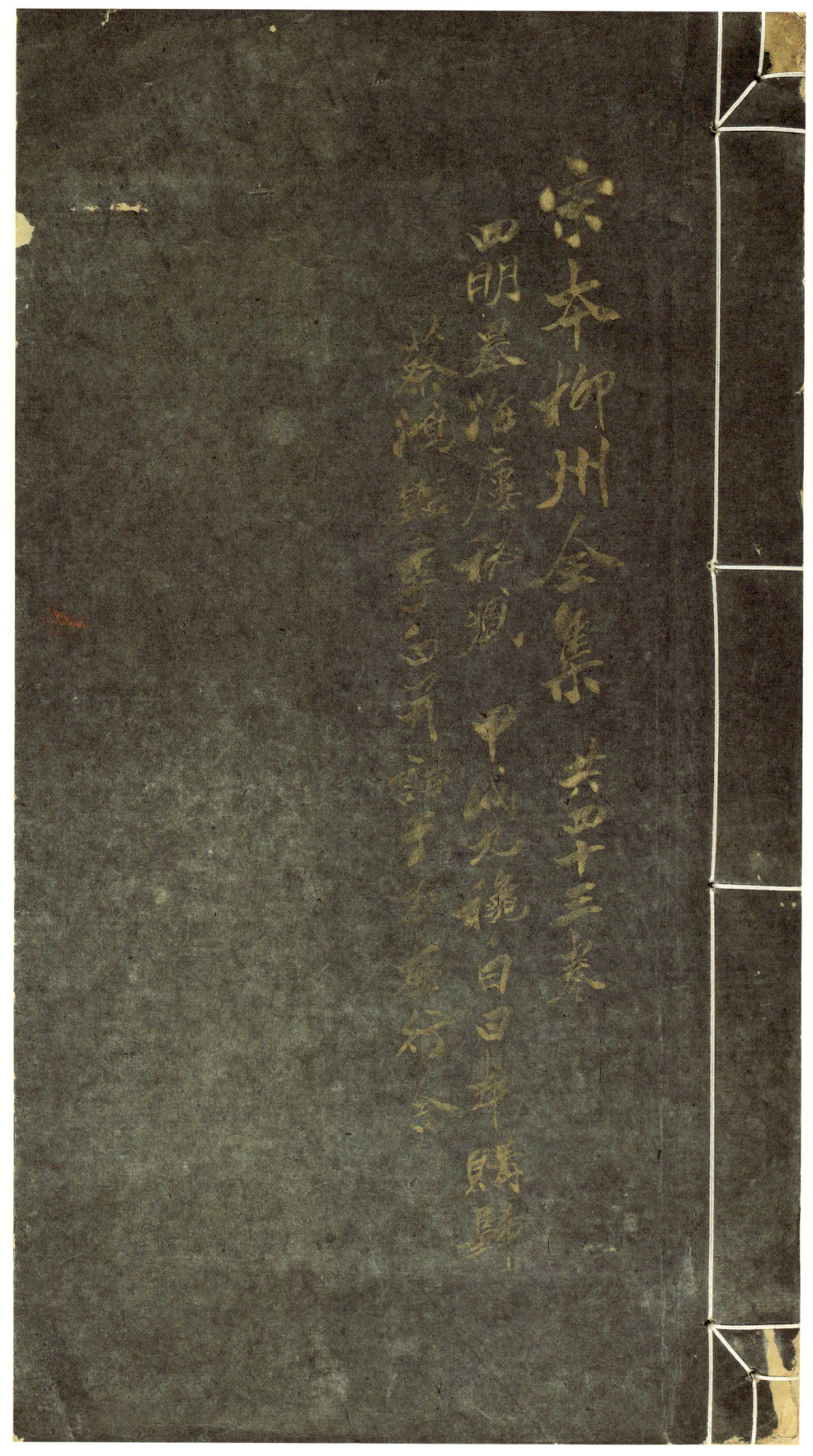

00027 劉賓客文集三十卷補遺一卷　（唐）劉禹錫撰　明抄本

清顧之逵跋　清姜渭題記

國家名録號 08792，館藏索書號善 000244

　　開本高 23.9 厘米，寬 17.0 厘米，經金鑲玉修復後開本高 27.7 厘米，寬 17.0 厘米，無版框，半葉十行，行二十字，小字雙行不等。鈐有"姜氏所藏""笏齋珍藏之印""古鹽馬氏""漢唐齋""馬玉堂"等印。國家名録著録時未提及顧之逵、姜渭題跋。

　　八册

册 1 首葉顧之逵墨筆題：

　　此書是明人舊抄本，其目録疑脱去，後人補寫。今夏有書船友從常熟故家得一舊抄本，字蹟頗亦不俗，行款亦十行行廿字，與此本大致相合。惜每行不能依盡二十字之数，遂致行次失款者疊見，弗及此抄之畫一。至於書中誤字，此抄紅筆所校者，或有與彼相同，或有妙於彼者。而彼既未校一字，其謬誤正復不少，因還其書，而識本之佳惡於此本云。常熟本亦無目録，少補遺文二篇。乙卯五月望後抱冲逵記。

書尾姜渭墨筆題：

　　同治戊辰五月十有七日得此於吳興考棚西市，璜溪誌。（後鈐"姜渭"印）

補遺
絕編生墓表
止妬

中山集目終

劉賓客文集卷第一

正議大夫撿挍禮部尚書兼太子賓客贈兵部尚書劉禹錫

問大鈞賦
砥石賦　楚望賦
傷往賦　何卜賦　謫九年賦
望賦　山陽城賦　秋聲賦

問大鈞賦

始余失臺郎為刺史又貶州司馬俟罪朗州三見閏
月人咸謂數之極理當遷焉因作謫九年賦以自廣
是歲職月詔追明年自闕下重領連山郡印綬人咸
曰美惡周必復第行無恧歲抄其復乎居五年不得
中山集

此書是明人舊抄本其目錄粗脫青綾人相□今

夏有書舶友從常熟胡家得一舊抄本字點

頗不似行歉此十行三廿字与此本大致相合

惜其行不能依畫二十字之數遂致行次失欵

者壘見書及此抄之畫審玉於書中誤字此抄

紅筆所投去或有与收相同或有好於悅在兩悅

如未投一字其謬誤正復不少因還其書而

識本之佳惡于此本云　常熟本六名目錄□福達文二

乙卯五月皇海於沖達記

如減殆半帝愈神　其事左右復言曰顧陛下虜有諸

以編賜羣臣使不才者無妬於有才挾私者不妬於

奉公濁者不妬其清貪者不忌其廉倖其惡去勝忌

前咨如草心亦助化之一端也帝深黙其言將詔虞

人廣捕之會万棠内誠於血生其議遂寢

同治戊辰五月十有七日得此於吳興考棚西市瑛溪□

00028 孟東野詩集十卷 （唐）孟郊撰 明弘治十二年（1499）

楊一清、于睿刻本 佚名過録清毛晉跋

國家名録號 08795，館藏索書號善 004127

　　框高 18.0 厘米，寬 12.9 厘米，半葉十行，行十八字，小字雙行同，上下黑口，四周雙邊，雙順黑魚尾。鈐有"猶學方齋""四明包氏天禄閣藏書印""天禄閣鄲之乃純珍藏""泉塘耀松楊祉昌經眼""吳興劉氏嘉業堂藏""張叔平"印。國家名録著録時未提及佚名過録毛晉題跋。

　　六册

册 6 書尾佚名墨筆録毛晉題：

　　據舊跋，東野詩向有汴吳鏤本五卷一百二十餘篇、周安惠本十卷三百三十餘篇，悉泯没無存矣。近來雜刻，舛謬多遺，不及四百。既從吳興得一宋本，釐别樂府感興十四類，共五百一十有奇，系以贊書为十卷，尾有常山宋敏求跋，真善本也。但聯句止有《所思》《遣興》《贈劍客》三章，而《城南》諸篇因已見韓集不復具載。先輩云此乃潤色退之耳，何必不載之本集耶？至一讚二書已章章英華文萃，册中妄用削去云。湖南毛晉識。

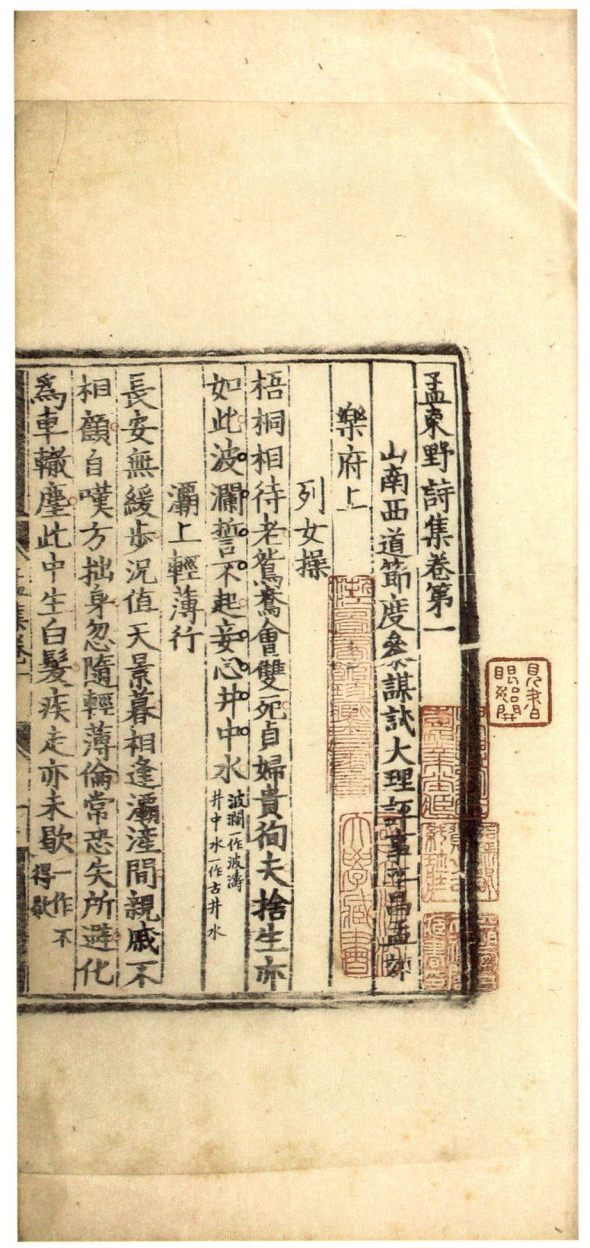

孟東野詩集卷第一

山南西道節度參謀試大理評事馮翊孟郊

樂府上

列女操

梧桐相待老　鴛鴦會雙死　貞婦貴徇夫　捨生亦如此　波瀾誓不起　妾心井中水

波瀾一作波濤　井中水一作古井水

灞上輕薄行

長安無緩步　況值天景暮　相逢灞滻間　親戚不相顧　自嘆方拙身　忽隨輕薄倫　常恐失所避化　為車轍塵　此中生白髮　疾走亦未歇　一作不得歇

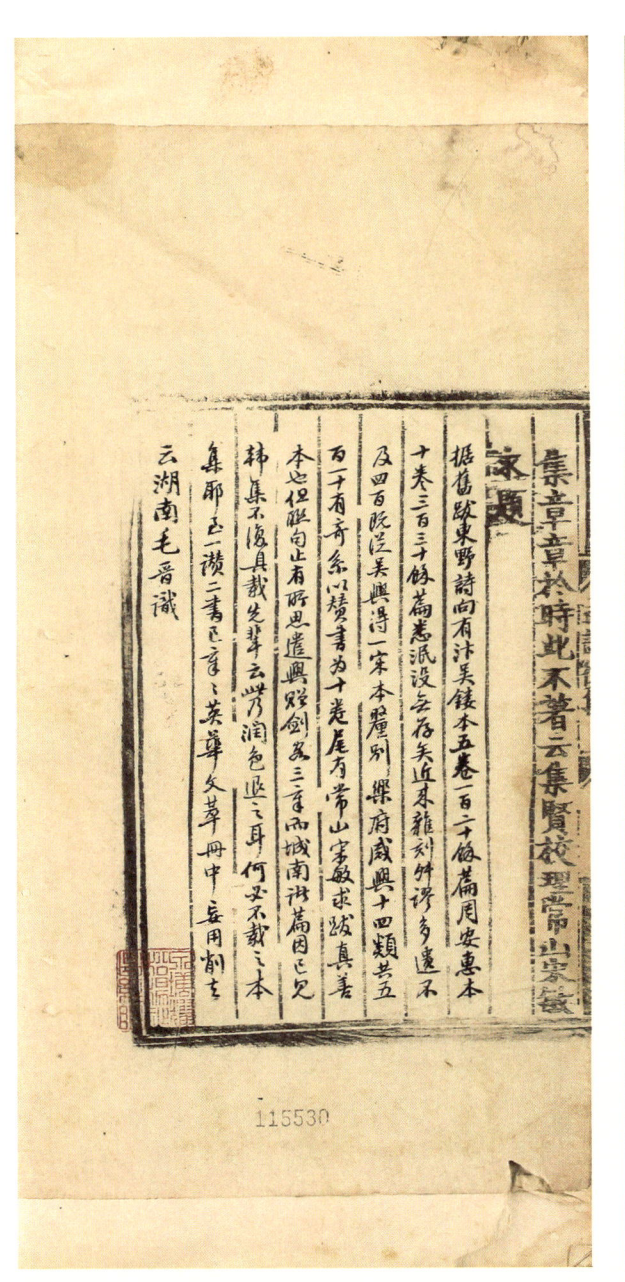

彙題

據舊跋東野詩向有汴吳鏤本五卷一百二十餘篇周安惠本十卷三百三十餘篇舊派沒无名矢近宋雜別弈評多遠不及四百睨泛吳興得一宋本麗别樂府咸興十四類共五百二十有奇系以續書為十卷尾方常山宋敏求跋真善本也但跟句此有時思遷興贈劍及三章兩城南詩蕞因己兒韓集不復員裁先葺云芳潤色此三身何又不載三本集耶正讀二書巨言之英華文萃冊中岳用削去

云湖南毛晉識

00029 河東柳仲塗先生文集十五卷 （宋）柳開撰 （宋）張景編 **附録一卷** 清初抄本（四庫底本） 清徐松跋 王修校並跋 國家名録號 08817，館藏索書號善 004184

開本高 24.5 厘米，寬 15.9 厘米，無版框，半葉九行，行十九字。襯紙爲紅格稿紙，上書滿文。鈐有滿漢合璧"翰林院印""安昌毛氏藏書之印""長興王氏詒莊樓藏"印。國家名録著録時未提及徐松、王修題跋。

四册（存十卷：一至十）

册 1 襯葉徐松墨筆題：

是書係浙江進本，原十五卷，後有附録一卷，此本缺十卷以後，作僞者即標目録以示其全。坊間通行小字本。《簡明目録》於《河東集》誤脱"五"字作十卷，使不詳考，幾信十卷之爲完書矣。星伯記。

卷一末葉王修朱筆題：

辛酉十月三十鐙下校此卷。狂風夜嚴寒，熾炭而坐。

卷三末葉王修朱筆題：

辛酉嘉平朔燈下校。久不校書矣，近無事，因檢此書校讀。彝齋影鈔《披沙集》頗勤，亦將竣事。寒夜共鐙，並樂事也。楊弇。

卷四末葉王修朱筆題：

初二日午校。適景廬見寄近作三首，辭極新穎，擬走筆和之，未果。

卷五末葉王修朱筆題：

初二鐙下校畢。次拔來談，晚食方徹。

卷十末葉王修朱筆題：

中夏以銀三十鈑得此書以舍。乾隆乙卯蘭溪柳遅川刊本外，世傳祇有鈔本。此本雖闕十卷後五卷及附録，然確係四庫底本，亦足珍也。既以涵芬樓《四部叢刊》影印舊鈔本詳校一過，乃屬彝英爲補其闕，始完帙見成。《四部叢刊》本較此稍勝，紕繆亦不少，當另訪善本重較焉。辛酉嘉平月初六日，楊弅記。

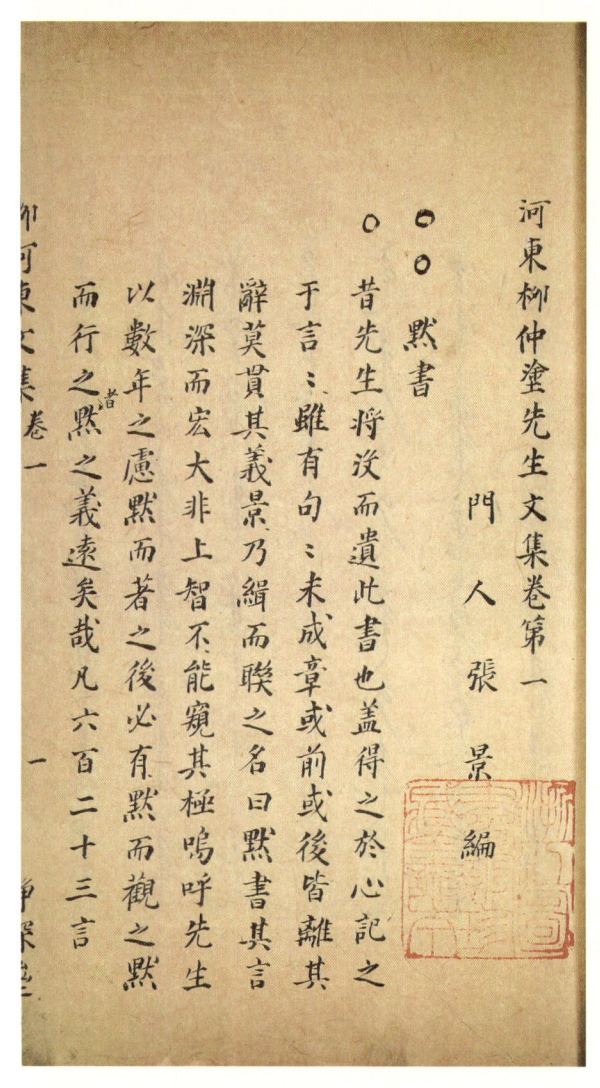

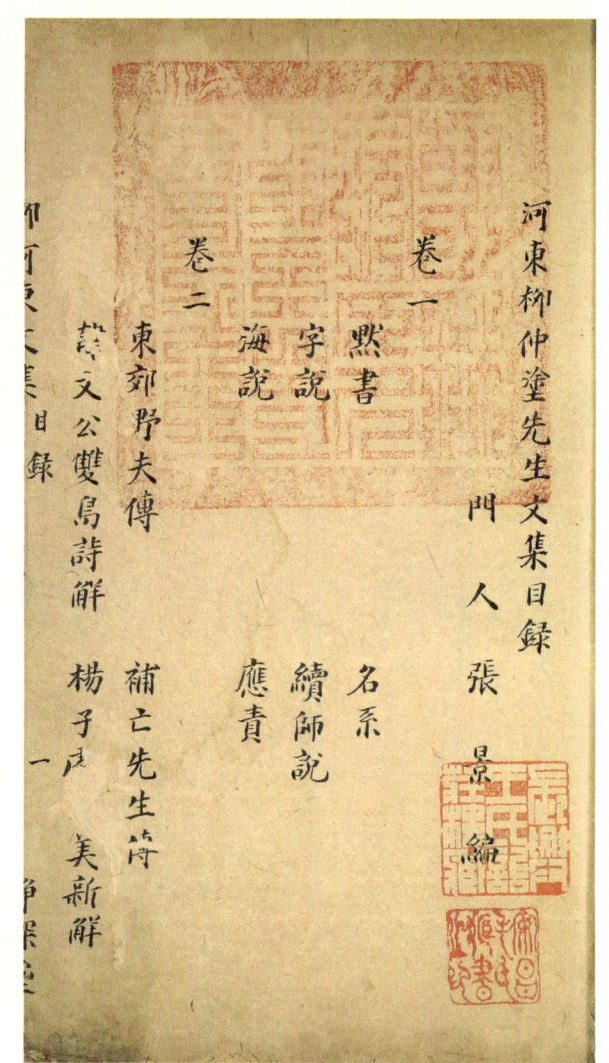

河東柳仲塗先生文集目錄　門人張　景編

卷一

默書

字說

海說

名系

續師說

應責

卷二

東郊野夫傳

薛文公雙鳥詩解

楊子　美新解

補亡先生符

河東柳仲塗先生文集卷第一　門人張　景編

○○默書

○昔先生將沒而遺此書也蓋得之於心記之于言三雖有句三未成章或前或後皆離其辭莫貫其義景乃緝而聯之名曰默書其言淵深而宏大非上智不能窺其極嗚呼先生以數年之憂默而著之後必有默而觀之而行之默之義遠矣哉凡六百二十三言

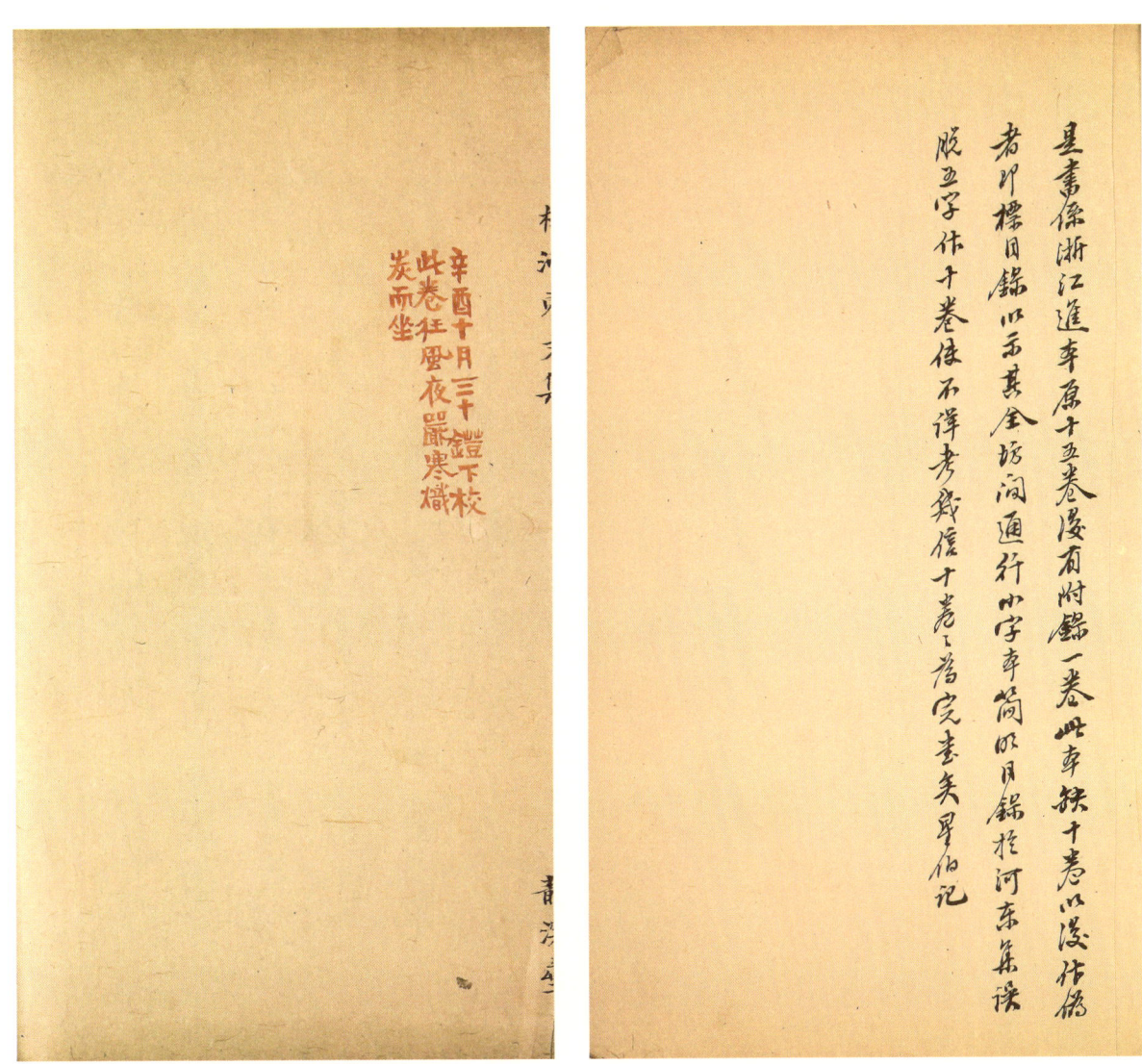

是書係浙江進呈原十五卷後有附錄一卷此本缺十卷以後併偽
者卯標目錄以示其全坊間通行小字本俱以月錄於河東集誤
脫五字作十卷俟不詳考殘偽十卷之為完書矣星伯記

柳河東文集

辛酉十月三十鐙下校
此卷狂墮夜罷寒熾
炭而坐

書淫藏

萬分之一也崇吾師之宮以昭其德吾先師享之

亦無忝矣

辛酉嘉平翔燈下校久不校書矣近無事
因檢此書校讀纍闕影鈔披沙集頗勤
亦辨竣事寒夜共鐙至樂事也　楊弇

印何〇文〇集　卷三

十四

柳河〇元亮

木魚或有災害予欲如在佛時皆使免焉故以

作是菩薩願能消而除之予曰佛之力師之心果

若是亦大矣紀其言刊于石以為師作記

初二日午校適景厓見寄近作三首
辭極新穎擬之華和之來果

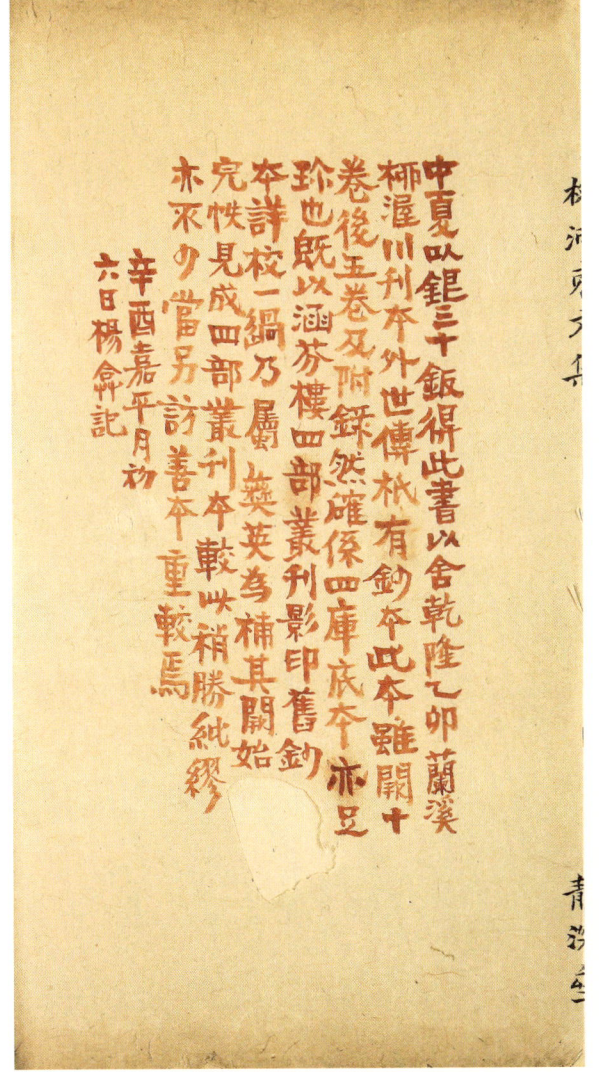

中夏以銀三十飯得此書以合乾隆乙卯蘭溪
柳渾川刊本外世傳帙有鈔本此本雖闕十
卷後五卷及附録然確係四庫底本亦豈
珍也既以涵芬樓四部叢刊影印舊鈔
本詳校一編乃屬
英英為補其闕始
完帙見成四部叢刊本較此稍勝紕繆
未不少當另訪善本重較焉
辛酉嘉平月初
六日楊儉記

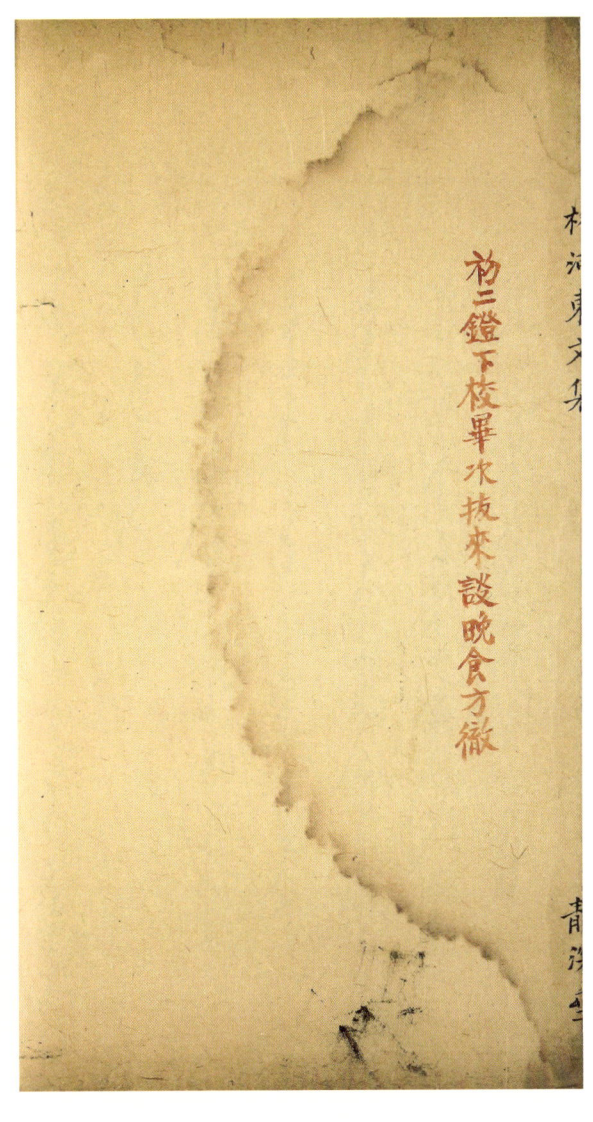

初二鐙下校畢次拔來談晚食方徹

00030 梅溪先生廷試策一卷奏議四卷文集二十卷後集二十九卷 （宋）王十朋撰　附録宋龍圖閣學士王公墓誌銘一卷

明正統五年（1440）劉謙、何瀕刻遞修本　清葛鼐跋

國家名録號 08928，館藏索書號善 006283

框高 21.5 厘米，寬 13.5 厘米，半葉十一行，行二十一字，小字雙行同，上下黑口，四周雙邊，雙對黑魚尾。傳統著録爲“明正統五年劉謙、何瀕刻天順六年重修本”，與館藏善 000255 明正統五年劉謙、何瀕刻天順六年重修本相校，是書版心下鐫刻工“仇方”等（按：《中國古籍版刻辭典（增訂本）》第 92 頁著録仇方爲明弘治間刻字工人），又本書有明顯不止一次版刻風格與修版痕蹟，故應在天順六年重修後又有修版。鈐有“靖調氏”“吳興劉氏嘉業堂藏書印”“劉承幹字貞一號翰怡”“張叔平”等印。國家名録著録時未提及葛鼐題跋。

十册

册 10 書尾葛鼐墨筆題：

此本收得較對俱完，獨訝無前序，既乃知尚遺奏議，故書賈去之耳。奏議毅調家有本，向選刻時曾借看，今俟間中借來抄之。戊子二月初九日記。（後鈐“葛鼐之印”印）

梅溪先生廷試策卷第一

御試策

問蓋聞監于先王成憲其永無愆遵先王之法而過者

未之有也仰惟　祖宗以來立經陳紀百度著明細

　列聖相授之模為萬世不列之典　朕續紹

　丕圖恪守

　洪業兀一覛今一施為靡不稽諸故實

惟　祖宗成法是憲大君然書一之禁賞刑之具猶昔

也而奸弊未盡革賦歛之制經常之度猶昔也而則用

未甚裕取士之科作成之法猶昔也而官師或未勵其答安在豈

陛下之典訓迪之方猶昔也而人才尚未蔵黙

　道雖久而有渝法有時而或弊損益之宜有不可已邪

韓文公於本朝浮故泰知政
事范文正公此五君子其人辭
遭不同所立名显然其心則
晋所謂尧明正大踈暢洞達
磊磊落落不可揜者也其
見於功業文章下至字畫之

微盖可以望之而浮其為人
求之今人則於太子磨事王
公龜齡其亦庶幾乎此者矣
公如以諸生對荣庭中一日
數萬言被遇太上皇帝親擢
以寇多士遂取其言施行之

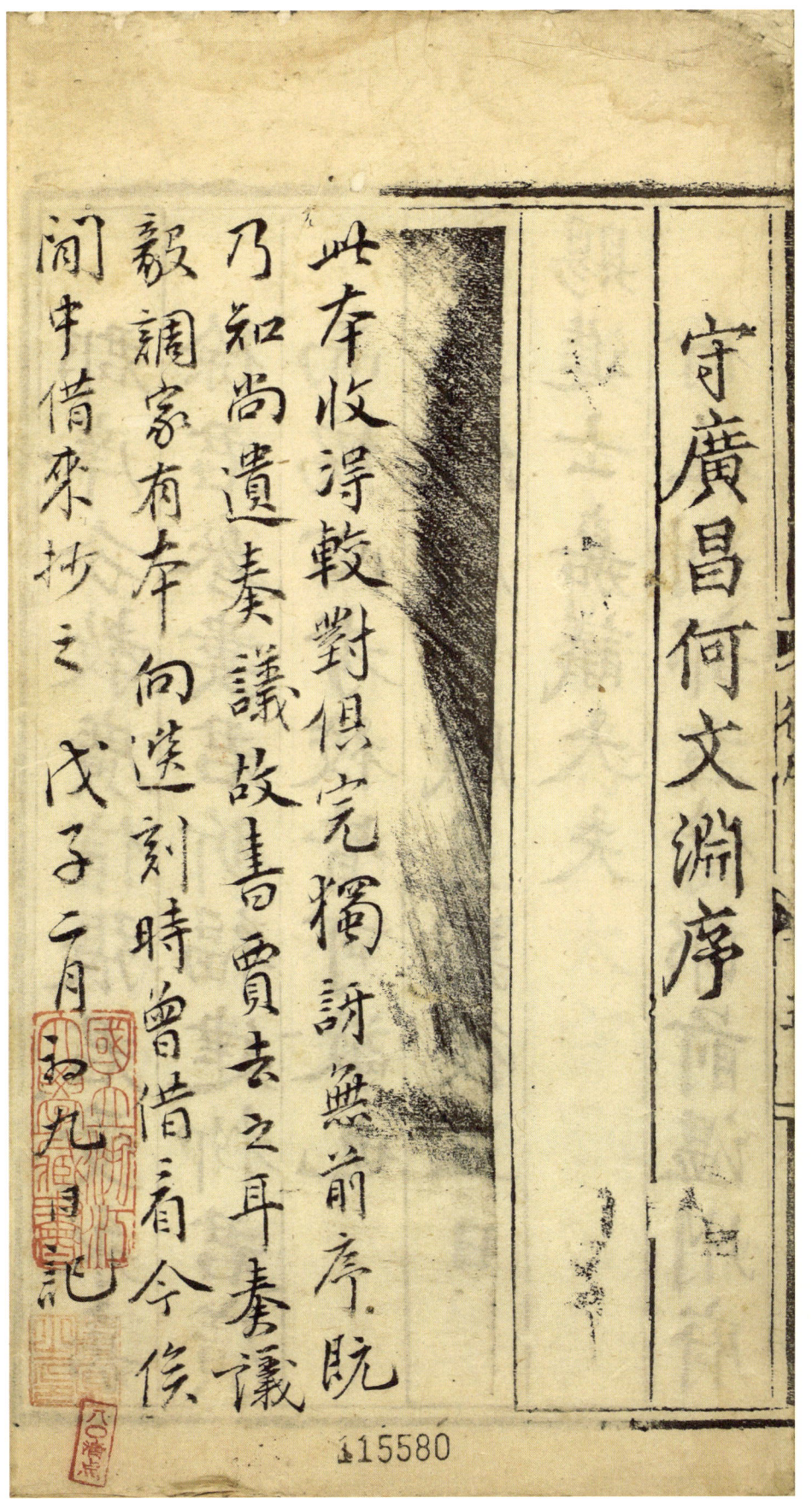

此本收得較對俱完獨訝無前序既
乃知尚遺奏議故書賈去之耳奏議
毅調家有本向遞刻時曾借看今俟
閒中借來抄之　戊子二月叔九謹記

守廣昌何文淵序

00031 古賦辨體十卷　（元）祝堯輯　明嘉靖十六年（1537）

顧可久等刻本　清許潤身、清胡森、王存善跋

國家名録號 09412，館藏索書號善 003635

　　框高 17.3 厘米，寬 13.5 厘米，半葉十行，行十八字，白口，四周單邊，單黑魚尾。國家名録著録時僅王存善題跋，未提及許潤身、胡森題跋。

　　十冊

冊 1 篇目前王存善墨筆題：

　　此許文恪藏書。堪喜，文恪齋名也。書爲元刻，書眉題作宋刻，竟墮笑海。邵位西先生《四庫目録注》言明成化有刻本，周季貺曾見。明刻有錢溥序，每半頁九行，行十七字。此書十行，行十八字，則其爲元刻而非明刻無疑。全書僅四頁是後來補刻。元距今五百餘年矣，如此舊刻，可不寶諸？乙卯正月存善記。（後鈐“王存善校”印）

冊 1 篇目前許潤身墨筆録四庫提要：

　　欽定四庫全書總目卷一百八十八集部·總集類

　　古賦辨體八卷外集二卷

　　元祝堯編。《江西通志》載：堯，上饒人，延祐五年進士，爲江山尹，後遷無錫州同知。《廣信府志》載堯字君澤，與此本所題同，惟云“官萍鄉州同知”，與《江西通志》異。其書自《楚詞》以下，凡兩漢三國六朝唐宋諸賦，每朝録取數篇，以辨其體格，凡八卷。其外集二卷，則擬《騷》及□歌等篇，爲賦家流別者也，採摭頗爲賅備。其論司□相如《子虛》《上林賦》，謂問答之體其源出自《卜居》《漁父》，宋玉輩述之，

至漢而盛。首尾是文，中間是賦。世傳既久，變而又變。其中間之賦，以鋪張爲靡，而專於詞者則流爲齊梁唐初之俳體。其首尾之文，以議論爲便，而專於理者則流爲唐末及宋之文體。於正變源流亦言之最確。何焯《義門讀書記》嘗譏其論潘岳《耤田賦》分別賦、頌之非，引馬融《廣成頌》爲證，謂古人賦、頌通爲一名。然文體屢變，支派遂分，猶之姓出一源而氏殊百族。既云辨體，勢不得合而一之。焯之所言雖有典據，但追溯本始，知其同出異名可矣。必謂堯强生分別即杜撰，是亦非通方之論也。辛酉三月下浣，堪喜齋主人命姪潤身謹書。

册1篇目前胡森墨筆題：

　　許叔舟觀察所藏宋刻《古賦辯體》十卷，此書未經《四庫》著録，云得之京師琉璃廠。前有君澤自序，自《楚詞》至末卷各有辯體一篇，引朱晦翁之語獨多，又選有楊誠齋辭三首，知爲南宋開禧以後人。其時僞學之禁已弛，故得引用朱子語也。是編有古賦辯體之辯，有古賦外録之辯，曰賦體之流固當辯其異，賦體之源又當辯其同，異同兩辯，則其義始盡，其體始明。於各賦題之下皆有引證論斷，旁注音切亦極簡明。又每人各綴一小傳，删繁就簡，先括其作賦之由，最便於學者，亦迂齋《崇古文訣》、劉氏《詩苑衆芳》之類，皆近世所罕覯宋本也。案：自唐杜牧《阿房宮賦》已開宋派，趙湘南集中《姑蘇臺賦》已是歐陽《秋聲》、蘇公《赤壁》之先路。至南宋末，遂專以此等爲古賦矣。劉壎《隱居通議》謂傅幼安曰先生古賦獨步一時。幼安有《燕石稿》，所著有《徽宗畫秋花草蟲賦》，即是杜《阿房賦》體。以有韻之文爲賦，南北兩宋大抵如是。是書斤斤致辯，於《阿房宮賦》已有微詞，於宋景文以下諸人作但稱曰本

朝，體義最嚴也。亦以矯習尚之非，欲挽頹風而進於古，此斷非麻沙坊間諸選本所可及，較元賦《青雲梯》三册抑又不可同年語矣。中《颶風賦》，他家選本多作蘇東坡著，此作蘇叔黨，不誤。又鮑照《野鵝賦》，《文選》未收，歐陽詢《藝文類聚》所引不過數聯，於此獨見全篇，信可珍也。道光丁亥夏月，南城胡森識。（後鈐“森”印）

古賦辯體卷之一

楚辭體

宋景文公曰離騷為詞賦祖後人為之如至
方不能加矩至圓不能過規則賦家可不祖
楚騷乎然騷者詩之變也詩無楚風楚乃有
騷何邪愚按屈原為騷時江漢皆楚地蓋自
文王之化行乎南國漢廣江有汜諸詩已列
於二南十五國風之先其民被先王之澤也
深風雅既變而楚往鳳兮之歌滄浪孺子清
兮濁兮之歌莫不發乎情止乎禮義而猶有

此許文恪藏書堪喜文恪齋名也書為元刻書眉題作宋刻竟墮笑海部
位西先生四庫目錄注言明成化有刻本周季貺曾見明刻有錢溥序每
半頁九行行十七字今此書十行、十六字則其為元刻而非明刻無疑
全書僅四頁迄後末補刻元証今五百餘年矣如此舊刻可不寶諸
又一部同版首有淳祐六年章武節度使漢東宋掄菴居士王拱辰序而某首葉已破損

乙亥正月存善記

欽定四庫全書總目卷一百八十八　集部

古賦辯體八卷外集二卷　　總集類

元祝堯編江西通志載堯上饒人延祐五年進士為

江山尹後遷無錫州同知廣信府志載堯字君澤與

此本所題同惟云官萍鄉州同知與江西通志異其

書自楚詞以下凡兩漢三國六朝唐宋諸賦每朝錄

取數篇以辯其體格凡八卷其外集二卷則擬騷及

歌等篇為賦家流別者也採摭頗為賅備其論司

相如子虛上林賦謂問荅之體其源出自卜居漁

父宋玉華述之至漢而盛首尾是文中間是賦世傳

既久變而又變其中間之賦以鋪張為靡而專於詞

者則流為齊梁唐初之俳體其首尾之支以議論為

便而專於理者則流為唐末及宋之文體於正變源

流亦言之最確何焯義門讀書記嘗譏其論潘岳耤

田賦分別賦頌之非引馬融廣成頌為證謂古人賦

頌通為一名然文體屢變支派遂分猶之姓之出一源

而氏殊百族既云辯體勢不得合而一之焯之所言

雖有典據但追溯本始知其同出異名可矣必謂堯

強生分別即為杜撰是亦非通方之論也

辛酉三月下浣

堪喜齋主人命

姪潤身謹書

許叔舟觀察所藏宋刻古賦辯體十卷此書四庫未經
著錄云得之京師琉璃廠前有君澤自序自楚詞至末
卷各有辯體一篇引朱晦翁之語獨多又選有楊誠齋
辭三首知為南宋開禧以後人其時偽學之禁已弛故
得引用朱子語也是編有古賦辯體之辯又有古賦外錄
之辯曰賦體之流固當辯其異賦體之源又當辯其同
異同兩辯則其義始盡其體始明於各賦題之下皆有
引證論斷旁注音切亦極簡明又每人各綴一小傳冊
繁就簡括其作賦之由宗便於學者亦迂齋崇古文
訣劉氏詩苑衆芳之類皆近世所罕觀宋本也案自唐
杜牧阿房宮賦已開宋派趙湘南集中姑蘇臺賦已是

歐陽秋聲蘇公赤壁之先路至南宋末遂專以此等為
古賦矣劉壎隱居通議謂傅幼安曰先生古賦獨步一
時務安有燕石彙所著有徽宗畫秋花草蟲賦即是杜
阿房賦體以有韻之文為賦南北宋大抵如是是書
斤斤致辯於阿房宮賦已有微詞於宋景文以下諸人
作但稱曰本朝體義寰嚴也亦以矯習尚之非欲挽頹
風而進於古此斷非麻沙坊間諸選本所可及較元賦
青雲梯三冊抑又不可同年語矣又颺風賦他家選本
多作蘇東坡著此作蘇叔黨不誤又鮑照野鶩賦文選
未收歐陽詢藝文類聚所引不過數聯於此獨見全篇
信可珍也道光丁亥夏月南城胡森識

00032 相臺五經附考證九十六卷 （元）岳浚輯　清乾隆

四十八年（1783）武英殿刻本　清周廣業校並跋

國家名録號 10025，館藏索書號善 000353

　　框高 19.9 厘米，寬 13.5 厘米，半葉八行，行十七字，小字雙行同，白口，四周雙邊，雙對黑魚尾。版心上鎸"乾隆四十八年武英殿仿宋本"。鈐有"耕厓藏書""周印廣業""廣業字曰勤圃""周氏仲子之章""廣業私印"等印。曾經民國二十五年浙江省文獻展覽會陳列。

　　五十四册

《周易》卷一考證末葉周廣業朱筆題：

　　丙午四月初三日校。

　　己酉夏五二十三日覆校於省吾廬。丙午春館北平查秋部憺餘家，托同年金考功方雪印得此書，校讀一過，有《讀相臺五經隨筆》四卷。丁未下第攜之南旋，以未線裝付標工，爲之留肆中十閱月，今夏始釘就取歸。先廬梅天無事，再讀一徧，轉瞬三年，昨夢猶瞭然也。廣業。（後鈐"廑圃"印）

《尚書》卷一考證末葉周廣業朱筆題：

　　丙午四月五日校。

　　己酉閏五月三日從門人王星羅借得汲古閣本覆校。

《詩經》卷二十考證末葉周廣業朱筆題：

　　丙午二月廿七日校竣。是日從翁覃溪先生借得《相臺書塾刊正九經三傳沿革例》一卷，□乾隆戊戌年秀水陳氏影宋重雕。（後鈐"畊厓""廣業"印）

《春秋》卷十六考證末葉周廣業朱筆題：

　　數日前從吉渭厓先生借得抄本薛氏《五代史》，今日從凌

仲子借曲阜孔氏新刊《趙注孟子》，以此書未曾校畢，皆未及展閱，故窮日之力校得六卷。四月廿九日也。（後鈐"畊厓""廣業"印）

《春秋》卷三十考證末葉周廣業朱筆題：

丙午夏五三日校竟。杜注他本俱有違誤，惟永懷堂本與此適合，因知金、葛二子之功亦復不小。校書須静坐清心方能精審，今之耳目心思既不免爲人役，時輟之，又性貪書卷，或日校數卷，何由得精，祇單單讀一過而已。（後鈐"畊厓""廣業"印）

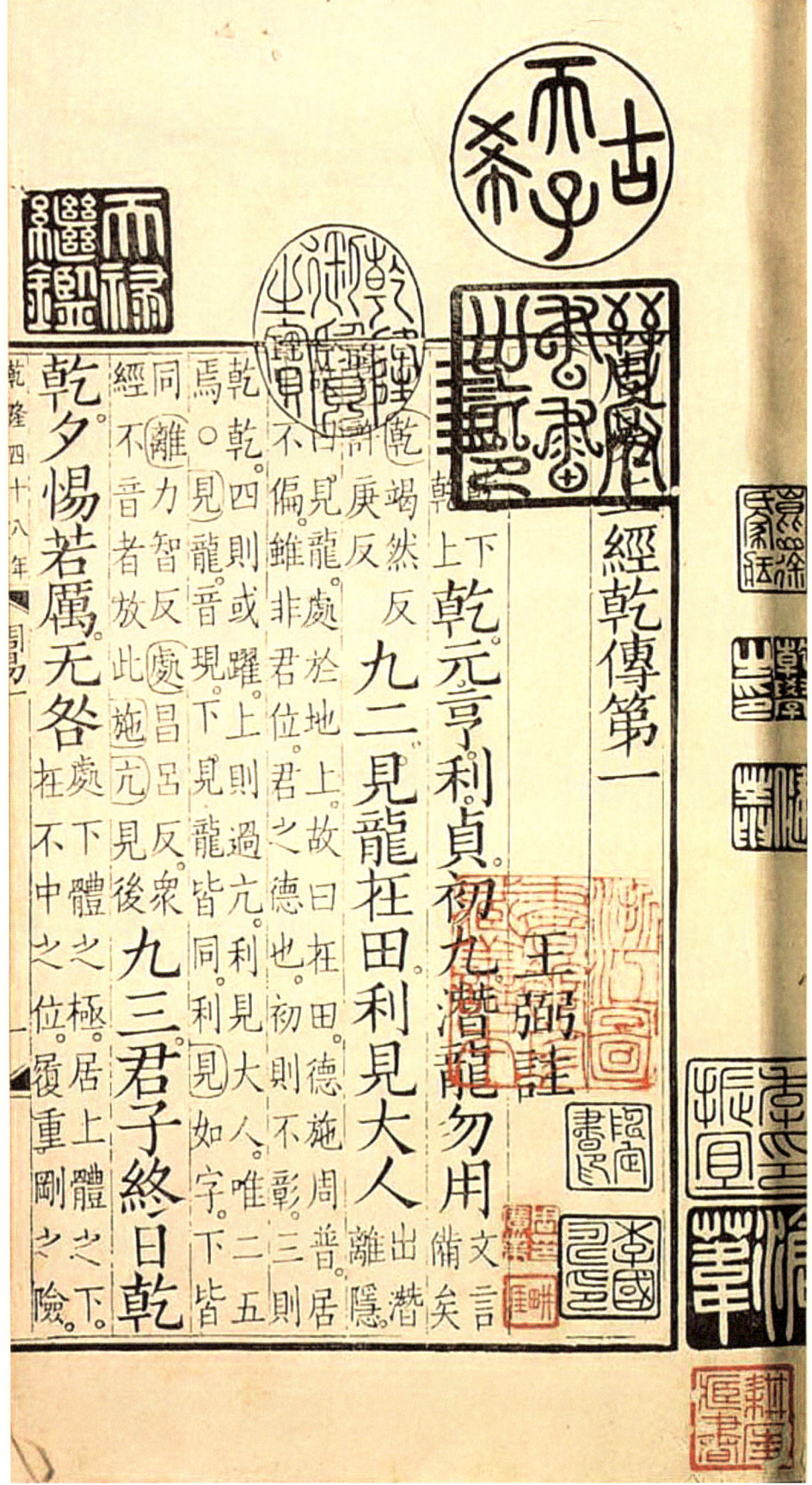

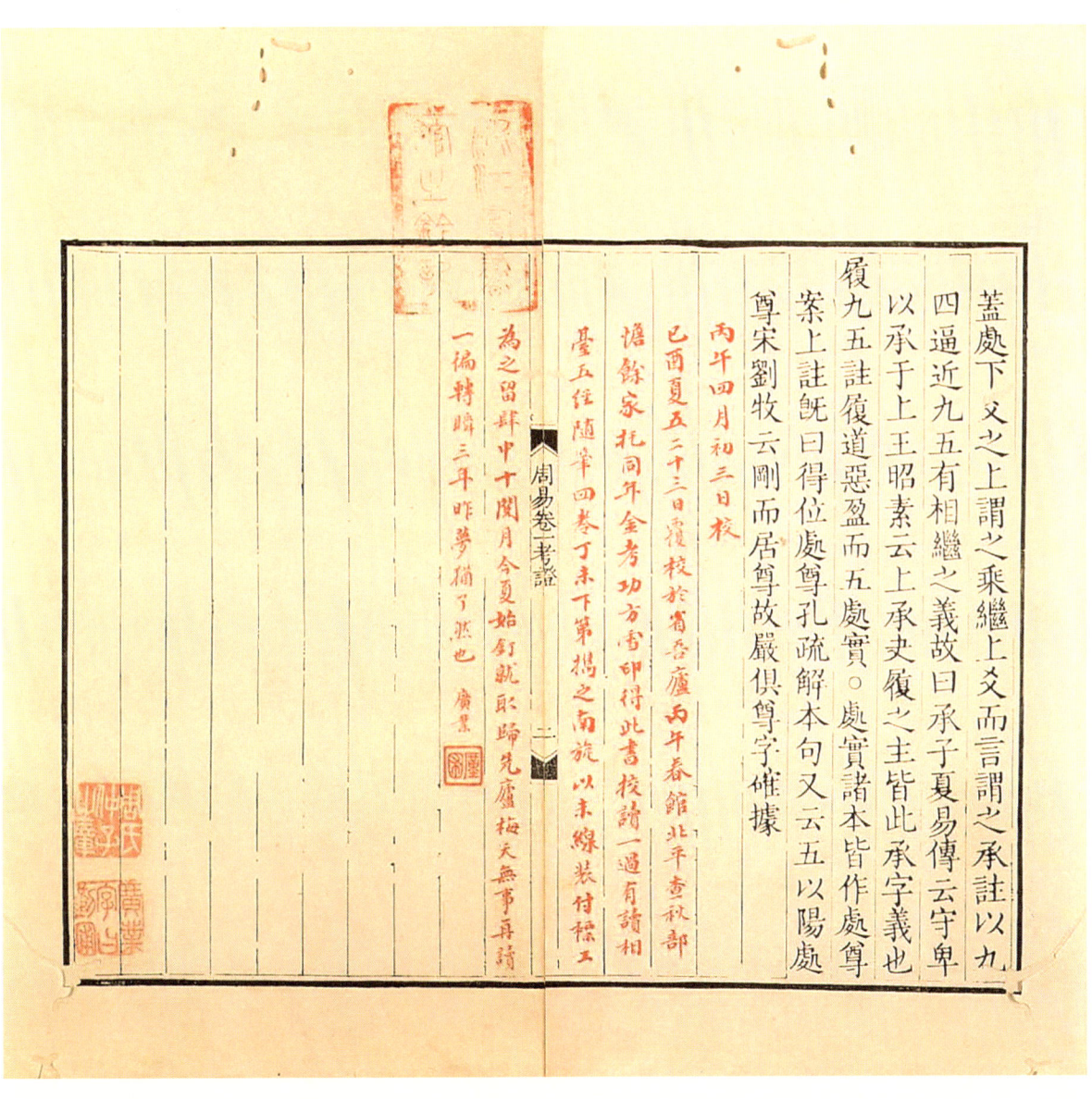

蓋處下爻之上謂之乘繼上爻而言謂之承註以九

四遍近九五有相繼之義故曰承于夏易傳云守卑

以承于上王昭素云上承史履之主皆此承字義也

履九五註復道惡盈而五處實。處實諸本皆作處實

案上註既曰得位處尊孔疏解本句又云五以陽處

尊宋劉牧云剛而居尊故嚴俱尊字催據

丙午四月初三日校

己酉夏五二十三日覆校於省吾廬丙午春館北平竇秋部

儋餘家托同年金考功方雷印得此書校讀一遍有讀相

臺五經隨筆四卷丁未下第攜之南旋以未線裝付稼工

為之留葑中十閏月今夏始釘䮾耶歸先廬梅天無事再讀

一編轉瞬三年昨夢猶丁然也　廣業

《周易卷一考證》

二

作丕與共相似故誤傳以爲共耳

丙午四月吾校

巳酉閏五月三日從門人王星羅借得汲古閣本霞校

州之大國故十也則非三王可知

長發章幅隕旣長。隕　殿本作幀而註中又仍作隕

傳寫之訛也幀字典無此字

有震且業箋畏君之震。案此句乃左傳戰于韋文諸

本君作吾訛

隆子卿士。朱子集傳逸齋補傳本予俱作于

丙午二月廿七日校竣是日從蘭章谿先生借得相臺書臺刊正

北經三傳沿革例⋯乾隆戊戌年秀水陳氏影宋重雕

殿本閣本無信字義雖可通但信字正釋徵
之○字自不可曉
二十一年傳對曰吾不免是懼詿言恐與子丼罪○案
丼罪謂與遂子丼得罪如下文所云子南觀起是也
殿本丼字作所字義不可曉
鄭游販將如晉○案販字彙纂定本與此同說文云春
秋傳鄭游販字子明从目反聲普班切　殿本閣本
則作販廣韻集韻普版切人名亦引此傳然廣韻集
韻究不如說文之足據耳

春秋卷十六考證

二

數日前沈吉潘庄先生偹得初本辭氏五代史今從渡仰子偹曲阜孔氏新

利題注是子以此書求曾校畢皆未及展閱故寫日之刀校因六案四月廿九日

也

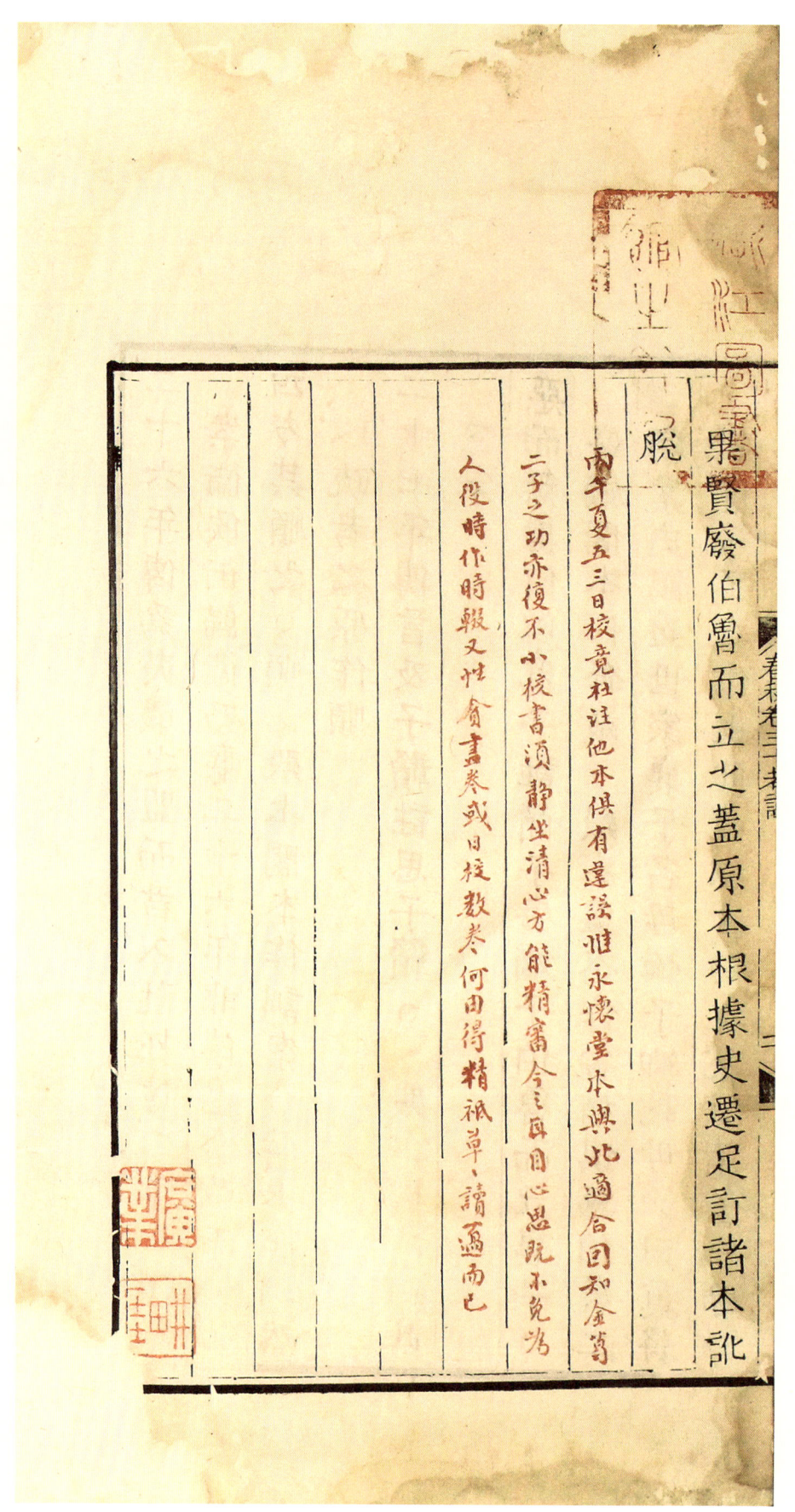

00033 楊文懿公文集三十卷　（明）楊守陳撰　明弘治十二年
（1499）楊茂仁刻本　明劉發題記

國家名録號 10728，館藏索書號善 000283

　　框高 19.6 厘米，寬 13.9 厘米，半葉十二行，行二十二字，
小字雙行同，上下黑口，四周雙邊，雙順黑魚尾。弘治十二年
楊守阯序言"嘗於諸稿中妄意掇取議論、敘事、雜著之文數百
篇爲三十卷，付公之季子茂仁郎中先爲刻本"。鈐有"陸進私
印""伯復""伏跗室藏書印""馮印貞群""孟顆"等印。
國家名録著録時未提及劉發題記。

　　十册

序 1 末葉劉發墨筆題：

　　浙江按察司副使劉發紹興府學公貯備覽計四册，正德戊寅
孟秋三日。（鈐有"提督浙江省處學校關防"印）

楊文懿公文集卷第一

晉庵稿 起自壬戌正統七年盧辛未景泰二
年自十八歲至二十七歲所作

致知銘

人欲求道先致其知博學審問明辨慎思自心而身以至
萬物表裏精粗無一敢忽窺彼萬理會于一原是謂知至
可希聖賢

力行銘

人既知道當力於行始自孝弟尊師信朋至於百行無一
不勉有過必改務遷于善日就月將不偏不息務底大成
聖賢之德

持敬銘

惟知與行固為學則必有主之乃致乃力丹書之敬堯典

徒之再傳者也於孔門所謂尊德性而道問學者有得焉

公始知學先祖示以聖賢八德之方即能領悟作致知力

行詩敬三銘以自勵於是學益博文益著道明而德尊居

家孝友立

朝忠正其再奏議之所建明經訓之所折衷詞章之所發越

皆道德之英華倫理之攸繫也愚也何能為役輒敢有所

選擇公命乃勿敢違顧其遺稿浩穰未易悉傳昔在京邸

嘗於諸稿中妄意撥取議論敍事雜著之文數百篇為三

十卷付公之季子茂仁郎中先為刻本其文之未及取與

夫五經四書私抄奏議詩集合于南荊與公之長子茂元

同知繕輯以圖續刻未遂也而茂仁先所刻本既成以書

來欲得序而傳之竊惟公之德學著於文章者如山之廣

大而草木蕃滋華實蕃茂實藏與焉如冰之不測而蛟騰

龍翔變化殊態貨財殖焉以管蠡之見采擇其間則已目

眩神惑莫知措手惡能得之高深者哉今始就吾目力所

及者輒先取而傳焉其所未及者取之未已傳之無窮如

求貨寶於山海之間雖什伯什佰徒返猶未罄也公於守阯與天

倫為兄恩義則師而垂後以斯文見屬因不自揆僭序斯

集首述公之治命以見其感

上恩念祖德圖聖賢不朽之盛業者雖一息尚存而猶不

忘若此俾覽公之文者有以知公之志而守阯與茂元等

尚圖所以繼述之者而勿替引之

弘治十二年九月朔旦弟通議大夫南京吏部右侍郎前

翰林院侍講學士守阯謹序

浙江按察司副使劉發紹興府
學公貯備覽計册
正德戊寅孟秌三日

晉庵稿序

始余方孩嘗作吟詩聲或謂爾秀才邪則莞然而若應其
後家人屢詔之曰爾作秀才即為吟聲如初甫能言或口
授以書一二過輒成誦五齡就家塾師先大父日記數百
言於是六齡而學對句九齡而學詩歌十三而學舉子業
十五而學古文爾後數歲雖先大父為學者之
未務不以專命余又多疾疢不獲恒學然已有作成一囊
癸十九兩游京師數載歸食于家亦數載比肄力於義理
之學而其陳又習昕謂舉業者然於古文詩歌亦間作為
散逸之餘僅存數百首錄之曰晉庵稿當是時方銳意於
自昭之功而妄覬廩俟之業故號庵曰晉而因以名稿焉
二十六兩舉于鄉所作殊寡明年忝進士被選入翰林為

00034 金剛般若波羅蜜經一卷 （後秦）釋鳩摩羅什譯　唐寫

本　釋曇昉題記

國家名録號 11395，館藏索書號善 000336

　　卷軸裝，殘存二十八行，行十七字，欄高 19.9 厘米。按：

釋曇昉即弘一法師李叔同。

　　一卷

卷尾釋曇昉墨筆題：

　　歲在析木，沙門曇昉敬觀。（鈐"弘一"印）

主者即非莊嚴是名莊嚴須菩提若菩薩通

達无我法者如來說名真是菩薩

須菩提於意云何如來有肉眼不如是世尊

如來有肉眼須菩提於意云何如來有天眼

不如是世尊如來有天眼須菩提於意云何

如來有慧眼不如是世尊如來有慧眼須菩

提於意云何如來有法眼不如是世尊如來

有法眼須菩提於意云何如來有佛眼不如

是世尊如來有佛眼須菩提於意云何恆河

中所有沙佛說是沙不如是世尊如來說是

沙須菩提於意云何如一恆河中所有沙有如

是等恆河是諸恆河所有沙數佛世界如是

寧為多不甚多世尊佛告須菩提爾所國

寶无有法得阿耨多羅三藐三菩提是故然
燈佛與我受記作是言汝於來世當得作佛
号釋迦牟尼何以故如來者即諸法如義若
有人言如來得阿耨多羅三藐三菩提須菩
提實无有法得阿耨多羅三藐三菩提須
菩提如來所得阿耨多羅三藐三菩提於是
中无實无虛是故如來說一切法皆是佛法
須菩提所言一切法者即非一切法是故名
一切法須菩提譬如人身長大須菩提言世
尊如來說人身長大則為非大身是名大身
須菩提菩薩亦如是若作是言我當滅度
无量眾生則不名菩薩何以故須菩提實无
有法名為菩薩是故佛說一切法无我无人无

00035 新編排韻增廣事類氏族大全十集 元刻本 邵瑞彭跋

國家名録號 11455，館藏索書號善 000232

框高 18.8 厘米，寬 12.5 厘米，半葉十六行，行二十八字，小字雙行同，上下黑口，左右雙邊，雙順黑魚尾。鈐有"次公"印。

一册（存三集：甲、乙、丙）

書尾邵瑞彭墨筆題：

《事類氏族大全》十集，元刊本，汪氏《藝芸書目》曾著録。此殘本，僅存三集，汴市賤直買之。次公記。

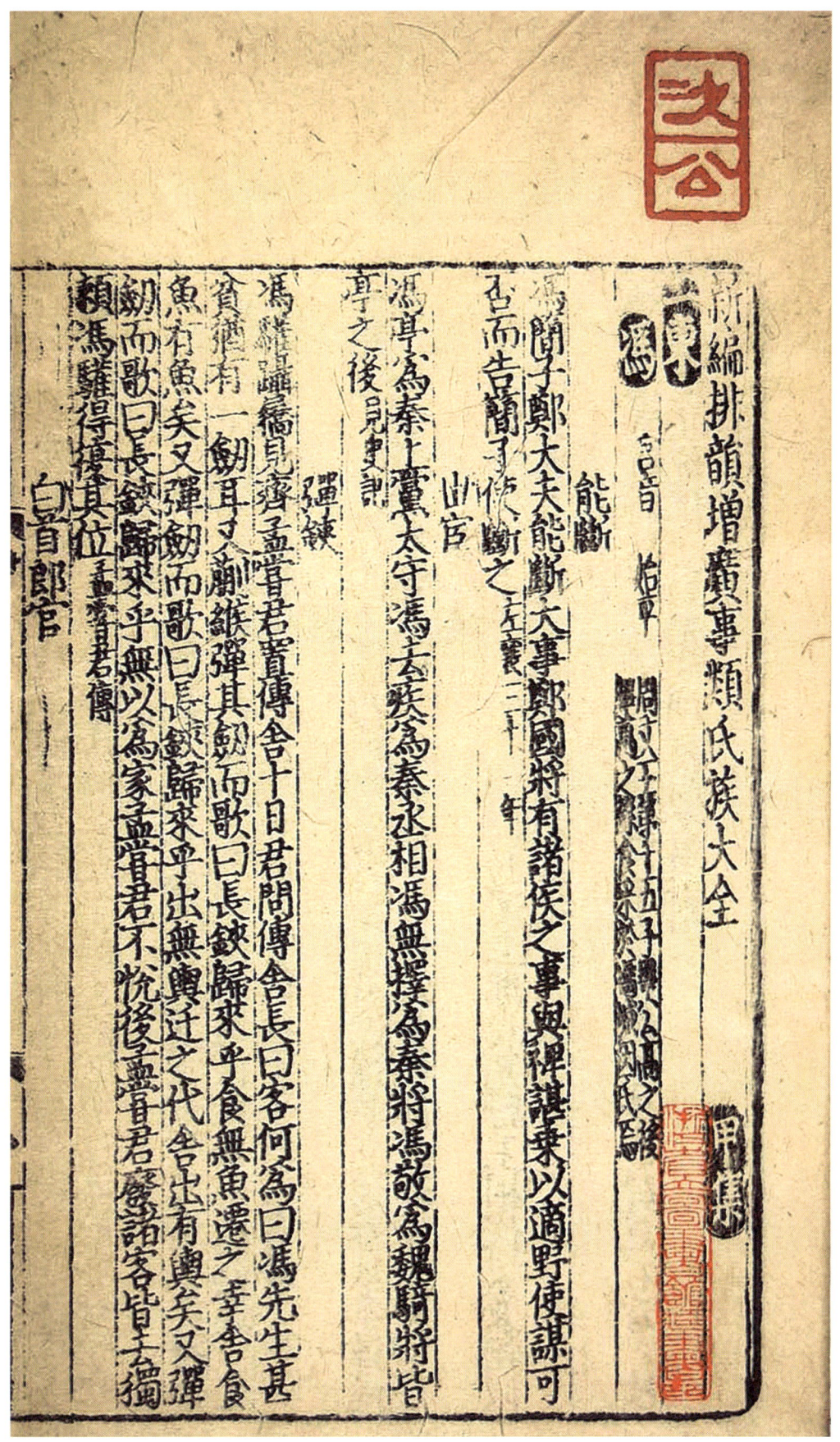

新編排韻增廣事類氏族大全

馮　音憑

能斷

彈鋏

馮聞子鄭大夫能斷大事鄭以國將有諸侯之事與裨諶謀可否而告藺子使斷之左襄三十年

馮亭為秦上黨太守馮去疾為秦丞相馮無擇為秦將馮敬為魏騎將皆亭之後見史記

馮驩齊人見孟嘗君實傳舍十日君問傳舍長曰客何為曰馮先生甚貧猶有一劍耳又蒯緱彈其劍而歌曰長鋏歸來乎食無魚遷之幸舍食有魚矣又彈劍而歌曰長鋏歸來乎出無輿遷之代舍出有輿矣又彈劍而歌曰長鋏歸來乎無以為家孟嘗君不悅後孟嘗君廢諼客皆去

頗馮驩得復其位見孟嘗君傳

白首郎官

事類氏族大全十集元槧本
汪氏藝芸書目曾箸録此殘
本僅存三集沂市賤直買之
次公記

永樂二年七月二十五日蘇叔歡買
到一部三本

臺城伍柒年閏月 玫寶

00036 硯北易鈔不分卷 （清）黄叔琳輯 清初抄本 清翁方綱
簽注 王禮培、文素松跋 姜亮夫題款
國家名録號 11483，館藏索書號善 000410

框高 19.2 厘米，寬 14.1 厘米，半葉十行，行二十字，小字雙行同，上下黑口，四周雙邊，單黑魚尾。鈐有"信天廬""掃塵齋積書記"等印。

十册

册 1 襯葉王禮培墨筆題：

黄崑圃《研北易鈔》不分卷，翰林院勵守謙交出進呈，四庫館臣翁覃溪等校正。書中簽條下有"復初齋印"，即覃溪所校據簽條，有俟臨刻時更正云云。信爲未刊之秘笈也。甲子初春湘鄉王禮培記。（後鈐"小招隱館"印）

册 1 襯葉文素松墨筆題：

按：黄叔琳，大興人，康熙進士，累官詹事，嘗以文學政事受知康熙雍正乾隆三朝，當代推爲巨儒，世稱北平黄先生。著有《硯北易鈔》《詩經統説》《夏小正傳註》《史通訓故補註》、《文心雕龍輯註》《顏氏家訓節録》《硯北雜録》等書。此書爲呈進本，經翰林院編修勵守謙交出，復經翁覃溪簽註，其珍重可知。十七年冬在滬寓以重值收之。萍鄉文素松。（後鈐"文印素松""寅齋"印）

卷端姜亮夫墨筆題：

亮夫拜觀。（後鈐"亮夫"印）

亮夫拜觀

硯北易鈔

北平黃叔琳崑圃輯

易无
時

御辯
聖諱　者未能遍擄矣
一集中有

易變易也易道變易无窮　故以名書然繫辭以周

者按周官大卜三日周易則知為周人之所自名

延山歸藏也夫子嘗曰二篇之策今題曰

篇上篇三十卦下篇三十四卦其序皆反

篇各十八卦合為三十六卦蓋二其九

三其六皆十八四其九六其六皆三十六寶函九

六之數　上篇對卦六反卦十二　下篇對卦二反卦十六

易從日從月天下之理一奇一耦盡矣所謂一陰

黄嵓圃研此易鈔不分卷　翰林院勵

守謙交出進呈四庫錄臣荀季陞等

校正書中箋係下有陵即齋印即

覃陔社校樣箋係有俟臨刻時更心

云之信蓋未刊之秘笈也　甲子初秋湖

鄉王程□

按黄叔琳大興人康熙進士累官□華書心文學

侍事受知二康熙雍正乾隆三朝晉代權先臣儒世釋

北平黄先生著有硯批易鈔詩經統說夏小正傳註

史通訓詁補註文心雕龍輯註顏氏家訓□即錄硯批

雜錄等書以書為墨進本經翰林院編修屬守

謙立出復經翁覃溪篆註其珍重可知十七年冬

太滬□以重值收之　萍鄉□文素松

00037 學易劄記三卷　（清）朱駿聲撰　稿本　朱師轍跋

國家名録號 11484，館藏索書號善 000431

毛裝。框高 19.4 厘米，寬 14.4 厘米，半葉十一行，行二十四字，白口，左右雙邊，雙對黑魚尾。間有無版框稿紙。

一冊

浮葉朱師轍藍筆題：

學易劄跋

右《學易劄記》六卷，先祖豐芑博士譔。先祖邃於經小學，所著《説文通訓定聲》尤爲群經之淵海、小學之津梁，實爲空前傑作。而群經之中尤深於《易》，共有著作六種：

一、《六十四卦經解》八卷，又名《周易匯通》，以漢易爲主，而兼采宋以後説，精深博通，最爲巨著。

二、《易鄭氏爻辰廣義》二卷，乃補鄭玄爻辰之説。

三、《易經互卦卮言》一卷，古易有互卦之法，今已不能詳，故補之。

四、《易消息升降圖》二卷，乃申虞翻之説，而爲圖解。

五、《易章異同》一卷，乃校各家本異字異義而折衷之，解釋簡明，別具卓見。

六、《學易劄記》六卷，乃評論古今著名易學各家，而判其得失與發明其隱義者。

今所印行，即《學易劄記》之前三卷。其末一卷，圖既孔多，塗改難辨，尚待考覈，再行録出續印。《易》學深奥，本難卒讀曉。如所説虞氏納甲，以月之盈虛圖示，即極易明白。又如焦里堂循之《易》，乃以數學正負比例計算立論，高郵王氏歎爲鑿破渾沌，推崇備至。先祖既精易，又精天文曆算，故

能評判深切，令人讀之瞭然。其他評論，皆確當而有深義。師
軼少讀《易》朱子《本義》及程傳，壯讀注疏王輔嗣《易》，
略知原流，於漢《易》未嘗究心。繼校先祖遺著，始讀清惠定宇、
張皋文、焦里堂諸家之易，然未能窮其奥蘊也。今幸毛主席於
開國草創之始推廣文化，於面向工農之中仍能顧及高深國學，
提倡刊先代著述，選要刊行。其立國規模弘遠，誠歷史所罕覯。
豈惟師軼一家之榮幸，將中國文化發揚，光被世界，實利賴之。
師軼雖莫年，學術日衰，慚未能繼述家學，猶願學《易》，反
身修德以補過云。公元一千九百五十五年二月二十日黟縣朱師
軼謹識於杭州岳王路三十號半隱廬。

學易劄記

有文王成以之易有孔子之易如乾元亨利貞不過占詞言大

中古聖人作易

通而利于正耳孔子借詞以教天下後世而釋之為四德文詞

利見大人亦不過占詞大卜之屬卜筮之官詞太卜人占之

是也而孔子釋之為乾坤合德之大人盖古人最信卜筮孔子

借卜筮之書明其義理以垂訓而謂因勢而利導之也

莫市于易

三代之書莫完于易而六爻莫可信于易故夫人以童而習之至老

而不以其解者多矣子曰易之興也其于中古乎作易者其有

憂患乎又曰當文王與紂之事邪然則彖詞爻詞之非文王周

公作可知作易之聖人大約西岐之人生于殷之末世且彖爻

而

之旨石同作于兩人之手易以知其西岐人也小畜小過皆曰

印海樓手剖跋

右雪易剖記六卷、先祖鹽艺博士撰、先祖還於
經小學、說文通訓定聲、大鬲韋經之淵海小學
之津梁、實為空前傑作、而韋經之中尤深於
易、共有著作六種

（一）六十四卦經解八卷、又名寶易匯通）以漢易
為主而兼宗以後說、精深博通最為巨著

（二）易鄭氏爻辰廣義二卷、乃補鄭玄爻辰
之說

三、易經互卦范言一卷、古易有互卦之法今
已不能詳就補之

四、易消息升降圖二卷、形申虞翻之說為苍
圖解

五、易章異同一卷、乃校各家來異嚴字異義
而折衷之、解釋簡明別具事兄

六、博易剖記四卷、乃評論古今著名易學
各家、所判其得失與發明其隱義者

今聊聊行即雪易剖記之前三卷其末一卷
圖既孔多、途改難辨尚待放西數再行鑴齣

即易學深奧本難率讀曉、如所說虞氏消納
即以月之盈虚圖示、即極易明白、又如焦

甲恩以

里堂術之易，乃以數學方程比例計算立論高
郵王氏數為鑿破渾沌推崇備至先祖
既精易文精天文曆算故能評判深切令人
讀之瞭然其他評論皆確當而原義師轍
少讀易朱子本義及程傳壯讀注疏玉輔嗣易
略知頂流於漢易未嘗究心繼校先祖遺
著始讀青惠定宇張皋文焦里堂靖宇
之易然未能窺其堂奧也今幸毛主席
於開國草創之始推廣文化於百姓正豐
之中仍能顧高深國學提倡刊此代表等

開郭沫若院長及陶孟和先生
行其立國規模弘遠誠師
師轍一家之業發揚中國文化光被
甘棠實為幸甚
慚未能繼述家猶願學易反身修德以補過
云公元一千九百五十五年二月二十日黟縣朱
師轍謹識於杭州岳王路三十號寓廬

00038 鄭易小學一卷 （清）陶方琦撰 稿本 清陶方琯題記

國家名録號 11486，館藏索書號善 000427

　　框高 22.7 厘米，寬 14.5 厘米，半葉十四行，行字不等，白口，四周雙邊，單黑魚尾。緑格稿紙，版心下印"巽緰齋藏本"。文中朱墨及藍筆勾乙校改甚多，卷末題"壬申夏月孝邈勘一過"。按："孝邈"爲陶方琦譜名，卷末所署"漢邈"乃其兄陶方琯譜名。鈐陶方琦"巽緰齋主人""方琦""波盧著書印"等印。國家名録著録時未提及陶方琯題記。

　　一册

書尾陶方琯朱筆題：

　　丙戌病起，心如廢井，意興卒卒，復覽一過。漢邈。

鄭易小學　巽綰齋鄭易彙寸

上經乾

夕惕若厲

鄭注惕懼也　陸氏釋文

鄭按說文惕敬也　釋文

見龍在田

鄭注地上即田

飛龍在天

鄭注天者清明無形　集解

巽綰齋藏本

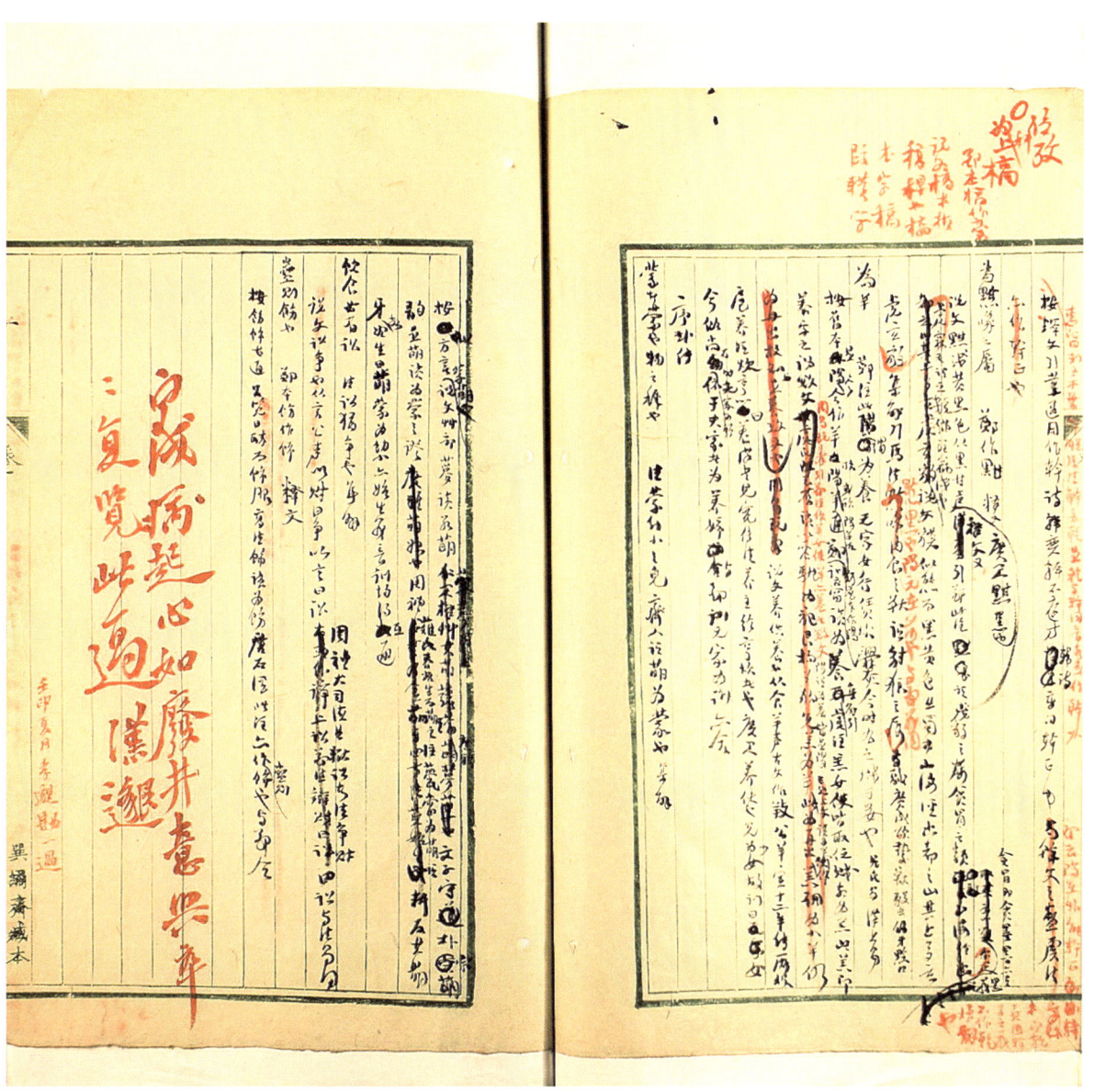

00039 班史藝文志一卷 （漢）班固撰 明嘉靖三十年（1551）許初抄本 萬台題首 清曾儀、清李兆洛、清楊大中觀款 清方來、清馬元錦、清周蘭枝、清鄭祖經、清李沅、清秋家丞、清繡石道人、清胡蘭、清顧晞元題詩 清朱縉、清畢熙曾題詩並跋 清朱綬、清崔錫華、清張澹、清安念祖、清沈城、清周右、清陸宗泰、清王寶仁、清鄭壽彭、清錢襄、清包巽權、清楊書績、清楊喜格跋

國家名録號 11563，館藏索書號善 003971

卷軸裝，開本高 24.1 或 20.0 厘米，寬 990.4 厘米，裝裱後高 25.6 厘米，寬 1148.4 厘米。軸頭題簽"許太微書班史藝文志卷"。國家名録著録時未提及曾儀觀款，方來等人題跋、題詩總言爲"方來等二十四人跋"。

一卷

卷尾曾儀墨筆題：

嘉慶丙寅十月自秀州歸，觀於餘力學文之室。曾儀。

卷尾李兆洛墨筆題：

李兆洛所藏，以贈張瑜，謹記於尾，以誌珍重。（後鈐"兆洛私印"印）

卷尾方來墨筆題：

鉅眼從推鑒賞真，物歸有主證前因。六千里外緣偏遇，三百年來蹟已陳。直與鍾王傳楷法，休將文沈論豐神。先賢遺墨先人澤，錦軸琅函世永珍。

甲辰乞巧日姚江方來拜稿。（後鈐"巽甫""方來私印"印）

卷尾朱縉墨筆題：

跋涉一萬里，因緣三百年。湖山踐歸約，風雨訂殘編。手澤應如舊，斯人亦已傳。趨庭懷架訓，遊藝企前賢。前賢不可作，對此心悠悠。豈意蠻煙外，還將賸墨收。持盃生感慨，遺韻見風流。回首西泠路，白楊悲暮秋。

此外父郭仙舟先生藏物也。先生錢唐人，官於黔獲此卷，時加珍賞，解組歸，以疾卒。妻弟一山服闋後需次吳門，重付裝池，囑爲題跋。噫嘻！天壤寥廓，古今遞變，筆墨所留忽成陳蹟，況瘴雨蠻煙，飄零片紙，苟非識者，鮮弗覆瓿。文字因緣，洵有夙契。今外父墓木拱矣，而一山深藏保護逾於他物。重前人之遺蹟，正以永先人之手澤也。嘉慶丁丑九秋望日也娛朱緒謹識。（後鈐"也娛""朱緒"印）

卷尾朱緩墨筆題：

右吳人許初書《班史藝文志》一卷，嘉慶丁丑錢唐郡主簿一山攜以示予，蓋尊甫仙舟先生倅貞豐州時所得也。卷末有曾儀、李兆洛二款。儀不知何如人。李兆洛有二，一官元和知縣，一常州人，舉進士，世所稱紳琦先生是也。流轉所自，莫知其由。許初姓名不載志乘。按：辛亥爲嘉靖三十九年，先一年福唐相公請皇太子講學不報，是年給事中朱一桂、御史徐兆魁等疏東林爲黨人，東林講學之禍漸蘗於此。初之所書，其爲有心者與，抑足見一時風氣之所尚也，抑余有忱焉。吳中以書名重當世者，後人得寸縑尺幅，獲若拱璧。而此卷僅出於蠻煙瘴雨中，至求其人之本末不可得，豈非一藝之成亦有幸不幸之數存其間哉？郭君寶之，不獨州使君手澤存也。

元和朱緩跋，時在丁丑冬仲。（前鈐"遺硯樓"印，後鈐"仲環""別字酉生"印）

卷尾楊大中墨筆題：

嘉慶戊寅初夏邗江楊大中觀。（後鈐"楊大中印"印）

卷尾崔錫華墨筆題：

按《明史》，嘉靖辛亥乃三十年，非三十九年也。今更四辛亥矣，吳中諸名人手蹟化爲煙雲者不知凡幾，是卷猶不脛而走千里，臨風展玩，精光奕奕，未嘗不想見其人也，又奚必詳其本末耶？嘉慶戊寅春仲宜興崔錫華識。（後鈐"亦園""崔印錫華"印）

卷尾張澹墨筆題：

有明中葉吾吳文采之盛甲天下，衡山、京兆而外雅宜、百穀後先輝映，片紙隻字珍若琥璜。太微許公寔生其間，書名爲文、祝所揜，世尟知者，然名著復社，大節昭然，固不待區區一藝以增重其人也。是卷爲仁和郭仙舟先生倅貞豐州時所得，紙素完好，古香盎然，運筆之妙不可思議，其結構茂密處大侶衡山。至如天骨森張，虛和圓勁，較之雅宜山人則有過之無不及矣。夫以太微公人品學術已足垂諸不朽，矧負絕藝若此，而志乘失載，何耶？抑予更有嘅焉。吾吳文、祝諸名蹟雲教風流存焉，蓋寡是焉獨能自保於蠻煙瘴雨之鄉。俾還舊觀，雖仙舟先生好古情殷，珍護縹篋，物得其主，豈偶然哉？今令子一山少府寶其先澤，重付裝池，揚烈誦芬，可謂善繼其志者矣。少府官兹土，政尚清簡，小民烝烝向化，爲治多暇，延覽文史，即不敏如予，亦被款接，出此見示，並屬一言以識，固辭不獲，謹述其臆見如此。

道光乙酉葭月盛澤里民張澹拜手恭跋。（前鈐"張氏雷丸閣詩文書畫記""文簡語直"印，後鈐"窮民""吳汀張澹""玉溪錦瑟""張春水"印）

卷尾安念祖墨筆題：

郪太微先生書《藝文志》，所以讀史也，不欲以書法見重於天下也。然觀其書法，後人不可幾及，故人知其文藝而相忘其德行矣。

道光丁亥歲清和月錫山東林後人安念祖謹題。（後鈐"小補""臣念祖印"印）

卷尾馬元錦墨筆題：

如對黃庭卷，千行到底工。不爭文祝席，饒有晉唐風。手澤千秋在，因緣萬里遇。世傳精鑒古，真與米家同。

壬辰秋中話雨，一山少府署齋出此卷，囑題，率成，請政。雲槎馬元錦甫稿。（後鈐"吳下阿雲""甲午生"印）

卷尾沈城墨筆題：

頃過鄭酉峰貳尹五茸官齋，出示郭仙舟先生所藏前明許君初手書《藝文志》一卷，竟幅不下千萬字，點畫勁秀，通體豐腴而不俗，非深入奧妙者奚易臻此。一山主簿能守先人所寶貴，重爲裝池，廣徵題詠，於以見世守清芬香名勿替，與夫近之呵殿看花者豈可同日而語哉？自古尤物不泯，物罕見珍。許君此書歷四辛亥得永流傳，不絢耀於五都之市，而得之於蠻煙瘴雨中。所謂詩卷長留者抑亦難矣，即使一草一木亦等球琳，而況翰墨所遺，能不珍同拱璧耶？城少失咕嘩，老大徒傷於考據家學，不敢强作解人，竊喜文字有緣，授讀數四，想見其精神風采畢集毫端，不禁景仰而爲之跋。時在嘉慶戊寅上秋既望仁和沈城書於雲間五薇寓館。（後鈐"血性男子""沈城之印"印）

卷尾周蘭枝墨筆題：

許氏工書法，班家重藝文。蠻煙踰萬里，健筆掃千軍。幾度風霜劫，長當翰墨勳。吳門郭主簿，先澤永清芬。

戊寅秋日武原周蘭枝題。（後鈐"萊峰"印）

卷尾鄭祖經墨筆題：

瑶臺朗月，穆若清風。垂三百年，列酉山叢。顏筋柳骨，百節玲瓏。牂牁煙雨，韜晦鴻濛。細髮巨眼，蔽以紗籠。授諸令子，手澤融融。秦琮漢璧，得以加崇。高山流水，逸響潛通。

歸安鄭祖經題於雲間官寓。（後鈐"酉峰"印）

卷尾李沅墨筆題：

班氏善著書，許氏工作字。遥遥千百年，字與書並異。什襲天地間，輾轉悲棄置。嗟嗟棄置復何言，從來尤物偏遭忌。深入蠻煙瘴雨鄉，飄零片紙誰留意。忽聞傳頌長官賢，武林文堅黔陽吏。監州劈蟹有餘閒，墨寶搜羅療心醉。萬里新添文字緣，

壹編珍比瑚璉器。廿載曾經老眼看，摩挲手澤遺賢嗣。賢嗣鄭重付裝池，錦囊玉軸彰先志。爲言飄泊壹官身，惟將此卷壯行笥。嗚呼噫嘻！物得其主真快哉，讀志摹書過數回。

己卯秋九甬上李沉題。（後鈐“李沉之印”）

卷尾秋家丞墨筆題：

前朝復社溯名賢，手澤遷流未化煙。有道先生精賞鑒，又從文字結因緣。萬里歸來歷幾春，開緘猶是舊精神。范馨遺硯洪兒紙，珍重琅玕付替人。

山陰秋家丞拜題。（後鈐“秋印家丞”印）

卷尾繡石道人墨筆題：

不愁腕脱幾經年，坐榻何妨穿復穿。如此登峰真造極，令人展卷儘流連。物各聚於人所好，相投萬里豈無緣。先生自是真賞識，薛下相逢三百年。

婁東繡石道人題。（後鈐“繡石氏”“稼生之章”印）

卷尾胡蘭墨筆題：

字字精神，筆筆結構。入山陰室，俊逸而秀。改肥爲瘦，化直爲皺。細若繩頭，筆力深透。展卷清芬，襲我襟袖。藝文成林，與之俱壽。

道光乙酉五月望日婁江胡蘭題於吳門寫十三經之室。（後鈐“孟香”“胡蘭之印”印）

卷尾周右墨筆題：

余愧不能書，而性極嗜書，凡遇古今石刻墨蹟，莫不珍愛。前明許少微先生書法，曾於近刻尺牘中得見其行草數十字，超逸絕倫，惜未得窺全豹。戊子九秋，郭一山嫺六兄持其尊甫仙舟親家大人所藏是卷見示，洋洋大觀，美不勝言。玩其用筆，以右軍、黃庭堅爲法。卷中計五千七百餘字，無一草率，精神貫注若此，今人不逮也。

古之論書者兼論其平生，許公初生明季復社之時，能絜身遯世，其明哲高隱足尚矣。一山當世保之，余得結一重翰墨緣爲幸，爰書數語以誌歲月。道光己丑新正人日寄盫周右識。（後鈐“周右”印）

卷尾畢熙曾墨筆題：

筆陳縱橫翰墨場，有明書瀍數高陽。揮來鳸鳳翔鸞態，得自蠻花榼鳥鄉。一瓣心香追稧帖，百年手澤秘巾箱。而今永作傳家寶，什襲應須玳瑁裝。

是卷爲郭仙舟先生官黔時所得，筆墨超妙，不待余言。先生解組歸田後旋捐館舍，今去先生之殂已久，喆嗣一山重付裝池，徧徵題詠，可謂善保先澤者矣。回憶我先君當日收藏甲於江左，棄養三十載，愚兄弟不克保守，百無一存，展閲是卷，彌增愧惡。

道光十一年春三月鎮洋畢熙曾拜觀於連理玉蘭堂子鎦珍長慶侍。（前鈐“神游心賞”印，後鈐“水竹”“熙曾之印”印）

卷尾陸宗泰墨筆題：

天下可寶之物皆天下可傳之物也，而唯得其所傳乃不失爲寶。何則？古之善書者當其心有所感，興有所觸。借古人之文章發一己之筆墨，其深思繫焉，固必有磅礡鬱積之氣、秀勁精悍之神奕奕於毫楮間。雖淪落於瘴雨蠻煙，曠隔於來今往古，而其神靈必有憑以俟識者之見而知之者，而惡乎不傳。然而傳之不得其人，譬猶以石詘玉、以璣擬珠是。即禹鼎湯盤，亦且有交臂失之者，況乎書之爲寶風霜易蝕、蟲蠹易毀乎哉，而又惡乎傳？

一山先生官於吾婁，與余結賓主緣，出其尊甫所傳是卷示余，囑跋其尾。余觀縹緗巾軸，彩極裝池。細閲其書，如初寫黄庭，不可思議，喟然曰：此寶也，而何幸得其所傳也？因衍其説如右。時道光辛卯寎月望日婁東陸宗泰謹跋。（後鈐“爕堂”“臣宗泰印”印）

卷尾王寶仁墨筆題：

秋雨初霽，庭桂風生，一山少府使來，以尊甫仙舟先生所遺吾郡許太微書班史藝文志屬題，乃先生官黔時所得者。按郡志藝術傳，許初字復初，以貢授教職，書法師二王，尤工篆籀，擢南京太僕寺主簿，遷漢陽府通判。殆即其人，太微蓋其外號。此卷題識幾徧，都謂太微名不甚著，偶稽郡志，其本末約略可見，因以復之少府。至其書法雋雅，故足名家，則諸君言之已詳云。道光癸巳仲秋七日太倉王寶仁拜跋。（後鈐"研雲""寶仁私印"印）

卷尾鄭壽彭墨筆題：

一山少府蒞盛湖之三月，民懷德化，政理刑清，暇時集諸文士酌酒論古，倏然有崔丞哦松之致，因出此卷見示，蓋尊甫仙舟先生佐治貞豐州時所得物也。余惟先生好古情殷，鑒賞所及，俾昔賢遺墨不致湮沒於蠻煙瘴雨之鄉。今少府又重加潢治，廣徵題詠，傳爲家寶，故真能珍護手澤永清芬於勿替矣。將見舉家學以成爲治譜者，惠清覃敷，循聲疊著，又豈僅區區盛湖之一隅哉？展玩之，次爲綴數語於卷尾。至於書法之源流、人品時事之本末，諸名人題詠已具詳之，故不復贅。時在丙戌孟春雨水節前一日。吳江鄭壽彭謹識。（後鈐"壽彭"印）

卷尾顧晞元墨筆題：

癸辛街畔家還在，丁卯橋邊姓僅傳。堪嘆才人經小劫，祇餘老輩話當年。輕裝萬里琳瑯富，真本千秋翰墨緣。多少雲煙過眼杳，搜羅誰似使君賢。

一山先生出示斯卷題請，大雅教正。癸巳秋日顧晞元呈本。（後鈐"晞元印信"印）

卷尾錢襄墨筆題：

往余在新安見胡古春家藏手卷，題曰許王合璧。王爲雅宜，許即太微。王書《秋興》八首，許書《陋室銘》一篇，皆草書，字徑二寸。雅宜書刻觀復堂六大家帖，而許書顧罕見有石本，豈流傳者尠耶？茲其所書藝文志，遒勁秀逸，較《陋室銘》

似更過之。一山先生承先人之志，寶若拱璧，洵可謂物得其主矣。他日者壽以貞珉公諸同好，則所以嘉惠後學，當更非淺鮮也，因識數行以爲息懷。時癸巳秋日太倉錢襄。（後鈐"叔雲所題""襄印"印）

卷尾包巽權墨筆題：

余與一山仁弟別十餘年矣，今年秋相遇於武林，出此見示，乃尊人仙舟先生倅貞豐時所得。許太微名不甚著，觀其用筆，酷似衡山，純任自然，動合楷法，蓋其胸次高潔，落筆自無庸俗氣，不獨不求其名之著，並不求其書之工。古人學以爲己，不求人知，大率類此。仙舟先生獨能相賞於筆墨之外，一山又能承先志而寶之，其皆非狗名者與。道光戊子秋七月錢唐包巽權書。（後鈐"擲虛齋印"印）

卷尾楊書績墨筆題：

昔人有云，得古人法書三數行盡心臨仿便可名家，足知前人所傳不可忽也。余性喜習書，遇法帖墨蹟，多購藏之。見友人處有善本，輒借觀。劇愛者，每借數逮，不計人之情厭，亦不自解癖好何以如是。仁和郭一山六兄工詩文，兼善書，往逮談論，恰有同好。今秋出此卷，囑跋。長幅細書，幸目力不減三五少年，時托卷終覽，竊嘆前人之不可及。向來縑墨真東塗西抹也，顏平原嘗患其書不傳，許先生當日倘亦有此想否。今郭氏重之，以先人手澤所存，其保愛無傷爲何如傳且不朽，許先生有知，當亦忻然。

道光壬寅中秋後四日鐵嶺楊書蹟跋，時年六十有九。（前鈐"味閒山房"印，後鈐"鐵嶺氏""書績"印）

卷尾楊喜格墨筆題：

郭一山丈既屬家君跋許太微先生藝文志卷子，顧余侍側，亦命贊辭，皇恐謝曰：是卷爲前輩先生所作，兼有諸名公題詠，且家君已署名於紙尾，後學小子曷敢僭妄取戾。一山丈固命不已，家君亦顧謂謹筆以竢教。既不獲辭，乃言曰：唐裴行儉有

言士先器識而後文藝，文藝固已士之末務也。乃今所謂士者本行不修心，急仕進，以功令，用時文取士，專攻治之，而又不高著眼以取法，陳陳相因，詞意欲腐，師以是傳，弟子以是習，幾於廢經不讀，何論史傳耶？書法以工整藉口，蠢蠢肥重，舍試策外無所能，未或窺宋人之門户何由躋晉人之堂室哉？文士如此，亦殊可媿。前明大江以南文物甲天下，金、陳諸先生時文各自成家，非熟於經史何由得之文、祝兩先生書法其最著者也。自餘諸公鮮不邁宋歷唐而晉，端莊流麗，可臨可摹。今此卷楷録班史，前輩人學力敦篤可證而信，令人欽仰靡涯。余賦性魯鈍，文字不克敏悟，妄思自拔於流俗之中而卒緩步於時俊之後，愧悔無似。兹奉命秉筆，爰敢盡言。倘許援侍坐言志之例，則罪責有所逭矣，幸甚幸甚。

　　楊喜格呈稿。（前鈐 "杏花山" 印，後鈐 "竹所主人" "仲陶" "喜格" 印）

深笑人更三聖世歷三古及秦燔書而易為卜筮之事傳者不絕漢

興田何傳之迄于宣元有施孟梁邱京氏列於學官而民間有費高

二家之說劉向以中古文易經校施孟邱經或脫去無咎悔亡惟

費氏經興古文同

凡書九家四百一十二篇易曰河出圖雒出書聖人則之故書之

所起遠笑至孔子纂焉上斷於堯下訖於秦凡百篇而為之序

言其作意秦燔書禁學濟南伏生獨壁藏之漢興亡失求得

二十九篇以教齊魯之間訖孝宣世有歐陽大小夏侯氏立於學官

古文尚書者出孔子壁中武帝末魯共王壞孔子宅欲以廣其宮

而得古文尚書及禮記論語孝經凡數十篇皆古字也共王往入

其宅聞鼓琴瑟鍾磬之音於是懼乃止不壞孔安國者孔子後也

悉得其書以考二十九篇得多十六篇安國獻之遭巫蠱事未列

於學官劉向以中古文校歐陽大小夏侯三家經文酒誥脫簡一

字文字異者七百有餘脫字數十書者古之骺令於眾其言不

語脫簡二率簡二十五字者脫亦二十五字簡二十二字者脫亦二十二

立具則聽受施行者弗曉古文讀應爾雅故解古今語而可知也

凡詩六家四百一十六卷書曰詩言志哥詠言故哀樂之心感

而哥詠之聲發謂其言謂之詩詠其聲謂之哥故有采

詩之官王者所以觀風俗知得失自考正也孔子純取周詩上

藝文志

昔仲尼歿而微言絕七十子喪而大義乖故春秋分為五詩分為

四易有數家之傳戰國縱衡真偽分爭諸子之言紛然殽亂

至秦患之乃燔滅文章以愚黔首漢興改秦之敗大收篇籍廣

開獻書之路迄孝武世書缺簡脫禮壞樂崩聖上喟然而稱曰

朕甚閔焉於是建藏書之策置寫書之官下及諸子傳說皆

充秘府至成帝時以書頗散亡使謁者陳農求遺書於天下

詔光祿大夫劉向校經傳諸子詩賦步兵校尉任宏校兵書

太史令尹咸校數術侍醫李柱國校方技每一書已向輒條

其篇目撮其指意錄而奏之會向卒哀帝復使向子侍中

奉車都尉歆卒父業歆於是總群書而奏其七略故有

輯略有六藝略有諸子略有詩賦略有兵書略有術數略有

方技略今刪其要以備篇籍

凡易十三家二百九十四篇易曰宓戲氏仰觀象於天俯觀

於地觀鳥獸之文與地之宜近取諸身遠取諸物於是始作八

卦以通神明之德以類萬物之情至於殷周之際紂在上位逆

天暴物人主人者其頑神而行道天人之左可尋而動作是重易

之於平及失其宜者以熱益熱以寒增寒精氣內傷不見于外是所獨

失也故諺曰有病不治常得中醫

右房中八家百八十六卷房中者性情之極至道之際是以聖王制

外樂以禁內情而為之節文傳曰先王之作樂所以節百事也樂

而有節則和平壽考及迷者弗顧以生疾而隕性命

右神僊十家二百五卷神僊者所以保性命之真而遊於其外者

聊以盪意平心同死生之域而無怵惕於胸中然而或者專以為

務則誕欺怪迂之文彌以益多非聖王之所以教也孔子曰索隱

行怪後世有述焉吾不為之矣

大古有岐伯俞拊中世有扁鵲秦和蓋論病以及國原診以知

凡方技三十六家八百六十八卷方伎者皆生生之具王官之一守也

政漢興有倉公今其技術晻昧故論其書以序方技為四種

大凡書六略三十八種五百九十六家萬三千二百六十九卷

嘉靖辛亥吳人許初書

嘉慶丙寅十月自秀州歸觀於餘力學文之室嘗儀

李兆洛所藏以贈張瑸謹記於尾以誌琭重

右雜占十八家三百十三卷雜占者紀百事之象候善惡之徵易曰占

事知來眾占非人一而夢為大故周有其官而詩載熊羆虺蛇眾魚旟

之夢著明大人之占以考吉凶蓋參卜筮春秋之說也訛曰人之所惡其

氣炎以取之訛由人興也人失常則訛興人無釁焉為訛不自作故曰德勝

不祥義厥不惠桑穀共生大戊以興雉雊登鼎武丁為宗然惑者不稽諸

躬而忘訛之見是以詩刺召彼故老訊之占夢傷其舍本來末不能勝妖也

右形法六家百二十二卷形法者大舉九州之勢以立城郭室舍形人及六畜骨法

之度數器物之形容以求其聲氣貴賤吉凶猶律有長短而各徵其聲非

有鬼神數自然也然形與氣相首尾亦有三其形而無其氣有其氣而無

其形此精微之獨異也

凡數術百九十家二千五百二十八卷數術者皆明堂羲和史卜之職也

官之廢久矣其書既不能其難有其書而無其人易曰苟非其人道

不虛行春秋時魯有梓慎鄭有裨竈晉有卜偃宋有子韋六國時

楚有甘公魏有石申夫漢有唐都庶得麤觕蓋有因而成易　無因而成

難故因舊書以序數術為六種

右醫經七家二百十六卷醫經者原人血脈經絡骨髓陰陽表裡以起百病之

本死生之分而用度箴石湯火所施調百藥齊和之所宜至齊之得猶慈

石取鐵以物相使拙者失理以瘉為劇以死為生

鉅眼従推鑒賞真物歸有主證前因
六千里外緣偏遇三百年來跡已陳
直與鍾王傳楷法佇將文沈論丰神
先賢遺墨先人澤錦軸琅函世永珍
甲辰乞巧日姚江方來拜稿

跋涉一萬里因緣三百年湖山殘歸約

風雨訂殘編手澤應如舊斯人点已傳

趨庭懷槧訓遊藝念前賢前賢不可作

對此心悠悠豈意蠻煙外還將賸墨妝

持盃生感慨遺韻見風流回首西泠路

曰楊悲暮秋

此外父郭仙舟先生藏物也先生錢唐人

官于黟縣獲此卷時加珍賞解組歸以疾卒

妻弟一山服闋後需次吳門重付裝池

屬為題跋憶嘻天壤寥廓古今遞嬗筆

墨所留忽成陳迹況瘴雨蠻煙飄零片紙

苟非識者鮮弗霰韶文字因緣詢有風

契今外父墓木拱矣而一山深藏保護

逾於他物重前人之遺蹟正以永先人之

手澤也 嘉慶丁丑九秋望日也娛朱緒謹識

君吳人許初書班史藝文志一卷嘉靖丁丑
錢唐謚主簿一山推乃以示予盖尊甫儼舟
先生停貞豊州時所得也卷末有曹儀李
兆洛二跋儀不知何如人李兆洛有二一官元
和知武一常州人舉進士世所稱紳時先生
是也流轉而自莫知其由許初姓名不載志
乘搜辛亥爲嘉靖三十九年先一年禍唐
相公諸皇太子請學不報是年給事中朱一桂
御史徐兆魁等疏東林爲黨人東林諱學
之既漸叢於此初之所書其爲有心亥与抑
呉見可風氣之所尚也抑余肯悦焉吳中以书
名重尚世志後人怀寸硬尺幅護若拱壁而此
卷僅生於窗帷瘴烟雨中至求其人之本末不
可以豈非一藝之成亦肯幸不幸之數在其·
间武郭君室之不獨州倓君手澤存也

元和朱□□跋 旹在丁丑冬仲

嘉慶戊寅初夏邗江楊大中觀

按明史嘉靖辛亥乃三十年非

三十九年也今更四辛亥矣吳中

諸名人手蹟化為煙雲者不知凡幾

是卷獨不脛而走千里臨風展玩

精光奕奕未嘗不想見其人也又矣

必詳其本末耶

嘉慶戊寅春仲宜興崔錫華識

焉蓋寡是馬獨能自保於蠻烟瘴雨
之鄉俾還舊觀雖　仙舟先生好古
情殷珍護纂篤物得其主豈偶然哉
今　之子　一山少府寶此先澤重付
裝池揚烈誦芬可謂善繼其志者矣
少府官茲土政尚清簡小民熙熙向化為
治匈眍延覽文史即不敏如予亦被數接
出此見示並屬一言以識固辭不獲謹
述其聽見如此
　　道光乙酉朣月盛澤里民張澷拜手恭跋

有明中葉吾吳文采之盛甲天下衡山京
兆而外雅宜百穀遞先輝暎作紙隻字
珍若璠璜太微許公寔生其間書名
為父祝所撝世勦知若然名著復社大
節昭然固不待區々一藝以增重其人
也是卷為仁和　郭仙舟先生倖貞
豐州時所得紙素完好古香盎然
運筆之妙不可思議其結構茂密宴
大但衡山至必天骨森張虚和圓勁較
之雅宜山人則有過之無不及矣夫以
太微公人品學術已足垂諸不朽矧貞
絕藝若此而志乘失載何耶抑予更

森青徽先生書類文志邸
乙讀其不徽乙書法見
東方天下也觀其書眾
後人不可發有故人和其
文類亦相昆其德於异

道光丁亥歲清咏月錫山東林後人安念祖謹題

如對黃庭卷子行到底工不爭文祝
席饒有晋唐風手澤千秋在因緣茌
里望世傳摺鑒古真与未家同
　　壬辰秋卯話雨
一山少府署齋此卷屬題率成詩
　　雲樵馬元錦甫稿

項過鄭酉峰貳尹五茸官癖出
示郭仙舟先生所藏前明許君初
手書藝文志一卷竟幅不下千萬字
點畫勁秀遒體豐腴而不俗非深
於以見世字清芬香名句替興夫近之
入奧妙者美易臻此一山主簿能守
先人所寶貴重為裝池廣徵題詠
呵殿看花者豈可同日而語哉自古九
物不派物罕見珍許君山書歷四年
亥浮永流傳不絢耀於五都之市而
得之於窀烟嶂雨中所謂詩卷長留
者柳三難矣即使一草一木之等珠琳
而沈翰墨遺能不珍同拱壁即城
少夫帖峤若大徒傷於耆擂家學不
敢強作解人竊喜文字有緣授讀數
四題見其精神風采畢集毫端不禁
景仰而為之跋時在嘉慶戊寅上秋院
望仁和沈城書於雲間五徵寓館

許氏工書法班家重蓺父彎煙
翰苑里健筆掃千軍氣度風
霜劫去向翰墨勳吳門郎立簿
氣澤永清芬

戊寅秋日　武原周蘭枝題

瑤臺朗月穆芳清風垂三百年列蕭山叢頏筋
柳骨百端玲瓏牌柯煙雨韞晦鴻濛細茂巨眼藏
以紗籠授諸兒子手澤融融秦琮漢璧曰以加崇

高山流水逸響潛通

歸安鄭祖經題於雲潤官寓

見紙珍重琅玕付替人
　山陰秋家承和題

緘猶是舊精神范馨遺硯洪
結因緣萬里歸來歷幾春開
煙有道先生精賞鑒又得文字
前朝復社湖名賢手澤遺流未化

己丑秋九
甬上李沈題

十班氏譱著書許氏工作字遠二
百年字與書並黑什薜天
間輾從雨頌州醉于錦心監偉蹇言地二
轉來悲長蠻遺玉囊錦心孤監傳何坦
遺將此彰嗣添文間林經新垣
真軸賢先曾字重置編羅陽閏夔
怏此壯志嗣經寶眼臺付餘庵搜黔意
狄行為鄭老緣言重眼臺編羅陽忍蠻
讀苟言鳴瓶付箔編羅珍瘝夫聞坦
志嗚謔泊裝摩珍瘝夫聞坦莫喜

書噫臺池學几心監傳蹇言間十
遙嘻官錦于瑚醉州頌雨從轉
數物耳囊澤建蠻劈長鄉來悲
四得惟玉遣器里賢縣物偏零
其將軸賢廿新有遺添間遣嗟
主真彰先曾文嗣經字墨留深二
怏狄此壯嗣經實眼臺搜黔意遠
狄讀為苟言重眼臺付箔編羅陽忍垣
志嗚謔泊裝摩珍瘝夫聞坦莫

不慈脱脱鬖鬖經年坐榻何妨穿護穿
如此登峰真造極令人展卷儘流連
物苟聚於人昕好相投萬里豈無緣
先生自是真賞後薛下相逢三百年
　安東繡石道人題

字字精神筆筆結構入山陰
室俊逸而秀政肥為癯任直
為致細若錐頭筆力深透展
卷清芬龔我襟神藏文成
林與之俱壽
道光乙酉五月望日妻江胡蘭題
於吳門寓十三經之室

余愧不能書而性極嗜書凡遇古今石刻墨蹟莫不珍愛前明許少
微先生書法曾作近刻尺牘中得見其行草數十字超逸絶倫
惜未得窺全豹戊午九秋⋯耶一山婣六兄持其
大人所藏是卷見示洋洋大觀美不勝言玩其用筆以右軍黃庭
經為法卷中計五千七百餘字無一筆卒精神貫注若此之人不
遠也古之論書者莫論其平生許公和生明季渡社之時能縈身
游世其明哲高隱呈南笑一山當世保之余得緒之重搨墨緣先辜
爰書數語以誌藏月　道光乙丑新正八日寄盫周右識

筆陳縱橫翰墨場有明書壇數高陽
揮來齋鳳翔鸞態得自蜜花爐鄉
一瓣心香追禊帖百年辛澤祕巾箱而
今永作傳家寶什襲應須玟瑁裝
是卷為　郭仙舟先生宦黔時所得
筆墨超妙不待余言先生解組歸
田後旋捐館舍今去先生多殉已久
喆嗣一山重付裝池徧徵題咏可謂善
保先澤者矣回憶我先君當日收藏
甲於江左棄養三十載悤兒不克
保守百無一存展閱是卷彌增愧恧
道光十一年春三月鎮洋畢熙曾拜
觀於璉理玉蘭堂　長慶侄孫子鍾珎

天下可寶之物皆天下可傳之物也而唯得其所傳乃不失為
寶何則古之善書者當其心有所感興有所觸借古人之文章
發一己之筆墨其深思繫焉固必有磅礡鬱積之氣秀勁精悍
之神奕奕於毫楮間雖淪落於瘴雨蠻煙曠隔於來今往古而
其神靈必有凭以俟識者之見而知之者而惡乎不傳然而傳之
不得其人譬猶以石䃜玉以璣擬珠是即禹鼎湯盤六且有交臂
失之者况乎書之為寶風霜易蝕蟲蠹易毀乎弍而又惡乎傳
一山先生官於吾妻與余結賓主緣出其　尊甫所傳是
卷示余囑跋其尾余觀縹緗巾軸彩極裝池細閱其書如初寫
黃庭不可思議喟然曰此寶也而何幸得其所傳也回衍其說
如右皆道光辛卯病月望日妻東陸宗泰謹跋

秋雨初霽庭桂風生　一山ナ府使来以尊甫仙舟
先生所遺吾郡許太微書班史藝文志屬題乃先
生官黟時所得者按郡志藝術傳許衜字復初
以貢授教職書法師二王九工篆擢攉南京太
僕寺主簿遷漢陽府通判殆即其人太微蓋其
外號以卷題識氏備都謂太微名不甚著偶稽
郡志其本末約略可見因以復之少府至其書清
雋雅故呈名家則諸君言之已詳云道光癸巳
仲秋七日太倉王寶仁拜跋

一山少府茲戚湖之三月民懷德化政理刑清
暇時集法又士酬唱論古緒然有崔亞戰於之致
固世卷見示蓋尊甫仙舟先生佑治貞豐嘯鳴
所得物也余惟先生好古情殷鑒賞費所及俾普
賢遺墨之歿湮沒於靈煙瘴兩之鄉乞少府又
雲水漱治廣溆題咏得為家寶彭真雄珠
護手澤永清芳句替見字家芬以成
考治譜者鱼清章敷循攀書者又堂僅區
或湖之碍裁展玩之次為緻熬源於參展
並指書法之源涂人此時事之本末諸名人
題咏已具詳之都不没贅時在丙戌面事
兩水節前一日

吳江鄭壽彭謹識

癸辛街畔家還在丁邬橋邊姓僅傳堪

嘆才人經小刼祇餘老輩話當年輕裝

萬里琳瑯富真本千秋翰墨緣多少雲

煙過眼者搜羅誰似使君賢

一山先生出示斯卷題請

大雅教正癸巳秋日顧瞚元呈本

程余立新安見胡古春家藏手卷颎曰許玉合璧王為雅宣

詩兩本徽王書林與八字許書硯宝銘一為州書字徑二寸雅

宜書刻觀滄坐六大家帖而許書形罕见有石希望流傳者鈔

即希其丽書蓺文志道兩秀逸教硯宝銘似更過之一山先生

承先人之志寶爲拱璧洵可謂物得其主矣他日者壽以貞珉

以諸同好則所以嘉惠後學當更非淺鮮也曰諺教夕以将息

懷當癸巳秋日太倉錢襄

余與一山仁弟別十餘年矣今年
秋相遇於武林出此見示乃尊人仙
舟先生倅貞豐時所得許太徵名
不甚著觀其用筆酷似衡山純任自
然動合楷法蓋其胷次高潔故其筆
自無庸俗氣不獨不求其名之著并
不求其書之工古人學以為己不求人
知大率類此仙舟先生獨能相賞于
筆墨之外一山又能承先志而寶之
其皆非狗名者與道光戊子秋七月
錢唐包栞權書

昔人有云得古人法書三數行畫心臨仿
便可名家至知前人所得不可忘也余性喜
弄書遇法帖墨蹟多購藏之見友人豪
有善本輒借觀剔雲者每借數重不計
人之情歡去不自知癖好何以如是仁和郭
山夫先生詩文善書注邑漢論怡有同好
今秋出此卷囑跋長幅細書率目力不
減三五少年時托卷終覽窗嘆前人
之不可及向來縑墨真東埜西抹也顏平
原常農墨書不傳許先生當日偽公有此
想吾它郭氏童以　先人手澤硯存垂儌
臺無傷乎何如傳遠不朽許先生有知
當之忻然
道光壬寅中秋後四日鎮嶺楊書　時年七十有九

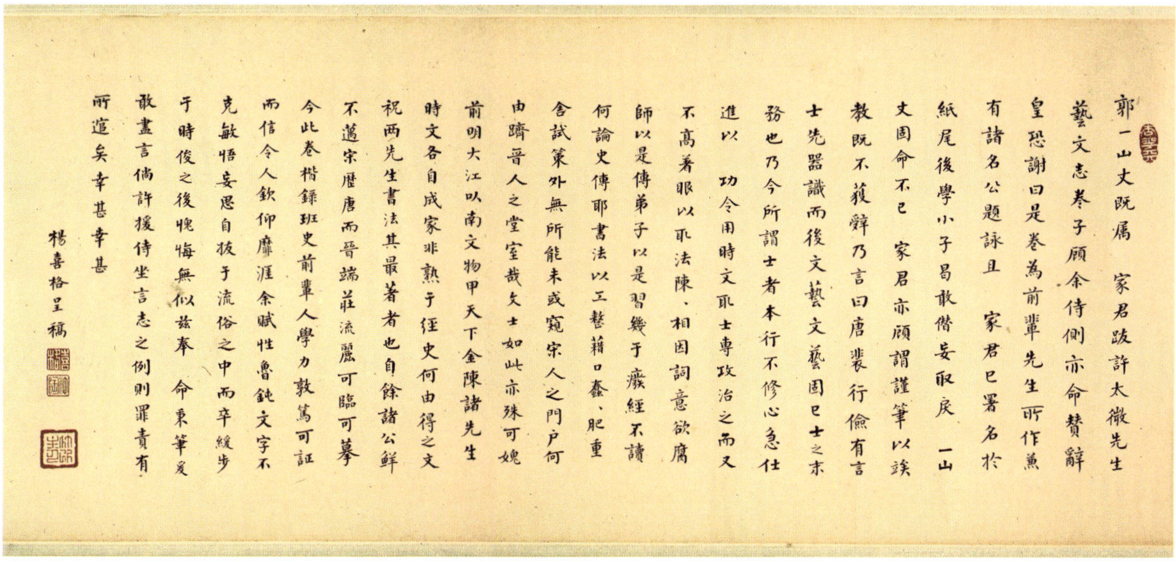
郭一山丈既屬　家君跋許太徽先生
藝文志卷子顧余侍側亦命贊辭
皇恐謝曰是卷爲前輩先生所作兼
有諸名公題詠且　家君已署名於
紙尾後學小子曷敢僭妄取戾　一山
丈固命不已　家君亦顧謂謹筆以誒
教既不獲辭乃言曰唐裴行儉有言
士先器識而後文藝文藝固已士之末
務也乃今所謂士者本行不修心急仕
進以　功令用時文取士專攻治之而又
不高着眼以取法陳、相因詞意欲腐
師以是傳弟子以是習幾于癈經不讀
何論史傳耶書法以工整籍口蠢、肥重
舍試策外無所能未或窺宋人之門户何
由躋晉人之堂室哉文士如此亦殊可媿
前明大江以南文物甲天下金陳諸先生
時文各自成家非熟于經史何由得之文
祝兩先生書法其最著者也自餘諸公鮮
不邁宋歷唐而晉端莊流麗可臨可摹
今此卷楷録班史前輩人學力敦篤可証
而信令人欽仰靡涯余賦性魯鈍文字不
克敏悟妄思自拔于流俗之中而卒緩步
于時俊之後愧悔無似茲奉　命秉筆爰
敢盡言倘許援侍坐言志之例則罪責有
所逭矣幸甚幸甚

楊喜格呈稿

00040 隋經籍志考證十三卷 （清）章宗源撰 清抄本 清孫詒

讓校並跋 清傅以禮校 李濟鏘跋

國家名録號 11569，館藏索書號善 002198

　　框高 19.5 厘米，寬 11.8 厘米，半葉十行，行二十二字，小字雙行同，白口，左右雙邊，雙對黑魚尾。內容僅史部，共十三部分，每部分前都標有題名、著者。鈐有“仲容手校”“曾藏賀揚靈家”“培心收藏”“賀揚靈”“天目政僧”“余越園讀書記”等印。

　　六冊

書尾孫詒讓墨筆題：

　　癸卯冬假鎦恭父同年所得章氏手稿本校一過。孫詒讓記。（後鈐“仲頌”印）

書尾李濟鏘墨筆題：

　　昔菦客公嘗稱此志疏證爲逢之一生精力所粹，錢警石曾鈔得其史部一冊，不知人間尚有此書否（《孟學齋日記》乙集上）。後湖北崇文書局於光緒三年梓行，據此相校，則刻本譌脱，此承其誤。所異者鄂本分爲十三卷，此不分卷耳。乃知此鈔固非警石之書，而或爲崇文底本，或爲同一書鈔所自出，但此本則由孫仲容氏據章氏手稿以校定，並旁考異同，可與章氏相參證。繼孫氏收藏者爲其鄉傅節子氏華延年室，笥藏固豐，校讀又勤，其爲孫氏所漏略者復加以補充，完善之處且駕章氏稿本而過之，洵可貴也。近傅氏後人出以易米，校讀一過，爲綴數言。二十四年七月李濟鏘謹識。（後鈐“李濟鏘”印）

隋經籍志考證　　　　　會稽章宗源撰

史部

正史

史記一百三十卷　目録一卷　漢中書令司馬遷撰 按中書當作太史

今存 漢書藝文志作百三十篇

史記八十卷　宋南中郎外兵參軍裴駰注 崇文總目二百三十卷 讀書志同惟通志作 陳振孫

今本一百三十卷非裴駰氏之舊陳振孫所見已然。

史記音義一卷　後漢延篤撰　不著録

史記音隱五卷　不著録

引由孫仲容氏攜手稟氏手稟以校字並旁改異同可與乎

氏相參證從孫氏收藏者為吾鄉傅氏⋯⋯氏兼延筆宦守

藏圖重校讀又勤其為孫氏所備異与復加以補充完善

三慶且駕丰氏彙丰而通之洵于貴也近傅氏後人出以

易來校讀一遍為緻数言

三五年七月李⋯⋯謹識

箇 純客亦嘗稱此志疏證為逸之一生精力所粹錢警石亦劭

得其史部一冊不知人間尚有此書屁記乙集上俊游北棠文書
論乙集日後游
脱

局於光緒三年梓行攄此相校引刻字譌字此承其誤

癸酉冬阮鐺若父同事所得賈人之手棠本
校一過 孫詒讓記

00041 明史地理志稿不分卷 （清）萬斯同撰 清萬氏家抄本
馮貞群跋
國家名録號 11574，館藏索書號善 001759

開本高 26.6 厘米，寬 17.9 厘米，無版框，半葉九行，行二十字，小字雙行同。鈐有"貞一父""吾存寧可食吾肉吾亡寧可發吾椁子子孫孫永無鬻熟此直可供饘粥"等印。

四册

册 1 襯葉馮貞群墨筆題：

鄞萬季野先生斯同《明史地理志稿》四册，其文與橫雲山人《明史稿》微有異同。册尚有藏書印，記曰"吾存寧可食吾肉吾亡寧可發吾椁子子孫孫永無鬻熟此直可供饘粥"白文長印。又一朱文方印曰"貞一父"，爲季野伯兄斯年長子言也。言，號管村，明史館纂修，五河縣知縣，世居鄞城西北隅萬家弄。其後園與予水浮榭寓廬夾河相望。園木荒虛，萬氏子孫今微矣。遺書散出，頗有爲予得者。季野《明史列傳稿》藏吾友吳興劉翰怡承幹嘉業堂中，附記之。乙丑六月二十八日黃昏馮貞群。（後鈐"孟顓"印）

天下志地

地理一

四明萬季野著

自黃帝畫野分州唐虞建牧設服沿夏三代訖於唐
宋廢興固革大槩可考而知也元起於漠北滅金七
宋混一中外其疆域之廣為亘古所未有累傳以降
君德不綱羣雄鬨沸明太祖奮起淮甸首定金陵西
滅陳友諒遂靖湖湘東無張士誠克平吳越然後遣
將北伐先取山東無收河南于是進取元都幽都底
定復遣軍四出芟除秦晉訖於嶺海寰後乃蕩平巳
蜀收復滇南禹跡所暨庶幾畫入版圖吳初時改易

鄞萬季野先生斯同明史地理志稿四冊其文與橫雲
山人明史稿微有異同冊尚有藏書印記曰吾存寧可
食吾肉吾亡寧可發吾樎子、孫、永無鬻此直可
供饘粥白文長印曰貞一朱放方印曰貞一父為季野伯兄
斯年長子言也言号管村明史館纂脩五河縣知縣
世居鄞城西北隅萬家弄其浚園與予水淨松寓廬
夫河相望園木荒蕪萬氏子孫今微美遺書散出頗
有焉予浮者季野明史列傳稿藏吾友吳興劉翰
怡承幹嘉業李中枡記之乙丑六月二十八日黃晉馮

貞軍

00042 南渡録五卷 （清）李清撰　清抄本　清傅以禮題款並跋
附清周星詒手札

國家名録號 11615，館藏索書號善 001214

　　框高 19.3 厘米，寬 15.0 厘米，半葉九行，行二十二字，小字雙行同，白口，左右雙邊兼四周雙邊，單黑魚尾。鈐有"玉禾私印""傅氏鈔本""節子辛酉以後所得書""長恩閣藏書""余越園讀書記""曾藏賀揚靈家""賀印揚靈"等印。曾經民國二十五年浙江省文獻展覽會陳列。

　　五册

卷五末葉傅以禮墨筆題：

　　同治戊辰上元日節庵學人手校一過，時客星沙。（後鈐"節庵學人""以禮審定"印）

書尾傅以禮墨筆題：

　　映碧先生《南渡録》五卷，紀弘光一朝事最詳核。當時恐涉嫌諱，未敢鋟版，故至今寫本僅存。書賈因其流傳不廣，另從野史中雜刺福王事蹟編爲上下卷，並割《也是録》舊序弁首，假託是書。自此遂有真贋兩本。今秋爲猶子試事小住虎林，偶從青雲街坊肆獲覷是編。各卷蠹蝕處頗多，且爲水潦所漬，渝敝幾不可展閱。冬初攜入長沙，客居無俚，手自綴緝，浹旬而畢，分裝五册。卷一卷三內缺數翻，俟覓足本補之。丁卯除夕記。（後鈐"節子題識"印）

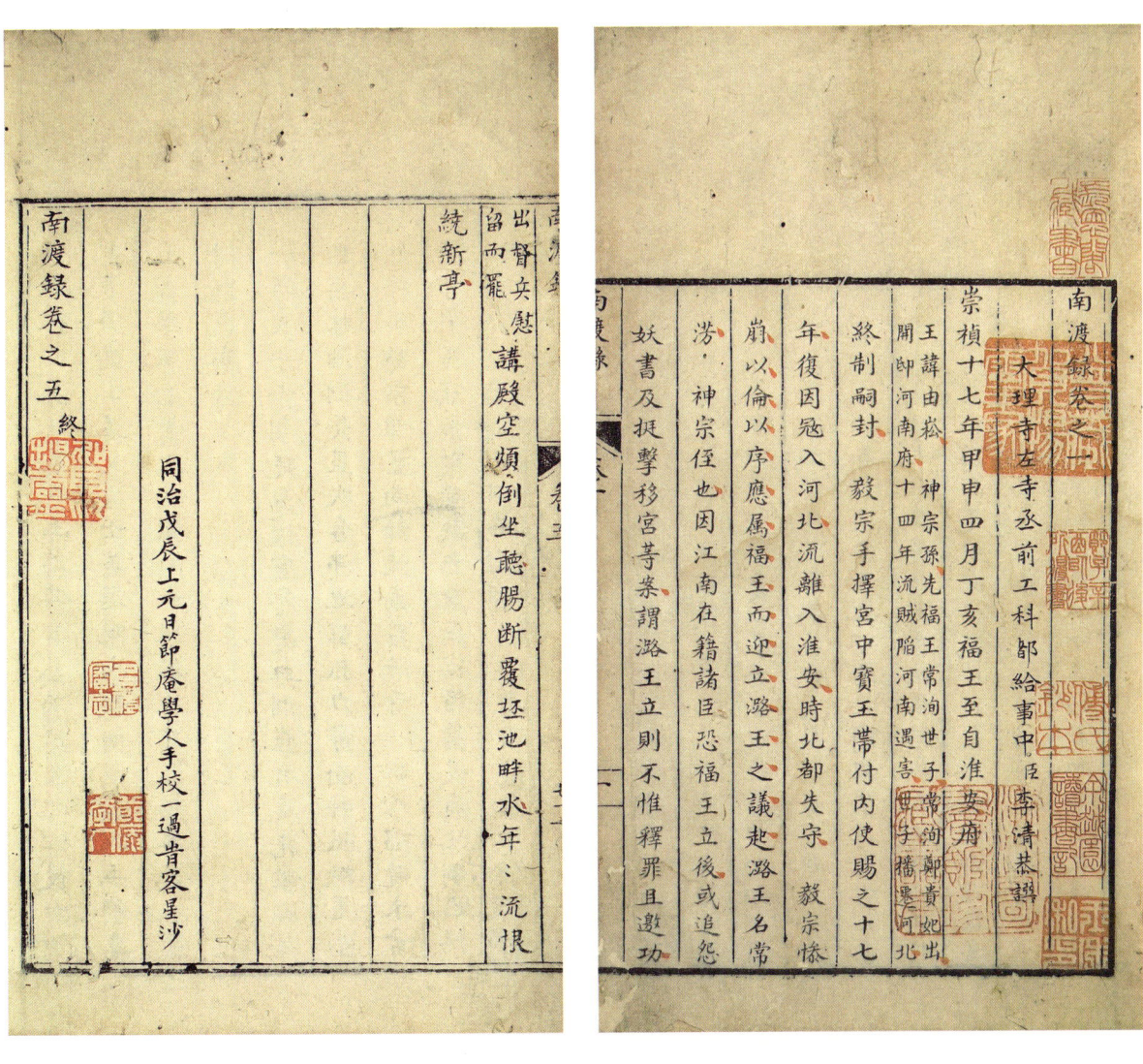

南渡錄卷之一

大理寺左寺丞前工科給事中　臣李清恭譔

崇禎十七年甲申四月丁亥福王至自淮安府

王諱由崧神宗孫先福王常洵世子常洵鄭貴妃出

開邸河南府十四年流賊陷河南遇害世子攜逃河北

終制嗣封毅宗手擇宮中寶玉帶付內使賜之十七

年復因冠入河北流離入淮安時北都失守毅宗愻

崩以倫以序應屬福王而迎立潞王之議起潞王名常

淓神宗姪也因江南在籍諸臣恐福王立後或追怨

妖書及挺擊移宮等案謂潞王立則不惟釋罪且邀功

南渡錄卷之五　終

統新亭

出督兵慰講殿空煩倒坐聽腸斷覆坯池畔水年三流恨

留而罷

同治戊辰上元日節庵學人手校一過肯客星沙

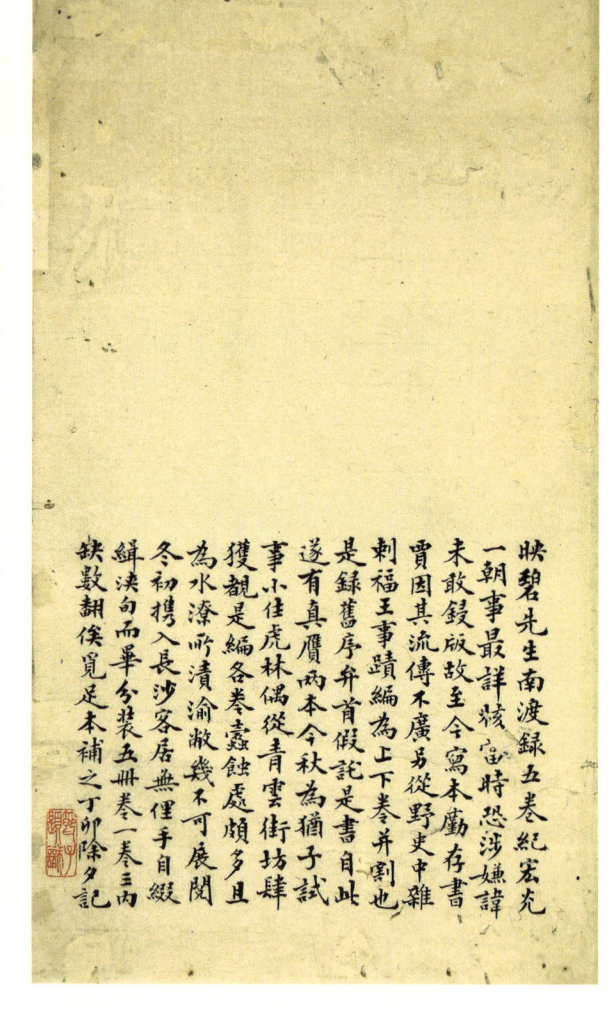

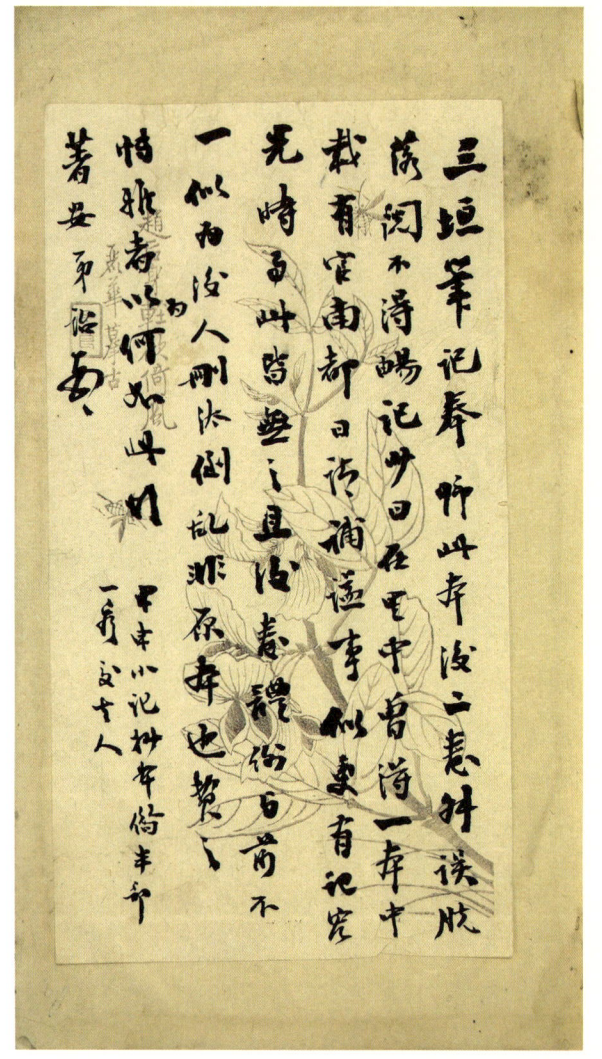

00043 誥授奉直大夫都察院湖廣道監察御史何公墓碑銘一卷何母陳宜人榮壽序一卷 （清）毛奇齡撰　稿本　清沈秉鈺題簽並題款

國家名録號 11642，館藏索書號善 000210

　　卷軸裝，開本高 26.5 厘米（裝裱後高 32.0 厘米），寬 270.3 厘米。鈐著者"文學侍从之臣""毛奇齡印"印。另鈐有"壯培珍奉子孫世守""峽山何氏守澤山房""鵬廬六十後印記"等印。

　　一卷

軸頭沈秉鈺墨筆題簽並記：

　　道光丙戌上巳日吳縣後□沈秉鈺敬題（後有鈐印一方，因殘缺不可識）

卷尾沈秉鈺墨筆題：

　　道光六年歲次丙戌清明後五日後學沈秉鈺敬觀於玉峰旅舍。（後鈐"式如""秉鈺之印"印）

毛西河先生書付御何公墓碑銘稿

咸上巳日英物齋

先生

□久和跋題

墓碑銘莫

誅授
奉直大夫〔都檢院〕海廣道監察御史何乙墓碑銘

監察御史何大夫乙巡鹽河東卒于官孝子方霽弗不能

請銘戶部為書梁乂以舊堂上官為之手題其旌銘載

之而南予時職史局出郎真生匆旅前視解纜行距今一

十三歲首癸甲戌之春予趁袁合肥孝子詔予于杭州不值

壽序

何母陳宜人榮壽序

嘗讀東漢列女傳自曹大家班昭之外倡述者數例而范氏遂因之

為列傳之一夫以古來神聖華胄彼任姓見史冊固有先

於范氏者然亦庚考其人肇造草昧皆真孕之所胎育川

嶽之所錫賚宜乎體象芝草無不靈根柢乖為推格生民重渤湘

立子若非紙持刀翼乎為功此習放弋蓋太史操紀疏流

源溯必木之內德之 茂絲則自朝廷以逮閭閻未有母儀

不著而能光浩氏族崇休養于無戰者也吾鄉為文章禮

興之鄉近代節義彰聞出自閨閣尤眾丝莫有逾于

何母陳宜人者峽山何氏代壇繡統承潁川閥閱與之相埒

故庫王羊鄧本世婚也承宜人則又以外家中表籍渭陽息女

為姓館之楣雖似續尚實媲儀為乃宜人之習詩史長工筆劄

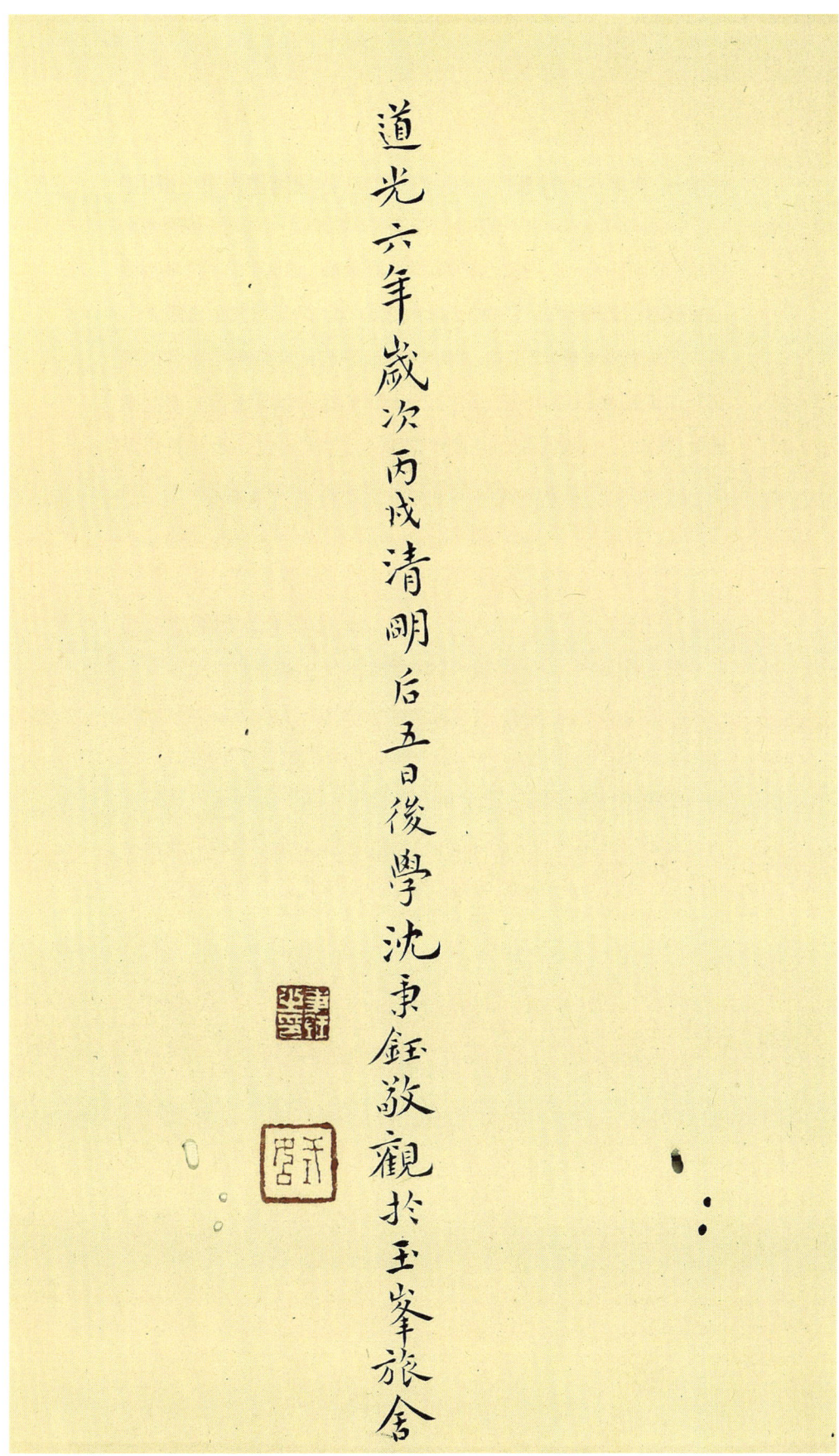

道光六年歲次丙戌清明后五日後學沈東鈺敬觀於玉峯旅舍

00044 祁忠敏公日記十五卷（明崇禎四年至南明弘光元年）

（明）祁彪佳撰　清祁氏遠山堂抄本　佚名題記

國家名録號 11645，館藏索書號善 001460

　　框高 21.8 厘米，寬 14.6 厘米，半葉十行，行二十二字，白口，四周單邊，單黑魚尾。包括《涉北程言（辛未秋冬）》《棲北冗言（壬申春夏）》《棲北冗言（壬申秋冬）》《役南瑣記附巡吳省録（癸酉春夏）》《歸南快録（乙亥夏秋冬）》《林居適筆（丙子年）》《山居拙録（丁丑年）》《自鑒録（戊寅年）》《棄録（己卯年）》《感暮録（庚辰年）》《小捄録（辛巳年）》《壬午日曆》《癸未日曆》《甲申日曆》《乙酉日曆》十五部分内容。稿紙版心下印“遠山堂抄本”。曾經民國二十五年浙江省文獻展覽會陳列。國家名録著録時未提及佚名題記。

　　十五册

册 1 襯葉佚名朱筆題：

　　此書於民國廿六年八月紹興縣修志會有排印本記其經過頗詳。

感暮錄庚辰年
小拣錄辛乙年
壬午日麻
癸未日麻
甲申日曆
乙酉日曆

沙北程言

予惟身處之境望之而喜者必其沙之而未
去求閒即閒即閒求靜即靜更不必有閒與靜之
如何而後閒則閒是必如何而後靜則靜是動靜
山林猶市也朝況乎捨地之飛重閩馬足處其身於
半寂不濃不湻之間未沙巳如嚼蠟既沙而轉似可銘茶即
使兩月來屏息郊居三冬之依樓荒似可以閒可以靜
矣然而老親頭子故里丘墓之思苟未免有情誰能遵此
且也世事之榮枯人情之反覆即不著於念憂能不繫於
神明耶有一於是皆足爲累是則予之終不能閒終不能

遠山堂抄本

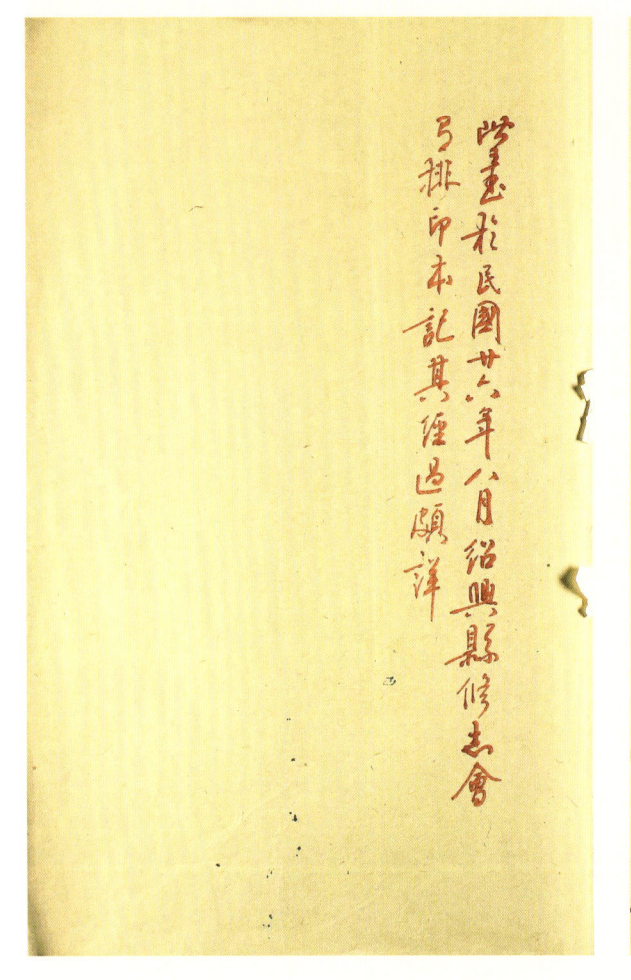

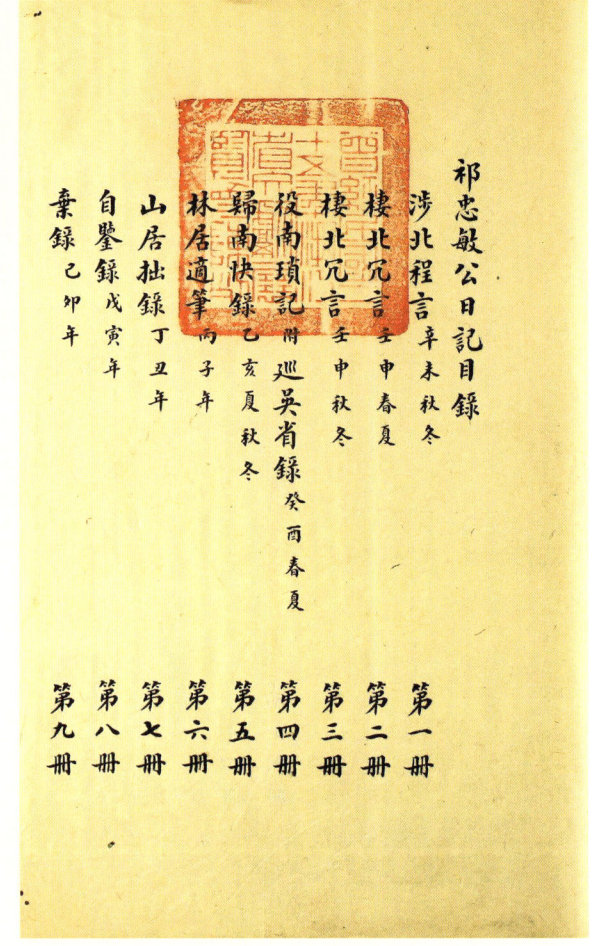

此書於民國廿六年八月紹興縣修志會
弓排印本記其經過頗詳

祁忠敏公日記目錄

涉北程言 辛未秋冬　　　　第一冊

樓北冗言 壬申春夏　　　　第二冊

樓北冗言 壬申秋冬　　　　第三冊

役南瑣記 巡吳省錄 癸酉春夏　第四冊

歸南快錄 乙亥夏秋冬　　　第五冊

林居適筆 丙子年　　　　　第六冊

山居拙錄 丁丑年　　　　　第七冊

自鑒錄 戊寅年　　　　　　第八冊

棄錄 己卯年　　　　　　　第九冊

00045 武林舊事六卷 （宋）周密撰　明正德十三年（1518）

宋廷佐刻本　清方穀跋

國家名録號 11679，館藏索書號善 001971

　　框高 18.2 厘米，寬 13.2 厘米，半葉十行，行二十字，小字雙行同，白口，四周單邊，單黑魚尾。正德戊寅（十三年）宋廷佐序言"書凡四卷……其紀武林之事，較他書爲備，因命工刊"。鈐有"幼青""震郎""毛晉""虞琴祕籍""姚景瀛""錢唐徐氏橫穠堂印"等印。

　　五册

目録末方穀朱筆題：

　　周密《武林舊事》追紀南宋舊事，仿佛《夢梁》《夢華》，蓋寓黍離麥秀之感，不特湖山之勝、都邑之盛上下宴安爲是書本旨也。然數百年來掌故未泯，藉以考鏡者固不少矣。祁氏本作四卷，鮑氏本作十卷，此本僅六卷。考《南宋雜事詩》等書所引各條，有出此本之外者，則此本實非足本也。所喜刊校精緻，尚不失舊板面目，爲足寶貴。至云四水潛夫，不知爲誰。考鄭元慶《湖録》，四水者，湖城以苕水、餘不水、前溪水、北流水合而入於郡雪溪，故名四水。密本濟南人，淳祐中曾爲義烏令，後流寓吳興，居弁山，自號弁陽嘯翁，又號葛齋，又號四水潛夫，著述甚多，此特其一種耳。明時有司尤能留意文獻，此風今已不復多見。撫卷三歎，聊識數語於後。武原識字傭述。（後鈐"方穀"連珠印）

武林舊事卷之一

四水潛夫輯

慶壽冊寶

壽皇聖孝冠絕古今承顏兩宮以天下養一時盛事

莫大於慶壽之典今掇錄大畧於此淳熙三年光堯

聖壽七十預於舊歲冬至加上兩宮尊號立春日行

慶壽禮至十三年太上八十正月元日再舉慶典其

日文武百僚集大慶殿各服朝服用法駕五百三十

四人大樂四十八架正樂一百八十八人及列儀仗

鼓吹於殿門外上服通天冠絳紗袍執大圭恭行冊

帝言國百二十有餘季雖白偏安其割
度禮文猶足以彷彿東京之盛可愧者
當時之君臣忘君父之讐而沉酣亏湖
山之樂竟使中原不復九廟爲壤數百
載之百讀此書者不能不爲之興歎書
凡卅卷四水潛夫輯潛夫夫不知爲誰
莫紀武林之事較他書爲備因命工刊
置郡庠俾博雅者有攷焉武林杭郡名
正德戊寅孟夏巡按浙江臨察御史奉
天宋延佐題

周密武林舊事追紀南宋舊事仿夢梁夢華畫
寓黍離麥秀之感不特湖山之勝都邑之盛上下喪安為
是書本旨也然書中故事雜采舊聞攷鏡者固不少矣
祁氏本作四卷鮑氏本作十卷此本僅六卷攷南宋稗事詩事

書所引各條皆出此本之外若別此本實礼目吕本迄師喜利
校精緻尚有失舊板面目為足寶貴王云之必潛夫不
知為誰改鄭之慶湖樂錄之外為浙藏沙葉菜餘郁前凜水
此流水合而大于邵雲溪故名之小客本清南人淳裕中南為
蓼鳥令後流萬興吳居弁山自謂弁陽嘯翁弟大彌蒡翁
大獅の孙陷夫蒡速甚此特其一種耳所附舊省司尤旅甾
忠文獻此風今已印傳多見擢荛三款卿後數語于
後武氷讓宋傈述

武林舊事目錄終

00046 城東雜録二卷 （清）厲鶚撰　清乾隆抄本　清盧文弨校
並跋

國家名録號 11680，館藏索書號善 000124

框高 18.2 厘米，寬 13.2 厘米，半葉十一行，行二十一字，小字雙行同，白口，四周雙邊，單黑魚尾。鈐有“磯漁”“文弨”“虎林盧文弨寫本”“勘書巢珍藏印”“陳經之印信”“銕辛”“曰鑑私印”“楊氏傅九”“鳳苞之印”“銕華珍賞”等印。

一冊

卷上末葉盧文弨藍筆題：

乾隆丁酉三月朔日燈下東里盧文弨閱。余祖居東里五六世矣，先祖先父與交遊中吟詠事蹟，擬彙而輯之，使來者有考焉。

卷下末葉盧文弨藍筆題：

丁酉三月六日閱。此碑徵君所撰。近年重建機神廟，並勒此碑。碑先在鐫石人家已定期移入廟中，值他事不果。越日，廟焚，此碑竟無恙。今廟又新建，吾復爲之記，恐於徵君無能爲役耳。文弨記。

城東雜錄卷上

富景圖

錢唐　厲鶚太鴻

武林城東曰東園者宋御園也至淮張辰城後迤東十
里許民居甚鮮多為池塘畦稷因築以東園名鄉先輩
或云宋東苑似未得其詳按宋史孝宗紀乾道七年秋
九月甲午從太上皇帝太上皇后幸東園葉紹翁四朝聞見錄熙
五年夏四月壽聖皇帝幸東園光宗紀紹熙
宗內禪光皇實憲聖所得命孝宗遂得日奉長樂極天
下之養北宮去東園最近旬浹開卽請憲聖臨章臨幸
蓉臨池秀發遂白憲聖請登龍舟撤去闌幕卧看尤佳

城東雜錄卷上

逸可以奪昌谷玉溪之席矣

乾隆丁酉三月朔日燈下東里廬文弨閱　余祖居東里五六世矣先祖光父奧交游中

吟詠事蹟擬業兩輯之侯來者有考焉

方兮反我兆庶練日兮辰良紛巾舞兮潔倡靈風靈雨
兮澤我流黃湛清酤兮瑤席萬斯年兮享祀無斁

丁酉三月六日閱此碑徵君所撰近年重建機神廟并勒此碑碑先在
鶴石人家已定期移入廟中值他事不果越日廟燬此碑竟無恙今廟
又新建吾復爲之記恐於徵君無能爲役耳文昭記

城東雜錄卷下終

00047 明謚考四卷 （清）傅以禮撰　稿本　余紹宋跋

國家名録號 11694，館藏索書號善 001652

　　以清刻本《明史目録》四卷爲底本，其框高 22.4 厘米，寬
15.2 厘米，半葉十行，行二十一字，小字雙行同，白口，左右雙邊，
單黑魚尾。鈐有"承齋藏書""賀印揚靈""曾藏賀揚靈家""余
越園讀書記"等印。

　　一册

書尾余紹宋墨筆題：

　　此書已著録於《浙江通志》。卅五年四月記。（後鈐"蘭
臺餘緒""余紹宋"印）

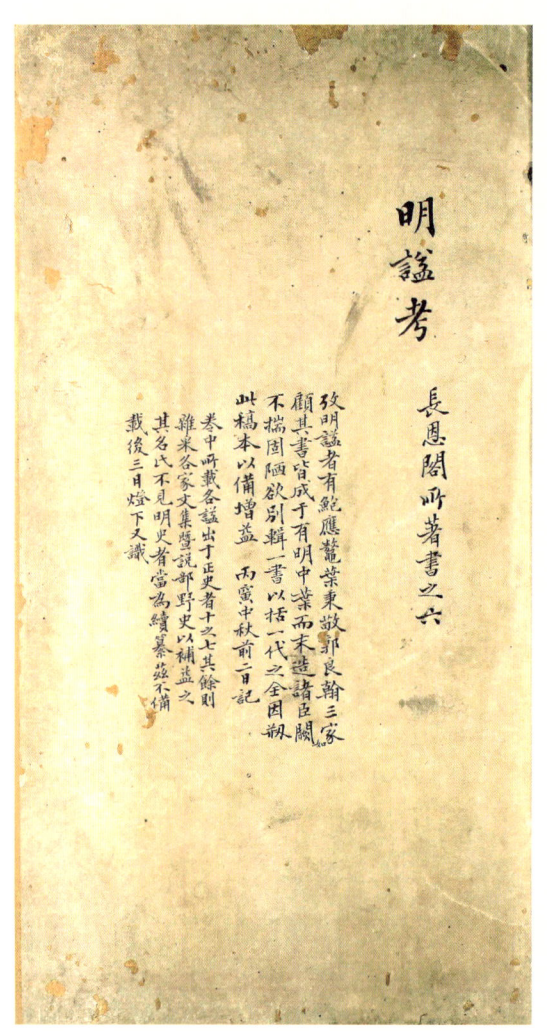

明謚考　長恩閣所著書之六

考明謚者有熊應籠葉東敬郭良翰三家
顧其書皆成于有明中葉而未逮諸臣闕
不揣固陋欲别輯一書以括一代之全因勅
此稿本以備增益　丙寅中秋前二日記
卷中所載各謚出丁正史者十之七其餘則
雜采各家文集曁説部野史以補益之
其名氏不見明史者當爲續纂然不備
載後三月燈下又識

明謚考　傅節子稿

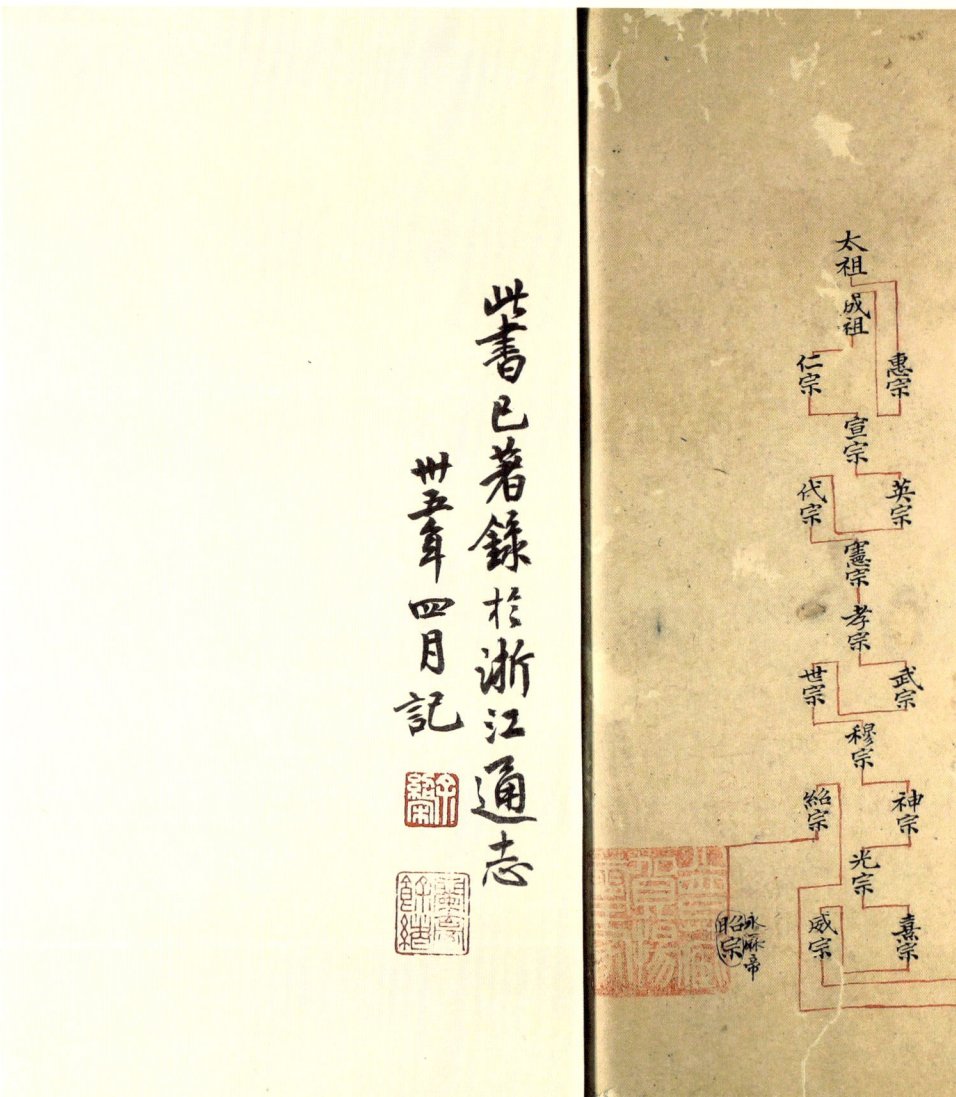

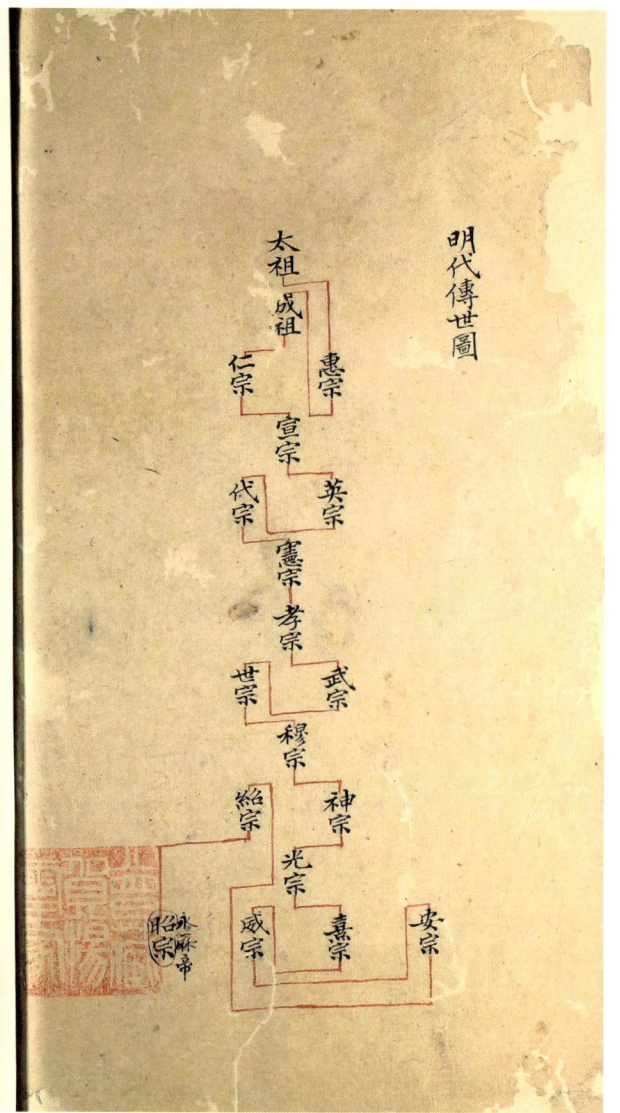

00048 集古印譜一卷 （明）顧從德輯 明隆慶鈐印本 （清）巢勝題簽並跋

國家名録號 11710，館藏索書號善 002729

框高 20.9 厘米，寬 14.3 厘米，白口，四周單邊，無魚尾。文中有清巢勝釋文及增拓印，題"鳳初增拓"，書尾墨筆題"二百零六面""光緒辛丑增拓四面""辛丑五月增拓廿四面""壬寅六月又拓八面"。鈐有"文壽承印""文彭之印""日華""訓良""李印訓良""冶亭""鳳初珍藏金石書畫印"等印。

一册

書尾巢勝墨筆題：

是册自三代以降都計集印二百有餘，可云美備矣。卷首鈐文氏三橋章，知爲勝朝舊物。鄙人偶有所獲，則亦依次補入焉。嗚呼，世之相去數千年，屢經兵燹，典章文物杳不可覩矣。賴此燦然具陳者，如親古處，況乎其精且富若是，豈易得哉，豈易得哉？略識於尾，以明欣賞。光緒辛丑仲春月下絃鳳初巢勝書於凌紫氛館。（後鈐"巢大""凌紫氛館主人"印）

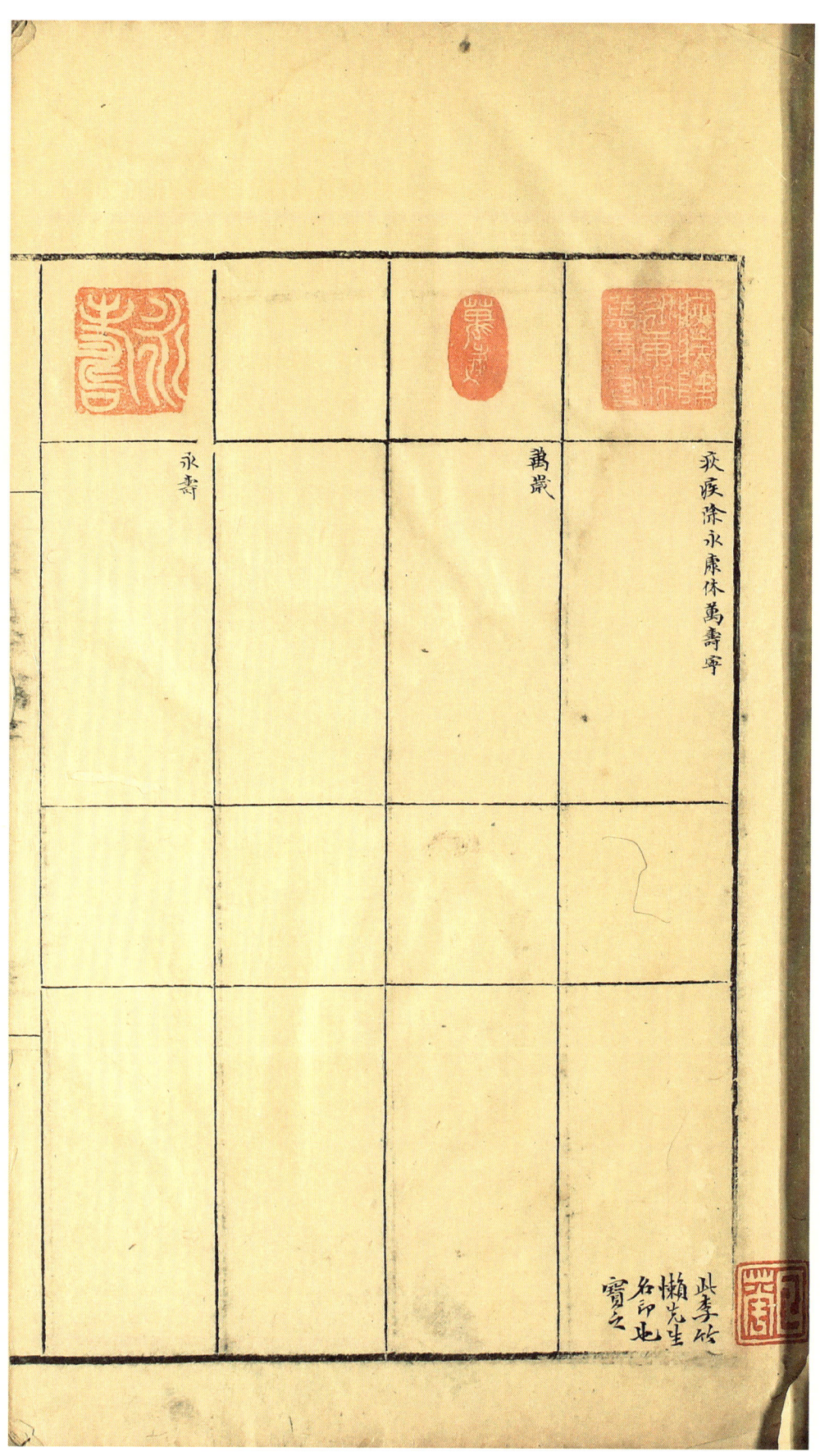

永壽

萬歲

祛疾除永康休萬壽寧

此李竹
懶先生
名印也
寶之

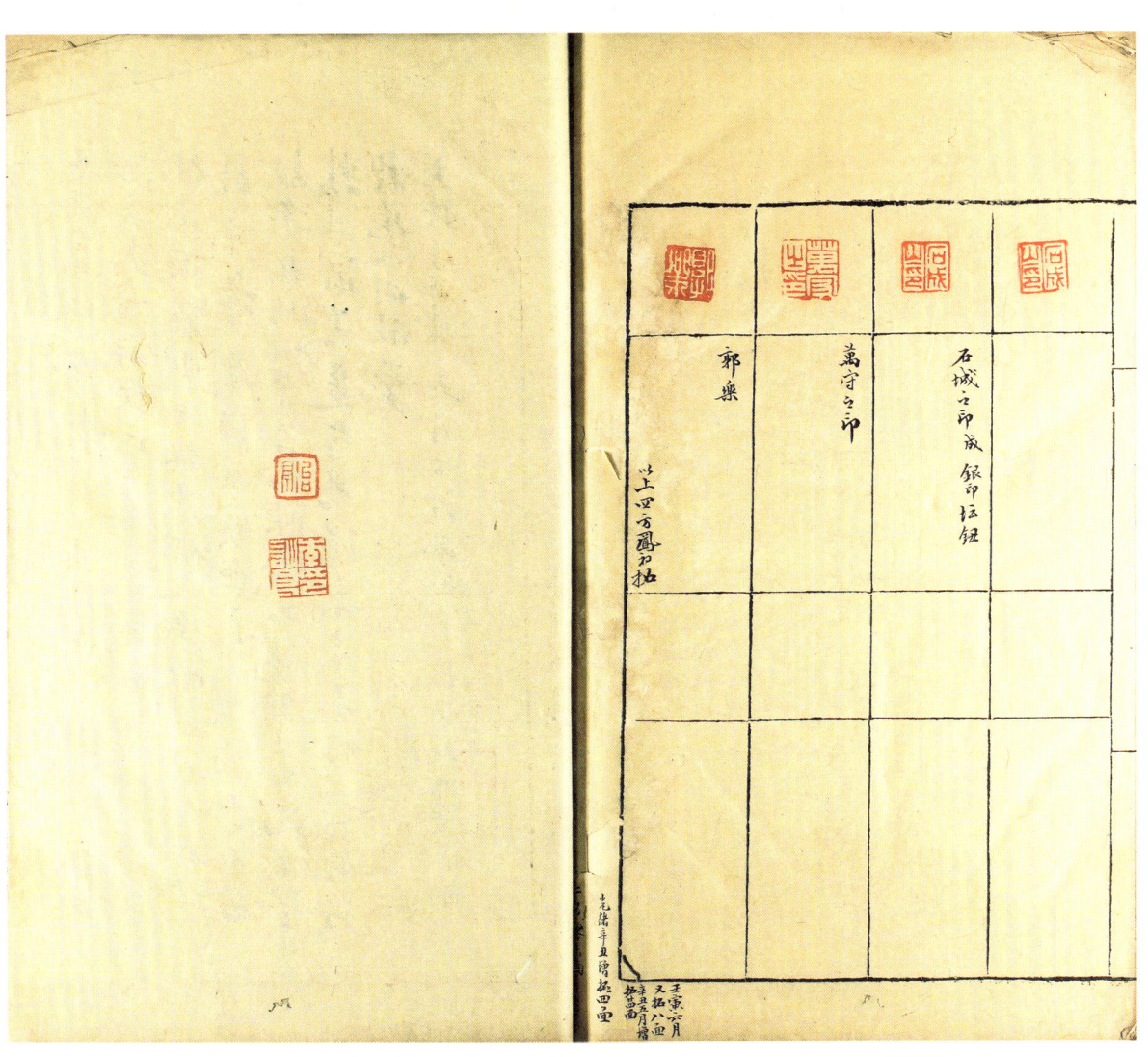

是典自三代以降都計集印二百有餘可云美
備矣卷首鈐文氏三橋章知為滕朝舊物鄙人
儒有瓩蕘則点依次補入焉嗚呼兮之相去
數千年屢經兵燹典章文物杳不可
觀矣頼此燿於具陳者以視古人蓄況平墅
精且富多是豈易得哉豈易以蘇頌誠
於尾以耀歟紫
光緒辛丑仲春月下浣學約弟陳立於陵紫氣館

00049 史通會要三卷 （明）陸深撰 明天啓四年（1624）萬
泰抄本 清萬泰、清萬學詩跋

國家名録號 11711，館藏索書號善 003056

　　框高 21.2 厘米，寬 14.4 厘米，半葉八行，行二十字，白口，
四周單邊，無魚尾。萬泰跋中有"此予崇禎甲子年所録也"之語。
"崇禎甲子"當爲"天啓甲子（四年）"。萬泰跋款署"甲午"，
當是清順治十一年（1654），又云"屈指往事三十年矣"，前
推三十年，爲 1624 年，即明天啓四年。鈐有萬泰印章。版心
下印有"百一齋"。鈐有"登蔬堂藏書印""履安氏"等印。

　　一册

襯葉萬泰墨筆題：

　　此予崇禎甲子年所録也。是年下第歸，讀書西皋，閲陸儼
山先生集，因録其《同異録》及《史通會要二編》。丙戌之難，
盡攜藏書入剡曲。戊子悉燬於火，手録數種無復存者。是帙以
畀置廢簏，久不省盱，乃巋然獨全。偶簡得之，屈指往事三十
年矣，俯仰之間不勝感歎。甲午元夕悔翁記。（後鈐"萬泰之印"
印）

襯葉萬學詩墨筆題：

　　此本不知從何失去，有童君玉如者收得之，囑其甥張君象
崖攜來，詩一見筆蹟，不勝驚悚，即下拜鳴謝。業師小山先生
爲詩言童君貧士也且高義，因往造其閭，酬以青蚨一千。批閲
再三，恍覩百餘年手澤，爰敘其顛末以示子孫。與其多購古書，
不若守祖宗遺書之爲要也。不肖六世孫學詩敬識。

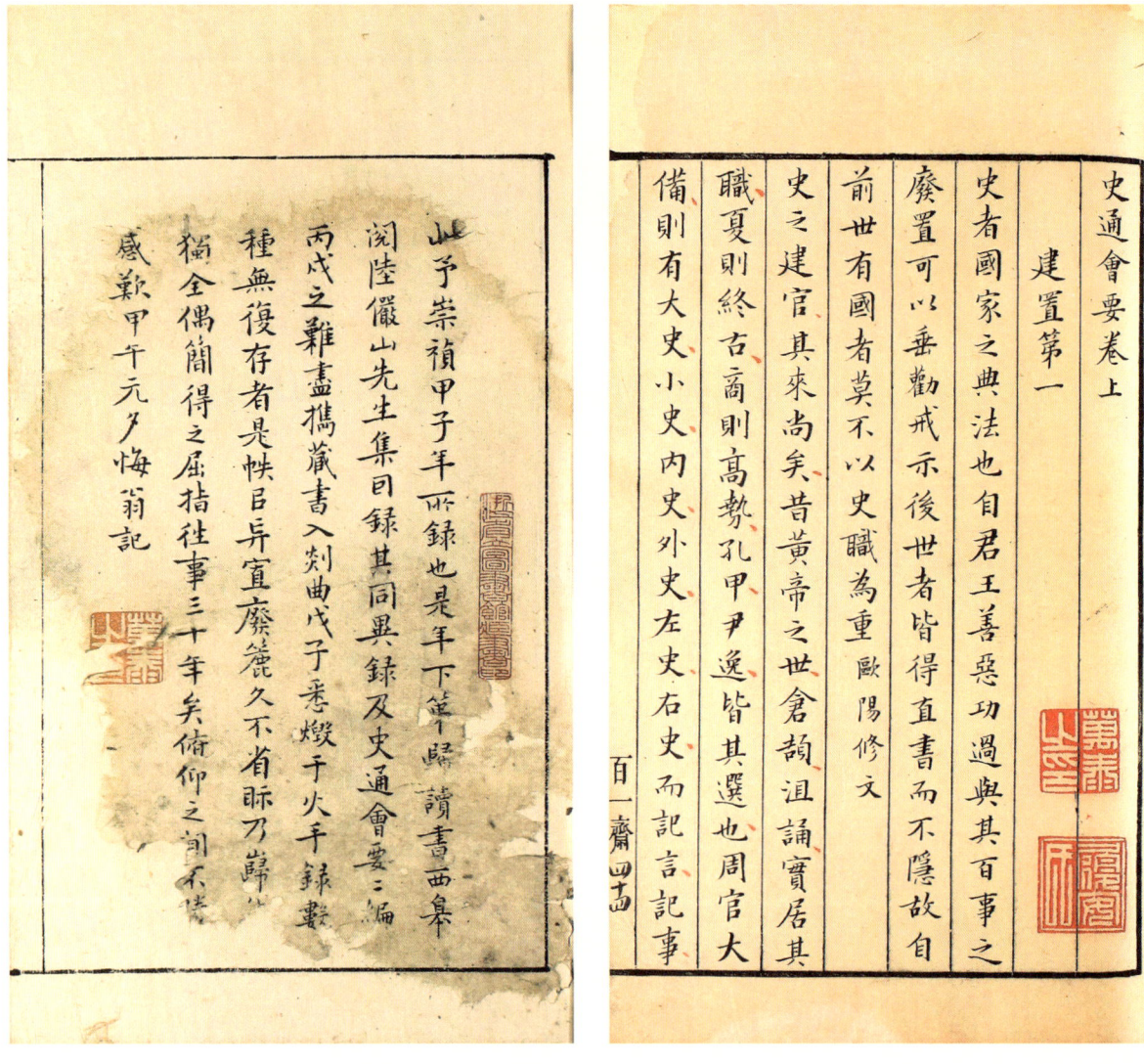

史通會要卷上

建置第一

史者國家之典法也自君王善惡功過與其百事之
廢置可以垂勸戒示後世者皆得直書而不隱故自
前世有國者莫不以史職為重歐陽修文
史之建官其來尚矣昔黃帝之世倉頡沮誦實居其
職夏則終古商則高勢孔甲尹逸皆其選也周官大
備則有大史小史內史外史左史右史而記言記事

百一齋四書

山予崇禎甲子年所錄也是年下筆歸讀書西皐
閱陸儼山先生集目錄其同異錄及史通會要二編
丙戌之難盡攜藏書入刻曲戊子悉燬于火手錄數
種無復存者是帙日异宜廢簏久不省睬乃歸於
獨全偶簡得之屈指往事三十年矣俯仰之詞不勝
感歎甲午元夕悔翁記

此本不知從何失去有童君玉如者收得之囑其甥
張君象崔攜來詩一見
筆蹟不勝驚悚即下拜鳴謝業師小山先生為詩言童
君貧士也 其高義 同往造其間酬以青蚨一千披閱再三怳
覩百餘年
手澤委敘其顛末以示子孫興其多購古書不若守
祖宗遺書之為要也 不肖六世孫學詩敬識

00050 新書十卷 （漢）賈誼撰　明正德九年（1514）陸相刻本　清陸心源跋

國家名録號 11714，館藏索書號善 002238

　　框高 22.7 厘米，寬 14.9 厘米，半葉八行，行十八字，上下黑口，四周雙邊，雙順黑魚尾。明正德九年黃寶序言"國朝既崇祀享之禮，但傅長沙時所著《新書》獨無傳焉。（陸相）乃檢閱郡齋故檔中，得版刻數十片計，其脱落尚多，因詢於余。余即出是本補刻，遂成完書"。鈐有"陳印廷壽"印。書尾陸心源跋後録有正德乙亥（十年）楊節跋。

　　四册

書尾陸心源墨筆題：

　　黃寶序稱陸公得舊版補刊，或者疑舊版即程給事淳熙中所刊，但書中宋諱皆不缺筆，必非宋版可知。觀其字體，當是元末明初本耳。吉府重刊本行款悉同，惟册首蓋"吉府圖書"朱文方印，後楊節跋。查陸氏修於正德九年，吉府本據楊跋重刊於正德十年，相距甚近，疑陸宗相所修之版後歸吉府。改頭換面掩爲重刊耳，明人往往有此，不足怪也。陸本皆明朗，吉府本則卷六多糊模處。第三葉十一、十二、十三行陸本有空白處，吉本則否，挖補痕蹟顯然，尤爲陸本即吉本之明證。同治癸酉仲冬借吉府本對勘，並録楊跋。陸心源識。

新書卷第一

過秦上事勢

漢長沙太傅賈誼撰

秦孝公據崤函之固擁雍州之地君臣固守以
窺周室有席卷天下包舉宇内囊括四海之意
并吞八荒之心當是時也商君佐之内立法度
務耕織脩守戰之具外連衡而鬥諸侯於是秦
人拱手而取西河之外孝公既没惠文武昭襄

缺筆必非宋版可知歟其字體尝

元末明初本耳吉府重刊本行款畫

同惟冊首畫吉府圜書朱文方印後

楊行跋查陸氏修于正德元年吉府本擬

楊跋重刊于正德十年相距甚近疑陸宗

相而修之版後歸吉府阪頭換而掩為重

而耳明人復〻有此不足怪也陸本皆明朝

府本明卷六多糊糢处弟三葉十二

陸本有空白处吉本則否挖補痕迹

余犬為陸本即吉本之明証同治癸酉

冬借吉府本對勘垂錄楊跋陸心源識

讜議卓詭切至若衆建諸侯益廣梁地養大臣

有節崇廉恥之風後皆遵至有效一如誼所

言則誼之謀謨論建誠有大過人者劉向謂爲

通達國體伊管未能過其亦美矣然討其源流

率多新書所草定是新書之作乃傅長沙時所

爲也然則長沙以是書行其不宜乎蓋并特足

以備墜典之闕柳亦有補於世可見

先生之用意云顧退方無他善本可參校字多

說舛姑存之以俟是正淳熙辛丑日南至門生

從事郎充潭州州學教授南昌胡价謹題

黄寳序稱陸公得舊版補刊或者疑舊版印

00051 申鑒五卷 （漢）荀悦撰 （明）黄省曾注 明正德十四年（1519）黄氏文始堂刻嘉靖重修本 馬一浮跋

國家名録號 11719，館藏索書號善 002262

　　框高 20.2 厘米，寬 13.7 厘米，半葉九行，行十七字，小字雙行同，上下黑口，四周雙邊，雙對黑魚尾。黄省曾明正德己卯（十四年）序言“予嘗悲其所遭而讀其書，間窺其領要，遂爲之注，浹旬而成”。版心下鎸有“文始堂”。書前有嘉靖乙酉（四年）何孟春序。鈐有“葉氏藏書”“任丘邊瀹忠印”“述祖德堂”“鱸讀”“海寧陳氏向山閣圖書”“仲恩”“仲恩珍藏之印”“葆誠之印”“見即買有必借窘儻賣高閣勤灑國粹公器勿損壞”“浙東湯氏舊藝宦藏”印。

　　二册

册1 襯葉馬一浮墨筆題：

　　此書有“任丘邊瀹忠印”，又有“海寧陳氏向山閣圖書”印、“鱸讀”印，知爲陳仲魚所藏。丁酉秋蠲叟識。

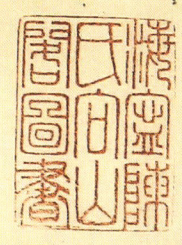

申鑒卷第一

吳郡　黃省曾

政體第一

夫道之本仁義而巳矣五典以經之羣籍以緯之詠之歌之弦之舞之前鑒既明後復申之故古之聖王其於仁義也申重而巳篤序無疆謂之申鑒聖漢統天惟宗時亮其功格宇宙粵有虞臣亂政與其成天功者亂治也〔虎臣漢興輔弼之臣所〕治亂謂之亂猶治汗謂之汗也書泰誓曰予有亂臣十人時亦惟荒坠湮

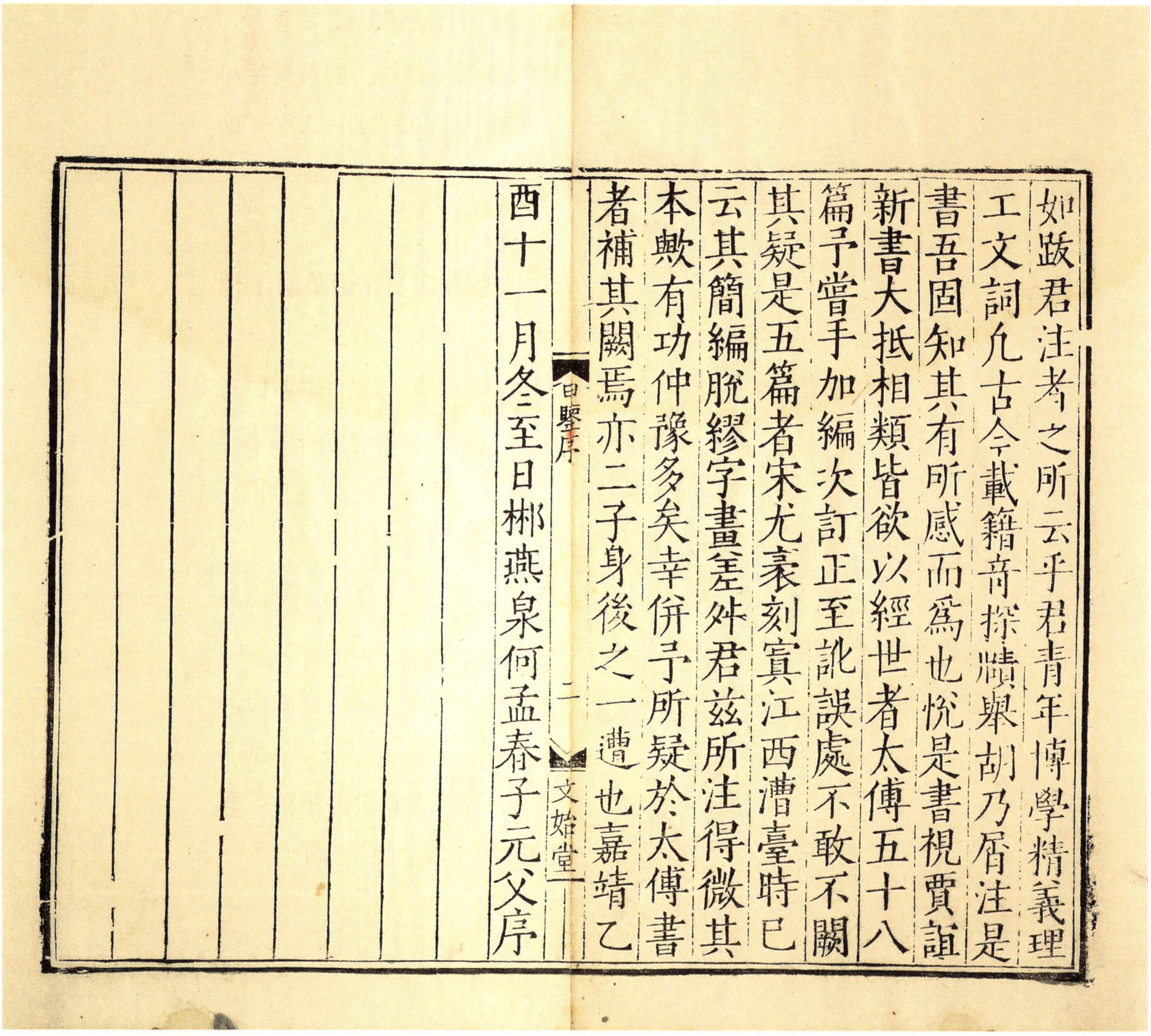
如跋君注考之所云乎君青年博學精義理
工文詞凡古今載籍竒探賾舉胡乃眉注是
書吾固知其有所感而爲也恍是書視賈誼
新書大抵相類皆欲以經世者太傅五十八
篇予嘗手加編次訂正至訛誤處不敢不闕
其疑是五篇者宋尤袤刻寘江西漕臺時已
云其簡編脫繆字畫差舛君兹所注得微其
本歟有功仲豫多矣幸併予所疑於太傅書
者補其闕焉亦二子身後之一遭也嘉靖乙

申鑒序　二　文始堂

酉十一月冬至日郴燕泉何孟春子元父序

披露遂拾漢故新事及所欲獻替者爲申鑒
五篇以奏嗚呼亦徒空言也矣厥後纂業日
開蘭闓玉坫麟囚鳳戮而悅獨晏然保首領
以沒者良以融頣寓書規操軍國之事
必籌於或由此戾忤而不免也悅於見幾君
子誠若有愧然立漢庭十二年清虛沈靜未
嘗效一言於操不其賢歟不其賢歟予嘗悲
其所遭而讀其書間窺其領要遂爲之注淺
旬而成共得萬四千餘言以筒藏之雖不能

無揭竿求海之病而事可證引者亦略具矣
若其深詞奧義譌文脫簡則迭大方君子覽
而正焉正德己卯秋九月望吳郡黃省曾序

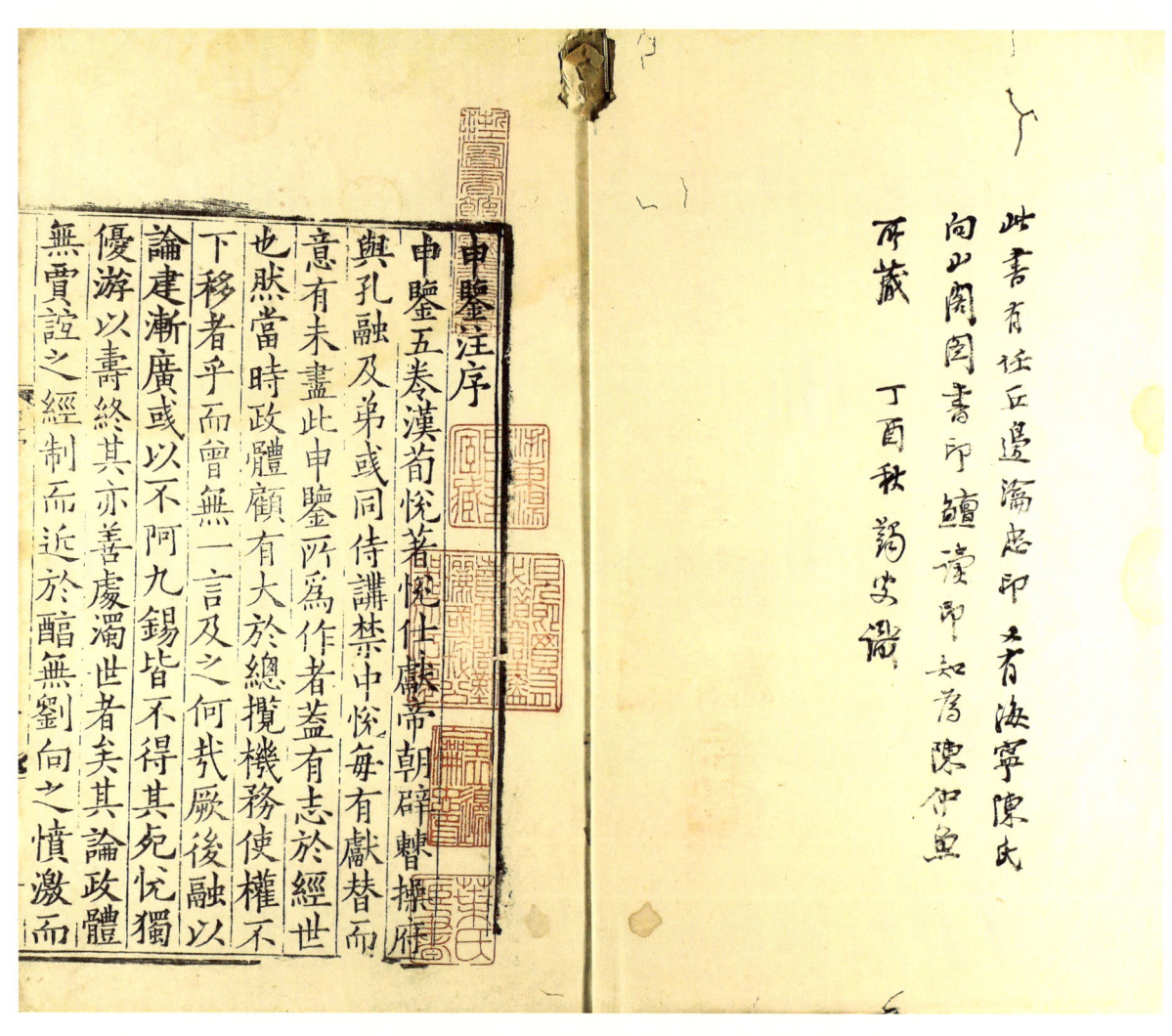

申鑒注序

申鑒五卷漢荀悅著悅仕獻帝朝碑罃摉所

與孔融及弟或同侍講禁中悅每有獻替而

意有未盡此申鑒所爲作者蓋有志於經世

也然當時政體顧有大於總攬機務使權不

下移者乎而曾無一言及之何哉厥後融以

論建漸廣或以不阿九錫皆不得其死悅獨以

優游以壽終其亦善處濁世者矣其論政體

無貫誼之經制而近於醇無劉向之憤激而

此書有任丘邊瀛忠印
又有海寧陳氏
向山閣圖書印 續護印
知爲陳伯魚
所藏 丁酉秋 蒿叟識

00052 便於蒐檢四卷 明衡藩刻本 王存善跋

國家名録號 11797，館藏索書號善 003511

框高24.0厘米，寬16.4厘米，半葉八行，行十字，上下黑口，四周雙邊，雙對黑魚尾。《題便於蒐檢序》言"予暇日因集各編，彙以成帙，命之曰《便於蒐檢》……梓成，因書其由，以弁諸簡端"，序後有刻印"衡王圖書""皇藩明衡"二方。鈐有"誦清""吳印毓庭""吳毓庭""莐林""吳誦清""莐鄰""世仲""毓庭之印""梓林審定""丹徒吳毓庭印"等印。

四册

册1原封面王存善墨筆題：

此明衡藩刻本。《明史》建文子曾封衡王，未之國廢除。憲宗弟七子祐楎封衡恭王，四傳至萬曆時國除。諸王表傳載恭王之孫新樂王載璽博雅善文詞，諸藩纂述數十種，梓而行之，又撰《皇明政要》諸書。其叔高唐王厚煐、齊東王厚炳皆以博學篤行聞。此三人皆別有封號，不應再用衡王圖書。不知恭、莊、康、安四王之中誰刻此書也。命名殊俚，而篆法古雅，亦頗徵引舊籍，以其究是四百年前刻本記而存之。壬子十一月。（後鈐"善讀"印）

經書

周易　謙卦

謙，亨，君子有終。彖曰：謙亨，天道下濟而光明，地道卑而上行。天道虧盈而益謙，地道變盈而流謙，鬼神害盈而福謙，人道惡盈而好謙。謙尊而光，卑而不可踰

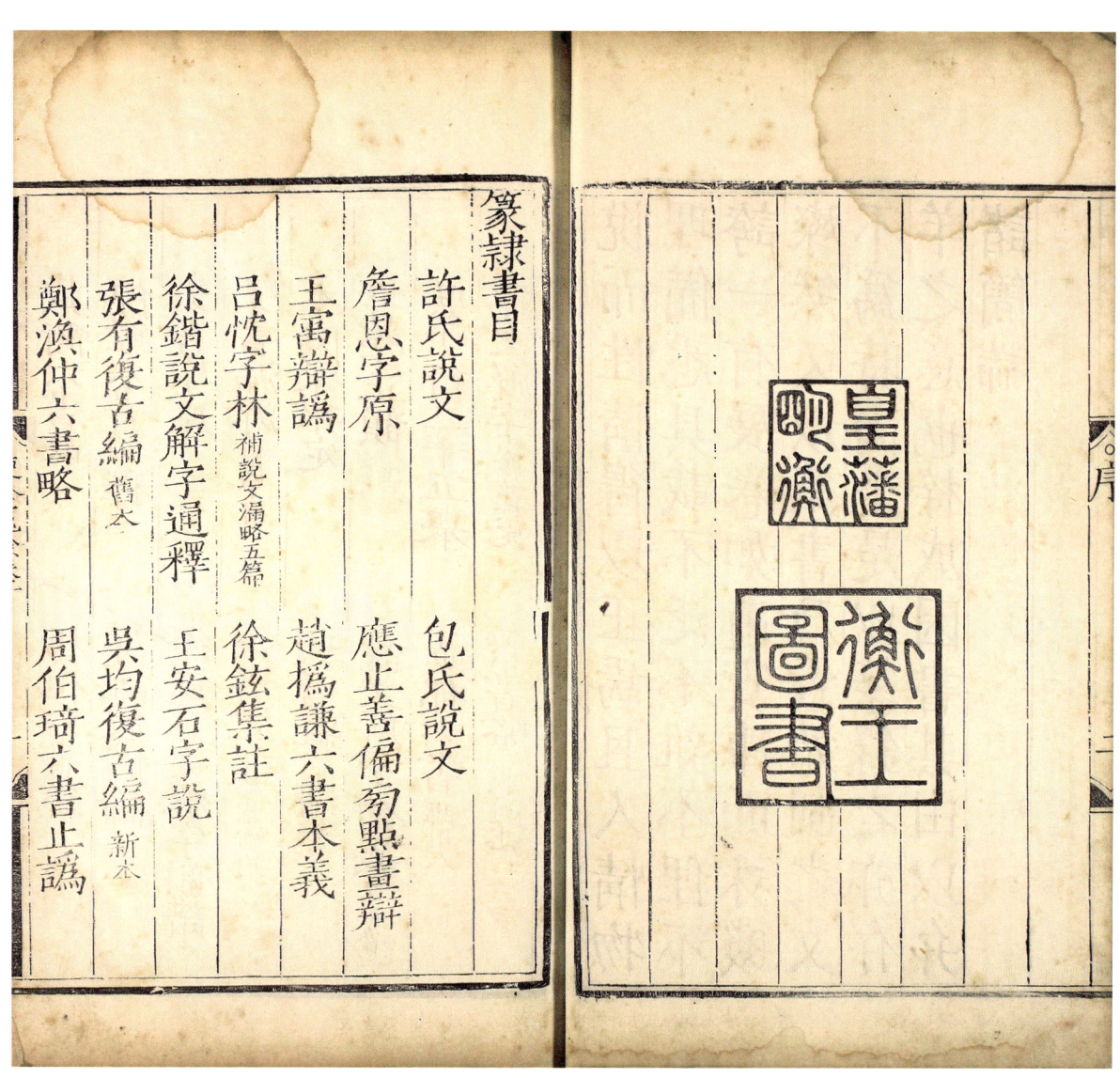

篆隷書目

皇藩□□賚

衡王圖書

此明衡藩刻本明史建文子曾封衡王未之國薨除憲宗第七子祐楎封

衡恭王四傳至萬曆時國除諸王表載恭王之孫新樂王載璽博雅善

文詞諸藩纂述數十種梓而行之又撰皇明政要諸書其村高唐王厚煐

齊東王厚炳皆以博學萬行聞此三人皆別有封號不應再用衡王

圖書不知恭莊康憲四王之中誰刻此書也命名殊俚而篆法古雅亦

頗徵舊籍以其究是四百年前刻本記而存之　壬子十一月

善讀

00053 博物志十卷 題（晉）張華撰 （宋）周日用等注 明刻本 清陳鱣跋

國家名録號 11798，館藏索書號善 003098

框高 21.4 厘米，寬 14.1 厘米，半葉九行，行二十字，小字雙行同，白口，四周單邊，單黑魚尾。鈐有"商文超""春水船""選竹山房""雲笠""臣超私印""業是吟詩與看花""竺珸""大非"等印。

二册

册 1 襯葉陳鱣墨筆題：

《欽定四庫總目》載《博物志》十卷，晉人張華撰也；《續博物志》十卷，宋人李石撰也。余在禾中購得明板刊本二册，合成正續。未敢自矜考訂，竊補前人之所未備。

右録考證二則：

舊本題張華撰，實則原本散佚，後人採其遺文合成一編，又雜取他説附益之，故證以諸書所引，或有或無，或合或不合也。（後鈐"得此書費辛苦後之人其鑑我""仲魚圖象"印）

宋李石撰，舊本題晉李石者誤也。採掇舊文，校勘亦誤，如稱宋太祖爲今上之類往往有之。其帙聞瑣語備參考則有餘，續正史則不足。海昌陳鱣仲魚記録。

博物志卷第一

晋司空張華茂先撰

余視山海經及禹貢爾雅說文地志雖曰悉備各

有所不載者作略說出所不見麁言遠方陳山川

位象吉凶有徵諸國境界犬牙相入春秋之後並

相侵伐其土地不可具詳其山川地澤畧而言之

正國十二博物之士覽而鑒焉

地理畧自魏氏目已前夏禹治四方而制之

河圖挹地象曰地南北三億三萬五千五百里地部

博物志

欽定四庫總目載博物志十卷晉人張華撰也續博物志
十卷宋人李石撰也余在末中縣得明板刊本十二
冊合成正續未敢自矜考訂竊補前人所未備
右錄考證二則

舊本題張華撰實則原本散佚後人採具遺文合
成一編又襍取他說附益之故證以諸書所引或
有或無或合或不合也

得此書賣
辛卯後之
人其照一我

宋李石撰舊本題晉李石者誤也採撰舊文校勘亦
誤如禰宗太祖為今上之類復之有之其恍闊瑣語
備泰考則有餘續正史則不足
海昌陳鱣仲魚記錄

00054 策場備覽一百七十三卷 （明）唐周輯 明抄本 費寅跋

國家名録號 11809，館藏索書號善 003476

框高 23.0 厘米，寬 15.7 厘米，半葉十二行，行二十七字，白口，左右雙邊，單黑魚尾。鈐有"婁曲張氏崇古樓藏書""拜經樓吳氏藏書"等印。國家名録著録時未提及費寅題跋。

十六册

書尾費寅墨筆題：

右《策場備覽》一百七十三卷，明上海唐周輯。棉紙、藍格、明鈔稿本。《上海縣志·藝文》未著録。《選舉志》載唐周正德庚午舉人，博學能文。是稿爲科場程文而作。典章文物博綜甄録，便於省覽，不獨策場所必備，洵爲有用之書。考各家藏書目，惟吳兔床先生《拜經樓藏書》載《策場備覽》十六册鈔本，即此本也。首有吳氏"拜經樓"藏印，亦僅存之稿。又有"婁曲張氏崇古樓藏書"朱記，張藏又在吳前。婁與滬瀆較近，轉輾流傳，亦可考見。復齋謹記。（後鈐"景韓"印）

右策場備覽一百七十三卷明上海唐周輯棉紙
藍格明鈔稿本上海縣志藝文未著錄選舉
志載唐周正德庚午舉人博學能文是彙為
科場程文而作典章文物博綜甄錄便於省
覽不獨策場而必備洵為有用之書攷各家
藏書目惟吳兔床先生拜經樓藏書載策
場看覽十六冊鈔本即此本也首有吳民拜經
樓藏印此僅存之彙又有婁曲張氏祟古樓
藏書朱記張氏在吳前垚與滬瀆較近
符轉流傳弚攷見夏齋謹記 景韓

策場備覽卷之一

經籍門

三禮周禮

唐太宗曰周禮真聖人作也首篇云惟王建國辨方正位
民分戰以為民極誠哉言乎不井田不封建不肉刑高欲行周公之道
不可得也

唐書曰周礼者周公致太平之書先聖挺由柔之典法天地而行
教化辨方位而致人倫其義可以綱贊神明其文可以經綸抇國
俗物致用其可忽乎

天官自太宰小宰以下其屬六十有三地官自大司徒小司徒以
下其屬七十有四春官自大伯小宗伯而下其屬七十夏官自
大司馬小司馬而下其屬六十有八秋官自大司寇小司寇而下

00055 天主實義二卷　（意大利）利瑪竇述　明萬曆三十五年

（1607）新都汪汝淳燕貽堂刻天啓印本　清劉墉跋

國家名録號 11823，館藏索書號善 003400

　　框高 21.6 厘米，寬 13.8 厘米，半葉九行，行二十字，白口，四周單邊，單黑魚尾。此乃明萬曆至天啓刻本《天學初函理編十種器編十一種》的零種。萬曆彊圉叶洽（三十五年）李之藻《天主實義重刻序》言"余友汪孟樸氏重刻於杭，而余爲僭弁數語"，萬曆三十五年汪汝淳《重刻天主實義跋》亦提到刻書之事。卷端鐫有"燕貽堂較梓"，李之藻序葉一至四版心下鐫"燕貽堂"。"校"字諱作"較"，"檢"字不諱。

　　一册

襯葉劉墉墨筆題：

　　讀七克等篇，雖各成部落，而總可以天主統之。一物不名，君子恥焉，況天文乎？數不離乎理，其信然也。

　　乙卯三月録。政姪旋里，愧無所贈，附之收存。此書恐下州縣所未必有也。上巳日識於天香深處，時年已七十六矣。

天主實義上卷

耶穌會中人　利瑪竇述　燕貽堂較梓

首篇論天主始制天地萬物而主宰安養之

中士曰夫修己之學世人崇業凡不欲徒稟生命與

禽彙等者必於是殫力焉修己功成始稱君子他技

雖隆終不免小人類也成德乃真福祿無德之幸誤

謂之幸實居其患耳世之人路有所至而止所以緒

其路非為其路乃為其路所至而止也吾所修己之

道將奚所至歟本世所及雖已畧明死後之事未知

默相勘印顧粹然不詭於正至其檢身

事心嚴翼匪懈則世所謂皐比而儒者

未之或先信哉東海西海心同理同所

不同者特言語文字之際而是編者出

則同文雅化又巳爲之前茅用以皷吹

休明贊教厲俗不爲偶然亦豈徒然固

不當與諸子百家同類而視矣余友汪

孟樸氏重刻於杭而余爲僭弁數語非

敢炫域外之書以爲聞所未聞誠謂其

戴皇天而欽崇要義或亦有習聞而未

之用力者於是省焉而存心養性之學

當不無裨益云爾

萬曆疆圉叶洽之歲日躔在心浙西後

學李之藻盥手謹序

讀七克等篇雖各成部落而總

天主統之一物不名君子耻焉況天文

乎數不離乎理乎信然也

乙卯三月錄政狂接里愧學而贈附之

收存此書恐下州縣所未必盡可也上巳日

識於天香深處時年已七十六矣

00056 王黃州小畜集三十卷　（宋）王禹偁撰　明抄本　張宗祥
批校並跋

國家名録號 11863，館藏索書號善 000246

　　框高 21.4 厘米，寬 15.0 厘米，半葉十一行，行二十二字，小字雙行同，白口，四周單邊，單黑魚尾。鈐有"東明山人之印""天一閣"印。

　　三册

册 1 襯葉張宗祥朱筆題：

　　甲午九月以經鉏堂鈔本校勘至第三卷，各詩錯亂無序，二本均同。再取四庫本校勘，則已整理可讀。不知商務館何以當時影印經鉏堂本。外集所存七卷，四庫亦具在，似不必捨四庫不用也。

　　予初見此鈔本，甚喜，頗欲兩本對勘後爲之清理謄正，繼見四庫本已可讀，遂不復校。

　　予疑此四庫本原爲紀氏家藏，紀氏曾爲整理，故得如此。此後有暇，當從兩鈔本中校對佳字，略助四庫本之不足。張宗祥記。

卷一首葉張宗祥朱筆題：

　　甲午九月據經鉏堂鈔本對勘一過。張宗祥。

甲午六月以經鉏堂鈔本校勘至第三馬乃詩銘凡卷序二本均可再

耶四庫本校勘則已整理可讀不知商務館何以當時影印經鉏堂

本外惡兩名之與四庫本具在似不當捨四庫而不圖也

予初見此鈔本善應粗疎西本初勘後為之清理謄正繕見四庫

本已可謹通元後校

予羽此四庫本原為紀民家藏紀民家為多疑已理故得以此三

經鉏鈔本中塗塗補正字跛胁四庫本之不至

張宗祥記

王黃州小畜集卷第一

古賦

　　藉田

　　園陵犬

　　大閱

　　三黜

　　鬪極

藉田賦并序

甲午九月振綺組堂鈔本勘勘二過

張宗祥

臣謹按周制孟春之月天子親載耒耜躬耕藉田所以事

天地山川社稷先王體酪粢盛于是乎取之藉之至也自

周德下衰禮文殘鉄故宣王之時有號公之諫秦皇定霸

00057 偲菴詩集十卷文集十卷　（明）楊旦撰　**附録一卷**　明

嘉靖三十九年（1560）楊襄刻本　默菴題詩

國家名録號 11940，館藏索書號善 004671

　　框高 18.3 厘米，寬 14.5 厘米，半葉九行，行十六字，小字
雙行同，白口，四周單邊，無魚尾。嘉靖庚申（三十九年）楊襄
跋言"三復校正，亟圖鋟梓以傳。遺逸諸作，當更加博訪，儻復
有所獲，別爲續集"。版心下鎸刻工"詹勝"等人（按：《中國
古籍版刻辭典（增訂本）》第 902 頁著録詹勝爲明嘉靖間閩中
地區刻字工人）。附《明資政大夫吏部尚書致仕偲菴楊公行狀》
《偲菴楊公墓誌銘》《偲菴楊公傳》。國家名録著録時未提及附
録一卷及默菴題詩。

　　六册

書尾默菴墨筆題：

　　惜陰小稿早成灰，致政閑居好句催。律體鏗鏘傳太宰，古
風跌宕擬倦才。三朝敬歷思恬退，七秩優游賦去來。弄月吟風
還自適，偲菴詩集覘清裁。遺編十卷善摛詞，季子珍藏手自披。
南贛七咨功正顯，羅峰一疏節堪持。學傳文敏忠宣著，派溯赤
泉清白貽。勇退潔身工翰墨，陳洸奸計亦何爲。戊辰菊月默菴題。
（後鈐"默菴"印）

偲菴詩集卷之一

五言古詩

舟中懷王汝潔太守

朝夕望君航　搖搖行復止

帆開踈柳外　月印空江裡

夜闌人語寂　秉燭侍童子

鼓枻誰乘流　推蓬頋而喜

問之杳然去　一笑坐還起

古人千金諾　君豈眛斯理

風波慎愼畏　途疾徐匪由

已參商彼此　間聚散非偶

矣安得來　輕舸握手長淮

涘香浮甕頭春酌

邊儲民瘼咸盡心區畫建白其題

奏公移止存於職掌之司不錄私

稿以要譽是定

先公平生貞白處心之懿非敢曲

爲之說也烏平歲月遷逝音容日

邈而不肖亦侵尋老矣罔極之思

不知涕下之無從三復校正函圖

鋟梓以傳遺逸諸作當更加博訪

儻復有所獲別爲續集其行狀銘

傳薦章彙爲附錄用詒觀者刻成

敬叙次舊所聞見系于末簡庶少

逭不孝之罪云

嘉靖庚申孟冬朔日季子襄校涕

百拜謹跋

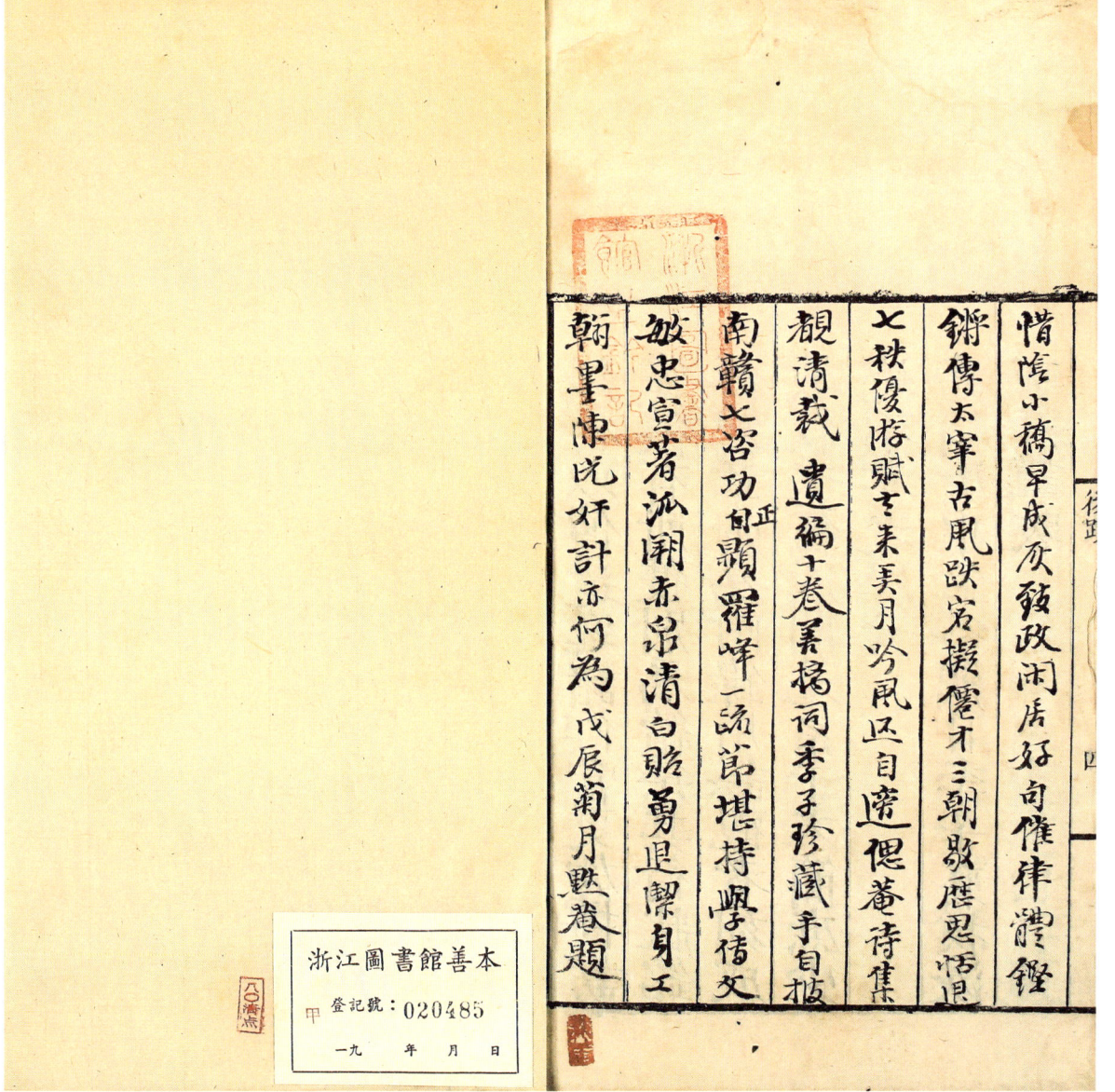

00058 梓溪文集五卷 （明）舒芬撰　明嘉靖三十年（1551）
張希舉刻本　王修跋
國家名録號 11973，館藏索書號善 004625

　　框高 19.3 厘米，寬 13.7 厘米，半葉十行，行二十字，小字雙行同，白口，四周單邊，無魚尾，版心下有大小字字數。嘉靖三十年黄佐序言"吾廣方伯張公鏊、學憲張公希舉皆先生鄉人也，聞而欲刻之"。嘉靖辛亥（三十年）張鏊序言"梓溪舒公既亡之二十五年，學憲來溪張君裒遺稿若干篇刻之"。國家名録著録時未提及王修題跋。

　　四册

浮葉王修墨筆題：

　　梓溪文集五卷，明嘉靖三十年辛亥刻本

　　進賢舒芬國裳著

　　芬，字國裳，號石灘，更字梓溪，進賢人。幼性端重。六歲，母授《孝經》《論語》，輒了了。十二歲，以郡守祝瀚修封洫至梓溪，爲獻《馴鷴依人賦》，薦補郡學生。正德丁卯舉於鄉，丁丑策對大廷，御批第一甲第一名，授翰林修撰。戊寅，武廟北狩，上隆聖孝疏，又上車服疏，皆言天理人欲之分，諷諭切至。己卯南巡，同編修崔桐、庶吉士汪應軫、曹嘉、王廷陳、馬汝驥伏闕懇疏，罪刺閣中杖幾死落職，謫福建市舶副提舉，嘉靖元年召復官。連遭親喪，遂疾卒於家，年僅四十四。所爲文章宕跌不窮。黄氏《千頃堂書目》正德丁丑科舒芬《梓溪集》五卷、《内外集》十八卷、《東觀録》一卷。是本前有嘉靖三十年辛亥海隅黄佐序云：毅皇帝豫遊時，史官敢諫者惟梓溪舒先生一人。再諫再杖，抵家則没，年四十有四爾。平生清苦，家無立壁，

儲御史良材爲小築會成，居其妻挐。佐纍歲遇之二子奏、奉，
出其文集相示，僅存什一。吾廣方伯張公鏊、學憲張公希舉皆
先生鄉人也，聞而欲刻之，因手自校定爲五卷。又嘉靖辛亥張
鏊後序：梓溪舒公既亡之二十五年，學憲來溪張君哀遺稿若干
篇刻之。宮端泰泉黃公表其志，以傳信來世。士大夫不安爵禄
酣豢，任綱常倫理，忠義傑然振世一峰羅氏，後數十年公繼之，
批逆鱗，瀕於九死，大節挺然。公博學而行修，爲文義理淵邑，
爲詩謂流連光景爲無益，可無傳乎，然可傳者豈徒文而已云。
卷一制策疏，卷二序十四首，《東觀録》自序在焉，卷三記十
首、書簡十首，卷四銘一首、題跋四首、問答一首、傳一首、
墓志銘三首、墓碣銘一首、墓表三首、祭文五首，卷五賦一首、
詩七十二首、聯句四首。蓋初刊於廣省本也。有"徐𤊹之印""興
公氏""晉安徐興公家藏書""鄭氏注韓居珍藏記"四印。版
心下方記刻工姓名詹懷、関十元、王右、李貞元、吳昭、鄧八、
麥寶、謝敬、陳三、許達、王繼二、江盛、黃安明等十三人。

梓溪文集卷之一

制策

進士舒恭國棠著

皇帝制曰朕惟羲農以下之事見於經秦漢以來之
事見於史見於經者皆聖賢為治之跡見於史者
亦當時君臣相與隨時而成治者也然儒先君子
之論則曰帝王以道治天下後世只以法把持之
而已信斯言也豈帝王之治一以道而不以法後
世之治一以法而不以道歟自今觀之如晝野分
州設官分職明禮樂與學校正律曆秩祭祀均田

梓溪文集後序

梓溪舒公既亡之二十五年學憲
來溪張君衷遺稿若干篇刻之宮
端泰泉黃公有友誼表其志以傳
信來世鑿謂公鄉先達也崒三復
悼歎於公之遺文往事而又以直
道為

政以歲爲主凡盈虛朓朒伏逆遲
留如指諸掌觀望星氣占則必應
佐弗能及也其論西山變律謂擴
前哲所未發佐謂此乃京房執始
變虞之屬耳執謂不然居二日來
曰吾過矣檢漢志京房律也因
言鍾律度量所以治曆明時康節

粗得大意而不能建律運曆將皐
禮樂必也周官平觀大司樂則律
曆備矣佐深賾之惜其著述散逸
兹集特十一爾吾廣方伯張公鰲
學憲張公希皐皆先生鄉人也聞
而欲刻之先一夕佐夢先生來額
語笑如昔懇曰吾文欲刻盡愼擇

諸明發而二公果至於是手自校
選定爲五卷於乎先生信神明矣
哉蓋其爲人也其死忠勇其孝感
誠其從善敏其自治嚴其視身潔
其處貧樂故能合內外貫天人名
理如程朱詩文如韓歐而多所自
得使若荆舒之逢時則率典迪而

娟嫉者消矣然則先生進退存亡
其爲天下國家所關係豈細故哉
佐於是重有感焉

嘉靖三十年歲次辛亥孟夏朔日
前進士史館友末海隅黃佐頓首
拜書

梓溪文集五卷　明嘉靖三十年刻本

進賢舒芬國裳著

芬字國裳號石灘更字梓溪進賢人幼性端重
六歲母授孝經論語輒了了十二歲以郡守祝
瀚修封溢至梓溪為獻馴鴈依人賦薦補郡學
生正德丁卯舉於鄉丁丑策對大廷御批第一
甲第一名授翰修撰戊寅武廟北狩上隆聖孝
疏又上車服人欲之分諷諭切至己卯南巡
疏省言天理應幹曹王廷陳馬汝驥伏同
編修崔桐庶吉闕懇疏罪剌閣中杖幾死戍職

諫福建市舶副提舉嘉靖元年名復官連遭親
喪遂疾卒於家年僅四十所為文章宕跌不
窮黃氏千頃堂書目正德丁丑科舒芬黢集
五卷內外集十八卷是本前有嘉靖三十年辛
亥海隅黃佐序云云皇帝
時史官孰陳者惟梓溪舒先生一人再陳
立壓　儲佐襄歲区之二子臺春比其文集相
示僅有什一　吾廣張公馨方伯孝憲張公希舉
　先生卿人也因聞而頌刻之因手自校定為

御史良材
東韻錄二卷

五卷又嘉諸亮年孫馨後序梓漢鍹公臥之之
二十五年畢竟來溪張君裹遺稿若干篇刻之
宮瑞泰泉黃公表其志以傳信來世士大夫不
安鄙祿酬羲任綱常倫理忠義保然振世一峯
羅氏後數十年公繼之批近錄詩寫流
節挺然公博求文義理淵叟詩寫流
連支景乎竟而傳者宣自序
巳云卷一制策疏卷二序十四首東觀錄自序
在焉卷三祀十首簡十首卷四銘一首題跋
四首閒當一首傳一首墓志銘三首墓碣銘一

首墓表三首榮文五首卷五賦一首詩七十二
首聯句四首銘陝汗楊溪師之墓表莫
蓋初刊於廣省本必有徐勵之印興公氏晉安
徐興公家藏書鄭氏注韓居珍藏記四印
故心不方記刻之姓名詹懷閒十之王右奉貞
之吳昭鄧八李金謝敬陳三許達王繼二江感
黃朋安等十三人

00059 祁忠敏稿五卷 （明）祁彪佳撰　稿本　祁允題簽並跋

國家名録號 11996，館藏索書號善 004870

各冊開本不一，《按吳請留州守疏》開本高 30.1 厘米，寬 21.5 厘米，《在籍公疏》開本高 28.2 厘米，寬 17.2 厘米，《居官要類》開本高 28.1 厘米，寬 27.4 厘米，《翁賢書思貽先生贊》開本高 24.8 厘米，寬 25.8 厘米，《公私雜件》開本高 29.5 厘米，寬 28.5 厘米，無版框，行數及行字不等。

　　五冊

《按吳請留州守疏》冊襯葉祁允墨筆題：

　　謹按：忠敏公按吳請申飭漕光疏金文見《宜焚抄》卷七第九封，其原稿在遺墨第　。此係重出殘稿，既爲先世手澤，子孫並宜珍藏，故編列遺墨第　號。民國廿五年十二月歲次丙子十一月第廿一世孫允敬誌。

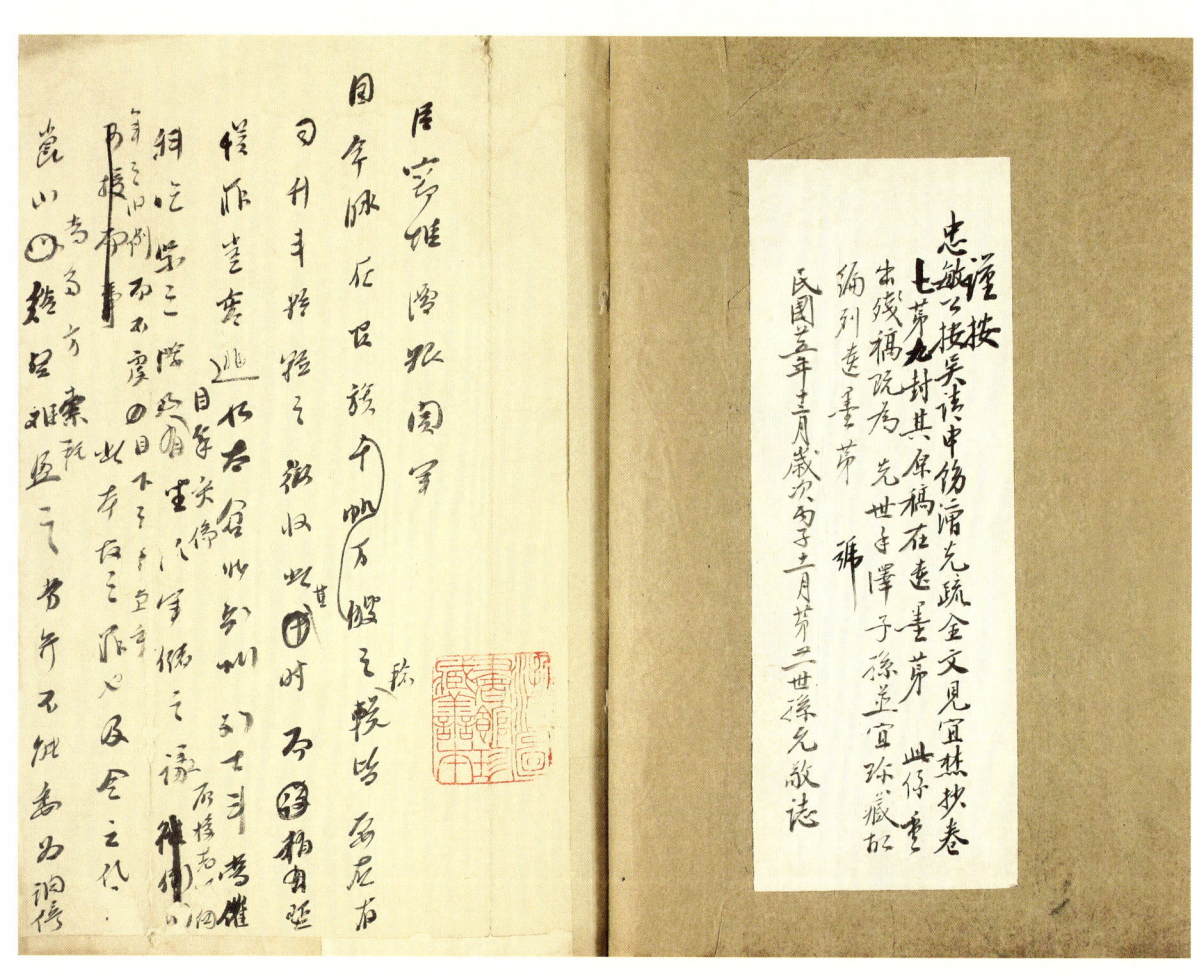

00060 明徐勿齋自書贈倪鴻寶詩一卷　（明）徐汧撰　手稿本　清王宗炎、

余紹宋跋　清戴聰觀款　金梁引首

國家名録號 11999，館藏索書號善 000206

　　卷軸裝，開本高 33.0 厘米，寬 184.8 厘米，裝裱後開本高 38.2 厘米，
寬 450.1 厘米。國家名録著録時未提及戴聰觀款。

　　一卷

卷尾王宗炎墨筆題：

　　嘉慶戊寅長至後二日，在周曹獻明經處得觀明徐九一先生遺墨。周君言
是楊立夫故物，憶乾隆甲辰以養疴留周氏齋月餘，與立夫烹茗坐談，往往竟
夕，忽忽三十五年。立夫宰樹久拱，宗炎犬馬之齒亦已六十有四矣。撫今思昔，
如對故人，非獨企慕忠節爲高山之仰也。蕭山王宗炎。（後鈐"王印宗炎"印）

卷尾戴聰墨筆題：

　　嘉慶庚辰浦陽戴聰敬觀於藏緑山房之學福齋。（後鈐"戴聰"連珠印）

卷尾余紹宋墨筆題：

　　歲寒知松堅（用周順昌贊先生語，見史外），風疾識草勁。觥觥徐詹事，
篤生古吳郡。平昔勵名節，餘事任歌詠。南都直兒戲，國覆身亦殉。山塘橋
下水，慷慨此畢命。詒謀及俟齋，高節具孝行。吾宗富藏庋，求索及餘燼。
過我示此卷，詩字兩孤峻。尋常酬和語，辛辣薑桂性。黃王並吳魏，取友見
端正。落落倪衣雲，聲氣有求應。明季多忠烈，事去莫挽運。空留好文翰，
異代生畏敬。往哲不可作，世變龔氛祲。對此徒汍瀾，持以藥鄙吝。

　　鐵山宗長兄出示此卷，僭題奉正。甲戌盛夏龍游余紹宋作於寒柯堂。（後
鈐"越園""余紹宋"印）

謹啓　國懷翣翣　迁忠冀一高躍勝

雁見錄評暜旦夕官苐四考榛麗

方亦重眾大厄勉迎袮服但念居

人逼父迫築將為重兜石易居

民且何溯譬新完陸兎迺尾歸

荒岁殘艇峕呂矜穆里春九陳题

馬出　團圖旭漬食野歟峕有鳳

子邋心燈信君羌亥内父忠昕月直

大賢秉天哲玉性敦詩讀恭居雲
苑沛撫多威聲祿　聖主樂于遠
不敢俳黠福嚴閣比溫厚儒名無
痛哭從道女升堂寬鼻除底劇堂
悟來幀謨窮固石我牧飛樹憶其枝
文章罹謗讟鉅公好詳眩猜神滿
笙橫威貨騰等範頗我空棄屋心

昔勵名卓餘事作歌詠南都直兒
戲國覆身止殉山塘橋下水慷慨此
畢命詔謀及俟齋高誼具孝行
吾宗富藏庋求索及餘燼過我示
此卷詩字雨孤峻尋常酬和語辛
辣薑桂性黃王並吳魏取之見端
正落：倪衣雲聲氣青求應明季
多忠烈事去莫挽運空甶好文翰
異代生晨敬往指不可作世變叢
氣禳對此徒沉瀾持以藥鄙吝

鐵山宗長兄出示此卷偕題奉　正
甲戌盛夏　龍游余紹宋　作於寒柯堂

嘉慶戊寅長至後二日在周曹獻明經慶得觀

明徐九一先生遺墨周君言是楊立夫故物憶

乾隆甲辰以養疴留周氏齋月餘與立夫烹

茗坐談往~竟夕忽~三十五年立夫寧樹久

拱宗癸犬馬之齒六已六十有四矣撫今思昔如

對故人非獨企慕忠節為高山之仰也

蕭山王宗炎

嘉慶庚辰浦陽戴聽敬觀於藏綠山房之學福齋

歲寒知松堅 用周順昌贊先生語見史外

風庚

00061 尺牘一卷湖上草一卷 （清）柳如是撰　明汪然明刻本　清趙宗建題
簽並題記　清徐楙、清惠兆壬跋　清林雲鳳、王國維題詩　王仁偶題詩並跋
國家名録號 12005，館藏索書號善 000291

　　框高 19.1 厘米，寬 13.5 厘米，半葉八行，《尺牘》行十九字，《湖上草》
行十八字，白口，四周單邊，無魚尾。鈐有"靈瑣堂徐氏收藏印記""曾在
舊山樓""舊山樓""若柳氏""林印雲鳳""非昔元賞""次公""絳雲
樓書畫印""莨康""余集子戌父印""貝墉曾讀""車秋聆讀過""兼巢
曾觀""翁卡均""楊柳岸曉風殘月""椒坡過眼""顧武保""梅王閣""野
侯""高印時顯""高野侯"等印。

　　一册

原封面趙宗建墨筆題：

　　柳河東《尺牘》附《湖上草》，光緒丙戌夏非昔居士重裝。（後鈐"非
昔清玩"印）

書尾趙宗建墨筆題：

　　甲子冬日徐子晉贈。次公記。（後鈐"宗建私印"）

書尾林雲鳳墨筆題：

　　汪然明以柳如是《湖上草》并《尺牘》見貽，口占二絶：

　　汪郎元是有情癡，一卷投來湖上詩。脱盡紅閨脂粉氣，吟成先弔岳王祠。

　　謫來天上好居樓，詞翰堪當女狀頭。三十一篇新尺牘，篇篇蘊藉更風流。

　　甲申冬日仙山漁人題於檇李歸舟。（前鈐"香月窗"印，後鈐"曾在舊山
樓""字若撫""林雲鳳印"印）

書尾徐楙墨筆題：

河東君與虞山定情湖上，留此二卷以爲鴻雪之證。道光丙申冬家子晉持際藏本，伏誦一週。泉亭亭長徐楙誌。（後鈐"徐楙私印"印）

書尾惠兆壬墨筆題：

壬寅夏六月訪徐子子晉於風泉清聽之室，出此卷展玩一過，覺家山風味怳在目前，性靈筆墨，耐人尋繹，不盡惜刊本未可多得也。惠兆壬。（後鈐"紅豆"印）

書尾王國維墨筆題：

羊公謝傅衣冠有，道廣性峻風塵稀。纖郎名字吾能意，合是廣陵王草衣。

華亭非無桑下戀，海虞初有蠟屐蹤。汪倫老去風情在，出處商量最惱公。

幅巾道服自權奇，兄弟相呼竟不疑。莫怪女兒太唐突，薊門朝士幾鬚眉。

庚申季夏野侯先生歸自虞山得此秘帙，假讀一過，漫賦三章。觀堂。（後鈐"王國維""静安"印）

書尾王仁偶墨筆題：

偎紅拾翠黄衫客，我愛林娃語耐思。再此十年誰繼出，春星堂主豈情癡。商量出處亦何哉，俠骨沈機況鳳推（牧齋爲志墓有此語）。多事毀書還劈版，不然同付絳雲灰。

林文素云再十年繼三詩畫史而出者又未知爲何人，蓋有所諷矣。静安所謂"出處商量最惱公"，意未必然。

二哥命校，因題。仁偶並記。（後鈐"仁耦詩詞"印）

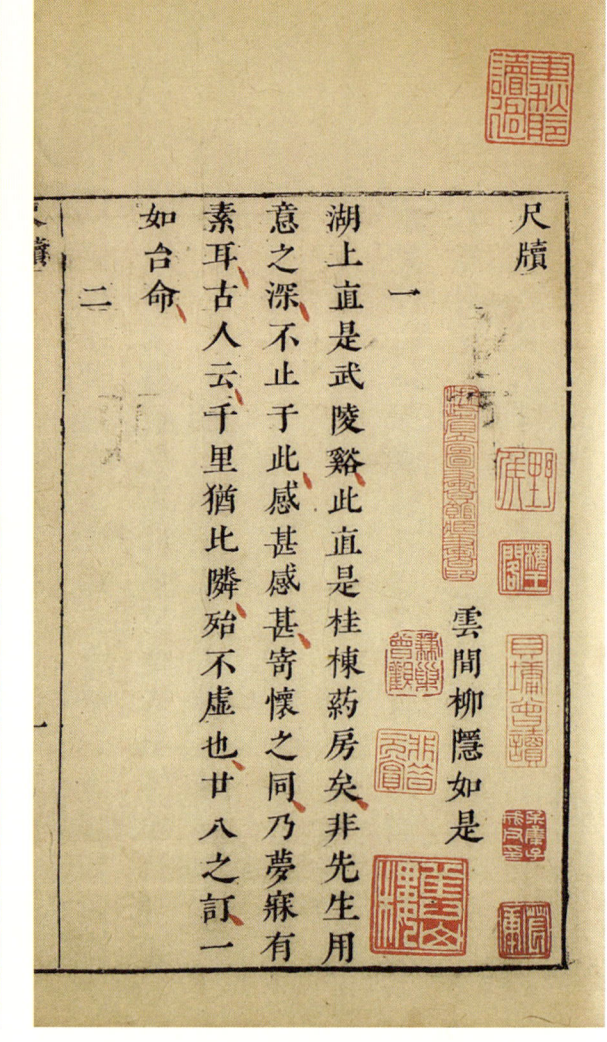

尺牘

一

湖上直是武陵谿此直是桂棟葯房矣非先生用
意之深不止于此感甚感甚寄懷之同乃夢寐有
素耳古人云千里猶比隣殆不虛也廿八之訂一
如台命

二

雲間柳隱如是

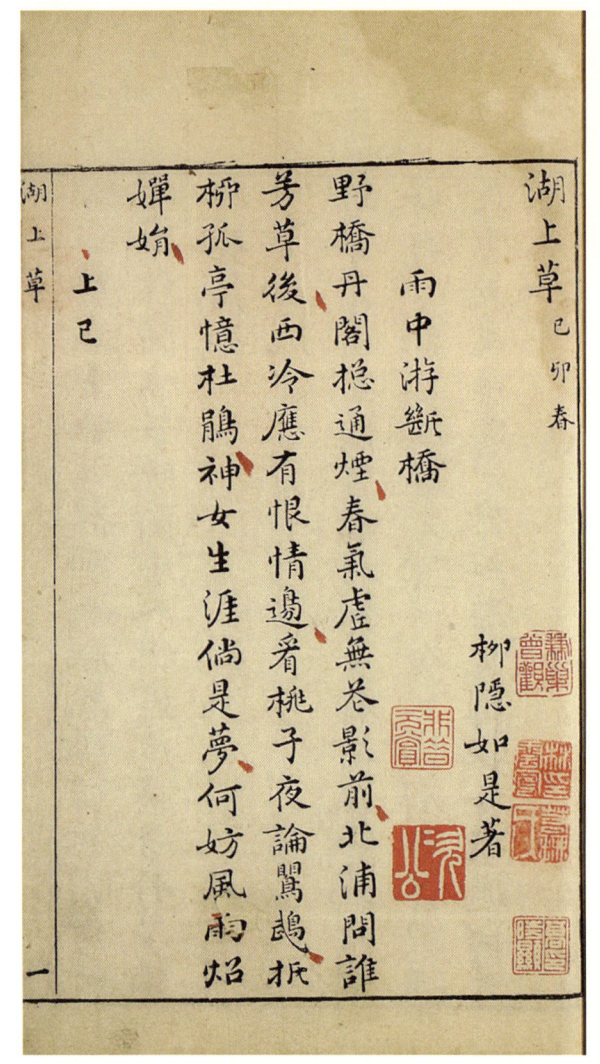

湖上草 己卯春

柳隱如是著

雨中游斷橋

野橋丹閣撼通煙春氣虛無苔影前北浦問誰
芳草後西泠應有恨情邊看桃子夜論鴛鴦抵
柳孤亭憶杜鵑神女生涯倘是夢何妨風雨妬
嬋娟

上巳

湖上草

一

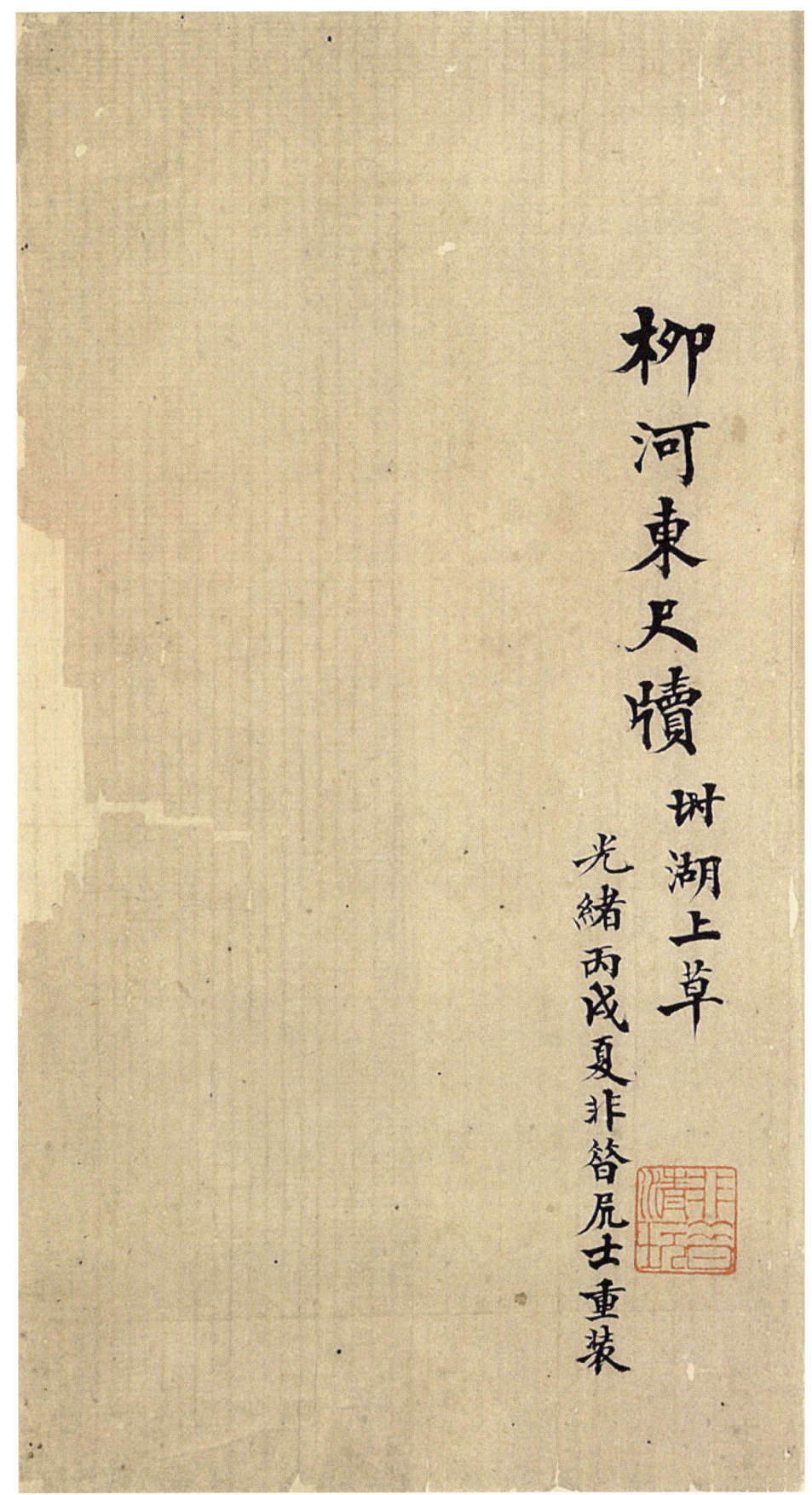

柳河東尺牘　卅湖上草

光緒丙戌夏非昔尼士重裝

汪然明以柳如是湖上草并尺牘見貽

口占二絕

汪郎元芝弓褲廳一卷報來游上詩朦
碧紅閏脂粉氣昤盛先吊岳王祠
謫來天上姼居楊詞翰埋當如狀元三
十一可撕新尺牘羅之稿籍更風法
甲申春日仙山漢人毙于橋李姼舟

河東君與屨山定情湖上留此二卷以為
鴻雪之證道光丙申冬家子晉持縣藏
本伏誦一過泉亭長徐楙誌

王寅夏六月訪徐子芋霜于風泉清
聽之室出此卷展玩一過覽家山風味
悅在目前牲靈筆墨耐人尋繹不
盡楷刋耳未可多得也 惠兆壬

羋公謝傅衣冠少道廣性峻風塵稀織郎名字吾能意合是廣
陵王草衣　華亭非無桑下戀海棠初有蠟屐蹤汪倫老去
風情在出袭商量最惱公　幅巾道服自權奇兄弟相呼竟
不疑莫怪女兒太應突荊門朝士少鬢眉　庚申季夏
野菼先生歸白雲山得此秘帙假讀一過漫賦三章　觀堂

偎紅拾翠黃衫客家愛林娃語耐思再此十年誰繼出看星堂

主堂情癡　商量出處亦何我俠骨沈機況風雅　牧翁為志墓有此語

多事毀書還劈版不妨同付絳雲灰

林夫素五月十年繼三讀畫史而出者又不知為何人蓋有所諷矣靜安所謂出處

商量最慢公意又未明

三哥命校因題　仁偶並記

00062 梧園詩文集不分卷 （清）吳農祥撰 稿本 清丁丙、吳慶坻跋

國家名錄號 12008，館藏索書號善 000299

框高 21.1 厘米，寬 15.4 厘米，半葉十行，行二十八字，白口，四周雙邊，單黑魚尾。冊 1–17 爲文集，冊 18–19 爲《泊齋別録》，冊 20 爲《星叟未忘集》十卷，冊 21 爲《星叟金陵集（一作趨庭集）》《星叟心蘇集》，冊 22 爲《星叟金陵集（一作趨庭集）》《星叟心蘇集》《星叟秋鈴集》《星叟未忘集》，冊 23 爲《星叟心蘇集》《星叟秋鈴集》，冊 24 爲《星叟詩詞集》二卷，冊 25 爲《星叟（下空）》（含"五言絶""五言律"兩部分內容）、《星叟雪鴻集》，冊 26 爲《梧園七排律》三卷、《梧園六言律》六卷，冊 27 爲《梧園七言古》《梧園五排》《梧園五律》《梧園七律》《星叟未忘集》《梧園七絶》，冊 28 爲《梧園金陵集（一作趨庭集）》《梧園心蘇集》卷一至四，冊 29 爲《梧園心蘇集》卷五至七，冊 30–31 爲《梧園編年詩集》，冊 32–34 爲《星叟詞》。稿本版心下印"梧園藏"。其中《梧園編年詩集》版心印"蘭里蔣氏印山樓鈔本"。文集冊 1 襯葉有丁丙撰提要。鈐"八千卷樓珍藏善本""壽松堂書畫記""賜書堂藏閱書""敦宿好齋珍藏書画印"等印。國家名錄著録時未提及丁丙題跋。

三十四冊

《星叟詩詞集》冊襯葉丁丙墨筆題：

右吳星叟先生詩稿。先生應康熙鴻博科之徵，著作等身，實吾杭先覺也。不知何人下署郭名，意將僞託林外野言，真堪發笑。光緒甲申六月十日朔丁丙記。

文集册襯葉吴慶坻墨筆題：

　　星姿徵君譔著宏富，見於乾隆《杭州府志·藝文》者凡三百四十二卷（朱朗齋、吴思亭兩家所紀卷數各異），而世間傳本絶罕覯。先高大父緝《杭郡詩》，僅録十餘首。先大父補傳云：徵君遺稿藏蕭山王小谷太史家，卒無刊本，此八千卷樓所藏鈔本，爲徵君手稿。松存丈識語云：凡二十九册，蓋未經編定之本。光緒之季，丁氏書歸江南圖書館。此本乃復出於金陵市上。孫君康侯得之，比於趙璧之歸，亦奇緣也。余又見楊見心家有《流鉛集》十六卷，雍正四年章藻功序，爲方文輈先生選定，徵君子裕僧彌校字。嘉慶丁卯泰州宮節溪增祜跋謂游京師王徵君平圃所贈，平圃則得之浙人云。最後有且樸一跋，不知何許人（有小印曰“星南”）。劉翰怡得之，以貽見心。余以兩本互讀，選本矜重，所録《春思》《槎客》《崎麗樓》《薜荔》《慈竹賦》凡五首，餘皆無之。他日有好事者合兩本刊行之，則快事矣。庚申初秋吴慶坻。（後鈐“蝯公”印）

右吳星史先生詩稿先生廁康熙鴻博科之徵著作等身貧且杭
先覺也不知何人下署郭名志將偽託林外野言真堪發笑

光緒甲申六月十日期丁丙記

星史詩詞集

五半律

漕舟燈詞

元 郭翼著

萬艦偏喇尾千帆不並頭先隨秋月新影入楚江流吏引離人
湘三羊一遠游

寒燈倒波直殘青排地岳斗回蓮惡滚風動桂枝移去得長腰
數天涯對飲時

夾岍春旗轉沿河戍鼓祝神鴉飛欲散仙鯉集還竦竟似千門
夜瓊釣掛碧虛

暗霧珠懸觧睛瀾映壁新低田然別浦上下射通津紅囪嬌少
婦却邁故鄉人

五言半律

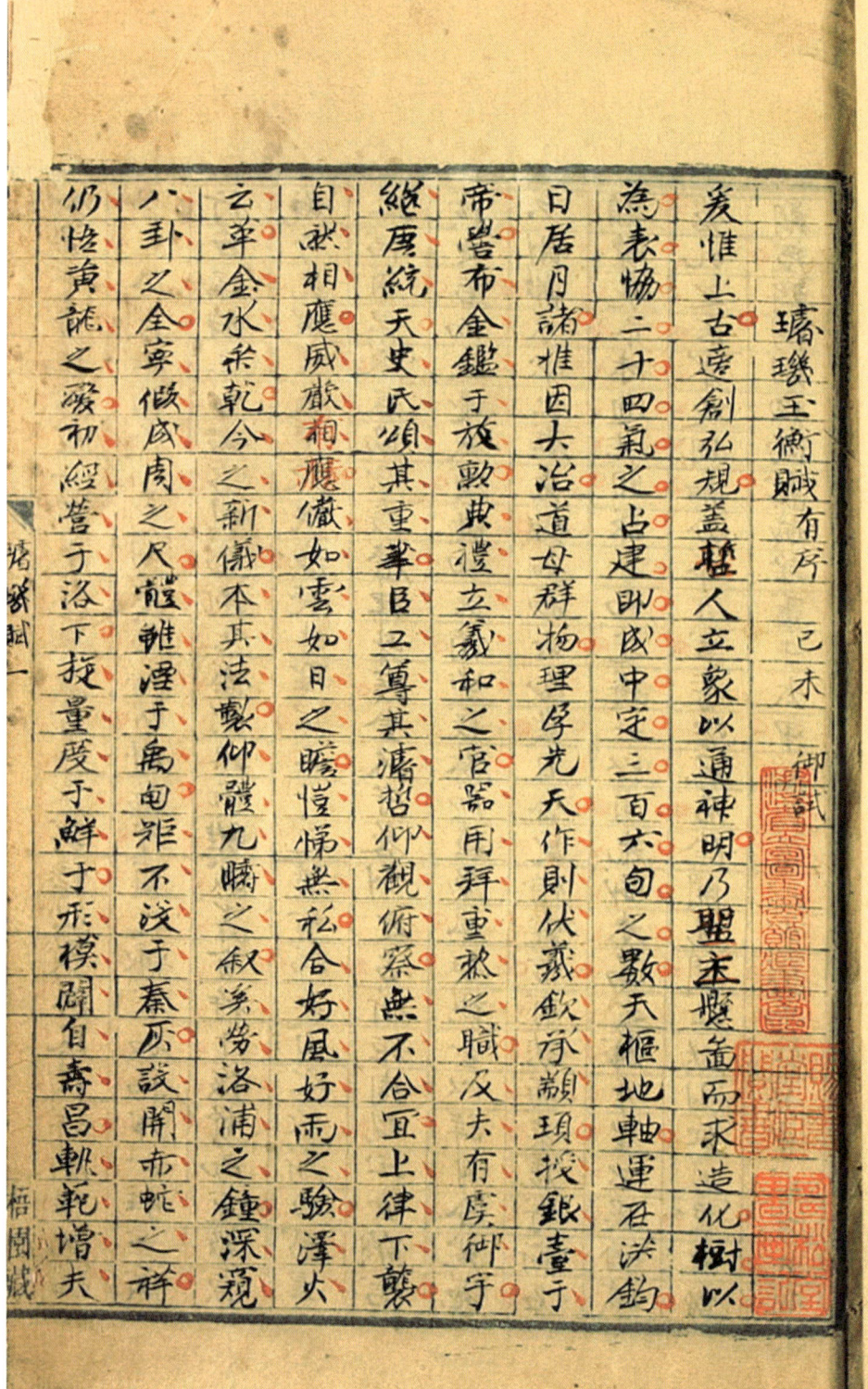

遴本矜重所鑴春思樓客崎羅橘薛荔
慈竹賸凡五首錄皆無之他日有好事者合
兩本刊行之則快事矣庚申初秋吳慶坻

璿璣玉衡賦有序　己未　御試

羡惟上古遠創弘規蓋聖人立象以通神明乃聖本憑盍而求造化樹以
爲表惄二十四氣之占建即成中定三百六旬之數天樞地軸運居洪鈞
日居月諸惟因大治道母群物理孚先天作則伏藏歆承顥項授銀臺于
帝營布金鑑于旂歟典禮立氣和之官器用拜重就之職及夫有虔卹宇
維庶統天史氏頌稱其重華臣工尊其溥哲仰觀俯察無不合好宜上律下襲
自然相應威嚴相應徹如雲如日之曠惺惕無私合好風好雨之驗澤火
云革金水象乾今之新儀本其法製仰體九嶠之叙美勞洛浦之鐘深窺
八卦之全寧倣威周之尺體雖淫于禹甸非不淺于秦阸說開布蛇之祥
仍恪黃龍之瑞初經營于洛下挾量度于鮮于形摹闕自壽昌軌範增夫

璿璣賦一　梧園藏

星穹徵君撰著宏富，見於乾隆杭州府志藝文者凡三百四十二卷（朱朗齋、吴思亭兩家所紀卷數各異），而世間傳本絶罕覯。先高大父緝杭郡詩屬録十餘首，先大父補傳云徵君遺稿藏蕭山王小穀太史家，本無槧本。此八千卷樓所藏鈔本爲徵君手稾，私存之識語云凡二十九册，蓋已經編定之本。光緒之季丁氏書歸江南圖書館，此本乃復出於金陵市上，孫君康侯得之於趙辟之，歸以奇緣也。余又見楊見心家有流鉛集十六卷，雍正四年章藻功序，爲方文輈先生選定，徵君子裕僧彌校字，嘉慶丁卯春於宮節溪增補跋，謂將彙歸王徵君本圃所贈本圃，則得之浙人云。家後有且樸一跋，不知何許人。

動銀鐺帶索眠數宵硯夢遊時對佛燈懸

故居

寂寞千家改蕭條三徑空官梅枯夜雨旅麥亂春風楊徙蠨蛸
喜門開鼪鼯窮今宵思弟妹攜手出簾櫳
過新法師蓮居　時公徹子新染
路轉蓮科盡門依菜甲開毒龍投鉢化怖鴿叩鐘迴桂唱終宵

《卷之三》　蘭里蔣氏印山樓鈔

盡漁歌竟日哀餘生窮坐臥隨意宿蓮臺
憐我知深意辭家信丈夫微辭當受戒大義託存孤舊傷離
別音書剩有無德親倚門定然後隱菰蘆

續漫識

一旅投斟灌城保會稽江總後馬腹路不限牛蹄客子征車
蕭家歠凍檑誌績晴嵐撝斜巹浙溱櫻炳
環海瀛洲客樓船泫水軍東遷依晉鄭南代畏桓文宮府羊腸
隔兵民鼠角分多廣一片月照見越西雲
題吳山昊天寶閣遺趾
此山已幽絕高閣更崔巍鬼斧龍宮出仙槎鶴觀回人烟銀漢
落天色鏡湖開愁絕烽鏑無人閭草萊

《卷之三》　蘭里蔣氏

00063 壬申紀遊一卷 （清）查慎行撰 手稿本 丁以布題記

國家名録號 12009，館藏索書號善 000293

　　框高 21.8 厘米，寬 14.2 厘米，半葉九行，行字不等，上下黑口，四周雙邊，雙對黑魚尾。鈐著者“夏重”“查嗣璉”二印。鈐有“嘉惠堂丁氏藏”“八千卷樓”“當歸草堂”“濟陽文府”“丁僊芝”等印。乃丁氏八千卷樓捐贈。曾經民國二十五年浙江省文獻展覽會陳列。國家名録著録時未提及丁以布題記。

　　一册

内封丁以布墨筆題：

　　民國二十五年三月杭縣丁宣之捐贈。（後鈐“丁印以布”“宣之”印）

民國二十五季三月杭縣丁寶之捐贈

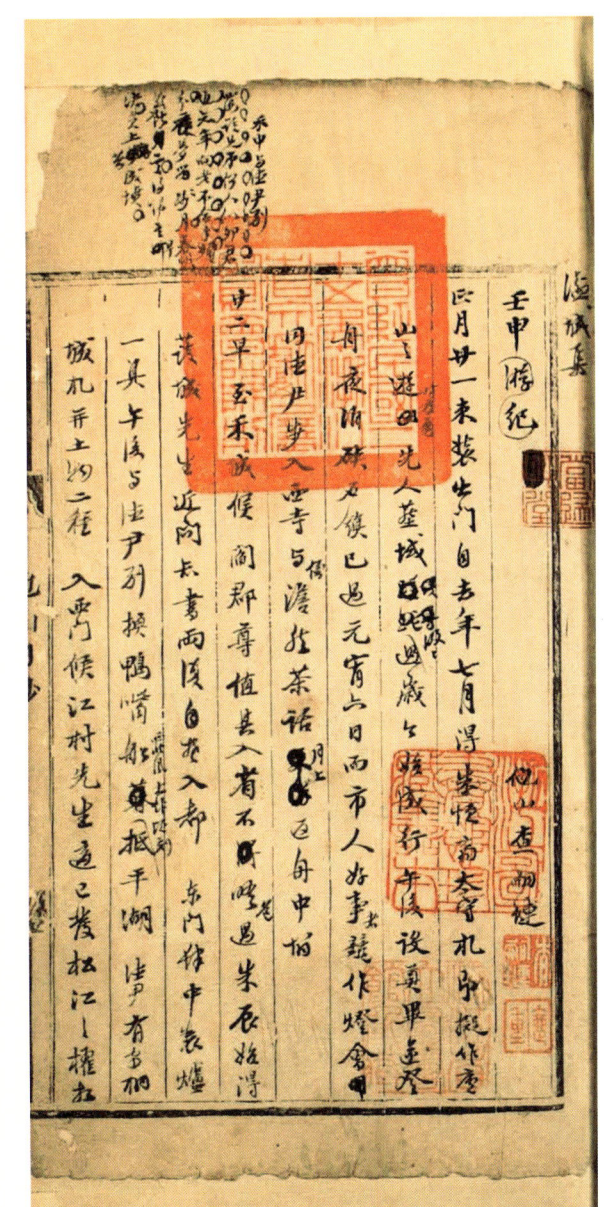

00064 癸卯入闈記一卷附書畫詩夢石研屏歌　（清）翁方綱

撰　手稿本　李平書題簽　佚名題簽並跋

國家名録號 12014，館藏索書號善 005158

　　册頁裝，開本高 29.0（裝裱後 33.7）厘米，寬 16.5（裝裱後 23.7）厘米，無版框，行數及行字不等。鈐著者"覃谿""蘇齋墨緣"二印。

　　一册

書尾佚名墨筆題：

　　此石今裝架供几，日與斯帖相對，悟竭明之昔夢，證蘇齋之墨緣，良非偶然，感感幸幸。甲子午日記。

癸卯入闈記

蘇齋叢稿　乙卯七月　且頑老人題

書畫詩夢石研屏歌

我題書畫詩夢石五者空知孰後先書中詩畫
石中夢有若家數相滋笘請從至齋詩夢說
畫家經營三十年雨庠鄰窀藥洲上潤吸月來
壁珠珠胎同時大癡綽墩卷墨靈挾雨龍惋
姚鄭宅三日為我仿後春北上診夫錢謂薛蘇
書蔡夢杭守勾烏雲紅日萬陽緣江南鷺花
倒眉軍西湖雪羽鼠抑綿一以君謨唱來和神
光雜合難為傅錢子羅生時送商確悅豪來

散贉錦逶三湘老史閱默子真一夕大醉狂非
顋叐中巽暴瀝靈壁涇紙紺起飢坡涏至今
裝潢此帖背雲帥愾悅神惜牽帖中有人俄
樓立蘇邪蔡邪之莫宣我齋十百笪殿影卜
尔訊雪靈蓮尊今宵雪浚乃大悟五筝居士書
書禪書非詞筆畫非墨九霞洞接靈濛天
似雨疑晴崢辎霧真宰元氣相迴拄山開一
面叟紫翠速趣臿際吞靈煙斜峰陸起削
天半興雲氣低雲壓忘外江光墨搖動銀河

杰峰来飛泉恐是荆閩間董巨輩精魄勾現於丹

鉛不然叱寧元豐日詩酒痕滋曲山川依竝樓頭

真目見錢塘午覺有閣前契身裹寫蘇与蔡襄

著窓几紛堂延於此蘇齋研屏石盒假星月歐梅

篇我有偃松枕屏字六出鶴嶺浮仙松屏令与

研屏合四百二峰收一卷眼青萬里昆何畫風

落電發現鯀圓粉愛殘愊乃真境象山應響

元典絵青獅齋銘篆香澹寶晋研石徒牽維

西波那必蕉臺卷驛壁縮本搆擅鸖

五峰贈此研屏幻景天成一補數十年未画家雖名

之妙喜而賦此已以此石裝架而縮肚坡書君謨

夢詩鐫於其側也

嘉慶八年癸亥冬十二月九日塔下山房後軒書

此石今裝架供几日与斯帖相將惶

渴明之昔夢醒蘇齋之墨緣

良非偶於然藏牽甲子午日記

00065 龍莊先生詩稿不分卷 （清）汪輝祖撰 稿本 清王暐昌跋

國家名録號 12017，館藏索書號善 000269

開本高 22.5 厘米，寬 17.2 厘米，金鑲玉修復後開本高 26.1 厘米，寬 17.7 厘米，無版框，行數及行字不等。正文前著者墨筆題跋言"余客游三十餘年，舟馬之勞，未有過於今年者。自春初決計北上，春杪首塗，至仲冬二日還里，凡十一月。境之所歷，畢見於詩……丙午仲冬七日龍莊居士書於環碧山房"。鈐有"五其過眼""嘯簹所藏"等印。

一册

襯葉王暐昌墨筆題：

集相報蓋亦從殘書中檢來，適當時斬不舉還，則又何由得先人墨寶哉？翰墨之緣如此，而報施之道又如此。汝小子當謹誌之。訓言猶在，音容已邈，迄今追憶，不禁愴然。光緒己卯長夏謹讀一過，爰記顛末於端。同里後學王暐昌午琪甫謹識。（後鈐"節孝後人"印）

憶昔壬申冬，昌初需次吳門，參謁撫衙，時護撫篆者爲長白恩竹樵方伯錫旅見後，即首問曰蕭山有汪龍莊先生，其後人若何矣？昌舉以對，方伯曰宜善人之有後也。嗣見各上遊，亦多有問及者，是則先生之爲當今名公鉅卿所景仰者亦云至矣。忝居同里，與有榮施焉。暐昌又誌。（後鈐"五其"印）

丙午春日偶閱此人向前同善諸子□□

里社山南好讀書　丙子威帖芸草和欲重七君移抛從子帆緣御榜涯七

名碌行除仕路才无雜大令勞人惜自夜閒居萠廬永畫芝像樣

廣葩騎驢更灸晒

恁此人臺既宗名生怕負清時由來佐吏嗟珠血發到膏官説庵保保

赤威視三字訓樸黃私揆九原和廟書二四庙福官好鈔書日賦詩

撰良轄勝此廉參及稀仙事未亦文窜早榇鸞捉貴功名敢寝雖孝微但

求地㑺書二兒僡不礙身修多孔土方泰客晏雖承糖有聲時

世濤污茅每軛貨粗才微律荷陶成身悟多孔松賣婷陛吏兆少官將

雨今寅届堡幽揆臃局为待完枠曰歸系煩頦賣婷陛吏兆少官將

恁別郡又亭先生六亩

集相報蓋六七逆殘書中檢來遁當時斯不舉還則又何由得先人
墨寶我猶里之緣如此南報施之道又如此汝小子當謹讀之訓言猶
在吾容已邈迄今進憶不集憶然先緒己卯長夏謹讀一過爰記顛
末於端

同里後學王暉昌于琪甫謹識

憶昔壬甲冬昌初需次吳門參謁撫衙時護撫篆者為長白思竹樵
方伯錫旅見沒阿首閒日幕小有汪龍莊先宦其後人黃阿夫為舉
以嗣方伯舊宜善之有後也嗣見吞上遊之多有廁及者是則
先生之為當之名必鉅所兩景行者吞云至吳忝居同里与有榮
施焉

暉昌又誌

金壽臨草俸身每為之舊未有迄於七年者
和決計此上春初首建及仲冬二日遂畢凡十一
閱境之所歷畢竟於隱緣貴人礙眼前
光第一逗便非遽字款揚事兩寄不遂計其
詞之主柱役目見有餘閒別房刪訂匆匆存者不
及什一足酉午仲冬七日銀莊居士書於懷

碧山房

00066 詩問稿一卷　（清）姚燮撰　稿本　清傅濂題簽並批校
清葉廷枚跋

國家名錄號 12023，館藏索書號善 000271

　　册頁裝，開本高 25.0（裝裱後 31.1）厘米，寬 14.7（裝裱後 19.5）厘米，半葉十二行，行字不等，白口，四周雙邊，單黑魚尾。鈐著者“某伯”印。鈐有“性安”“措大”“傅濂”“傅歡生”等印。

　　一册

書尾葉廷枚墨筆題：

　　某伯姚先生爲吾甬名孝廉，年十九刊《疏影樓詞》，他若《復莊詩問》《駢體文権》，皆卓然成一家言。又工書，兼尺楮流傳，珍同拱璧。是編爲先生手録詩數十章，與《詩問》不盡合，壹則筆法古雅，不作時世裝。族叔月坨檢舊藏書，得之，蓋先生與曾叔祖赤堇山人交最契，詩酒往還無虛日，是編或當日留以待刪定者亦未可知。今則能詩者少，知詩者亦少，讀是編又不勝今昔盛衰之感云。歲戊戌春仲從姪廷枚跋於金粉樓。（後鈐“葉仲子”印）

枼伯挹先生為吾邑有名孝亷年
十九刊疏影樓詞他如渻莊詩詞
駢體文權省卓然成一家之言又工
書畫尺牘流傳珍同拱璧吾編者
先生手錄詩數十年与詩間不乖
合考劍芒伎古雅不作時世妝
族丼月挲拾舊藏書浮之甚

先生与曾丼祖赤葊山人交最契
詩酒往還吾嘉昌之編或有
日夕要待剛窂者六年而知
今別雅詩為少和詩者甚
讀吾編及不滕合芳盛豪之
感云歲戊戌季仲

廷枚跋于金粉樓

00067 會心集不分卷　（清）管應祥輯　稿本　清管庭芬跋

國家名録號 12042，館藏索書號善 003737

開本高 22.1 厘米，寬 14.1 厘米，無版框，半葉八行，行字不等。鈐有"芷湘""管庭芬印""英雄名士美女神仙"等印。

一册

襯葉管庭芬墨筆題：

從叔閬風公以名孝廉出宰利川劇邑，簿書之暇，嘗抄撮子史稗乘諸家凡數百篇，欲成會心一集，因殁於任而絶筆。此册尚公之手稿，余於蠹簡中搜得而藏之。今公之後人皆流寓通潞間，所遺著述已不可問，而公之一棺仍淹滯故鄉荒村敗屋中，將閱五十寒暑而未克窆窆，閱此憶及，不免泫然。時道光十有七年歲在丁酉從姪庭芬謹誌。（後鈐"庭芬"連珠印）

從叔閒風公以名孝廉出宰利川劇邑簿書之暇嘗抄撮子史稗乘諸家庄數百篇歙成會心一集因發於任而絶筆此冊尚乃三手稿余於嘉靖簡中搜日而藏之今乃是以人皆流寓逋淘間配逐著述已不可問而三一椎仍流寓滯故卿荒村敗屋中已將閱五十寒暑而未克寬窶閱此懷及不克涇遊者

道光十有七年歲在丁酉從姪庭芳謹誌

○○○ 君臣

管仲

圓者運運者通通則和方者執執者固固則信君以利和臣以
節信則上下無邪矣故曰君人者制仁臣人者守信此言上下之
禮也君之在國都也若心之在身體也道德定於上則百姓化於
下矣戒心形於内則容貌動於外矣正亢者所以明其德知得諸
己知得諸民從其理也知失諸民退而脩諸己反其本也所求於
已者多故德行立所求於人者少故民輕給之故人君者上注人
臣者下注上注者紀天時務民力下注者發地利足財用也故

00068 松陵集十卷 （唐）皮日休 （唐）陸龜蒙撰 明弘治十五年（1502）劉濟民刻本 清蔡鴻鑑題簽並記

國家名録號 12046，館藏索書號善 003756

　　框高 18.7 厘米，寬 14.3 厘米，半葉十行，行十八字，小字雙行不等，上下黑口，左右雙邊，單黑魚尾。弘治壬戌（十五年）都穆跋言"古松陵即今之吳江，予同年濟寧劉君濟民來爲邑令，謂是集爲其邑故物，而人未之見，授儒士盧雍校勘，捐奉刻之"。鈐有"范文安藏書""碧玉壺蔡鴻鑑校書讀畫之印"印。

　　五册

册 1 封面蔡鴻鑑墨筆題：

　　《松陵唱和集》十卷，弘治壬戌南濠都氏刻本。光緒戊寅四明墨海樓重裝。

松陵集卷第一 往體詩一十二首

讀襄陽耆舊傳因作詩五百言寄
美
　　　　　　鄉貢進士陸龜蒙

漢皋古來雄山水天下秀高當軫翼分化作
羣囿暴秦之前人灰滅不可究自從宋生賢特
立冠耆舊離騷既日月九辯即列宿卓武悲秋
辭合在風雅右龐公樂幽隱辟聘無所就祇愛
鹿門泉泠泠倚巖漱孔明卧龍者潛伏躬耕耒
忽遭玄德雲遂起麟角鬭三胡節皆峻二習名
亦茂其餘文武家相望如斥候緬思齊梁降寂

立青翰何人吹玉簫

松陵集卷第十 終

古松陵節今之吳江予同年濟盧劉君濟
民來爲邑令謂是集爲其邑故物而人未
之見授儒士盧雅校勘捐奉刻之予觀唐
詩人多尚次韻至元白而益盛其萃而成
編則有漢士題襟斷金及是三集按皮氏
自序謂一崴之中詩凡六百五十八首其

富如此則又題襟斷金之所無者況其遊
燕題詠類多吳中之作後之希賢懷古者
將於是乎考固吳人所當寶也劉君爲政
不斁古人其刻是集豈直私於一邑蓋將
公之天下者也弘治壬戌九月二日前進
士吳都穆記

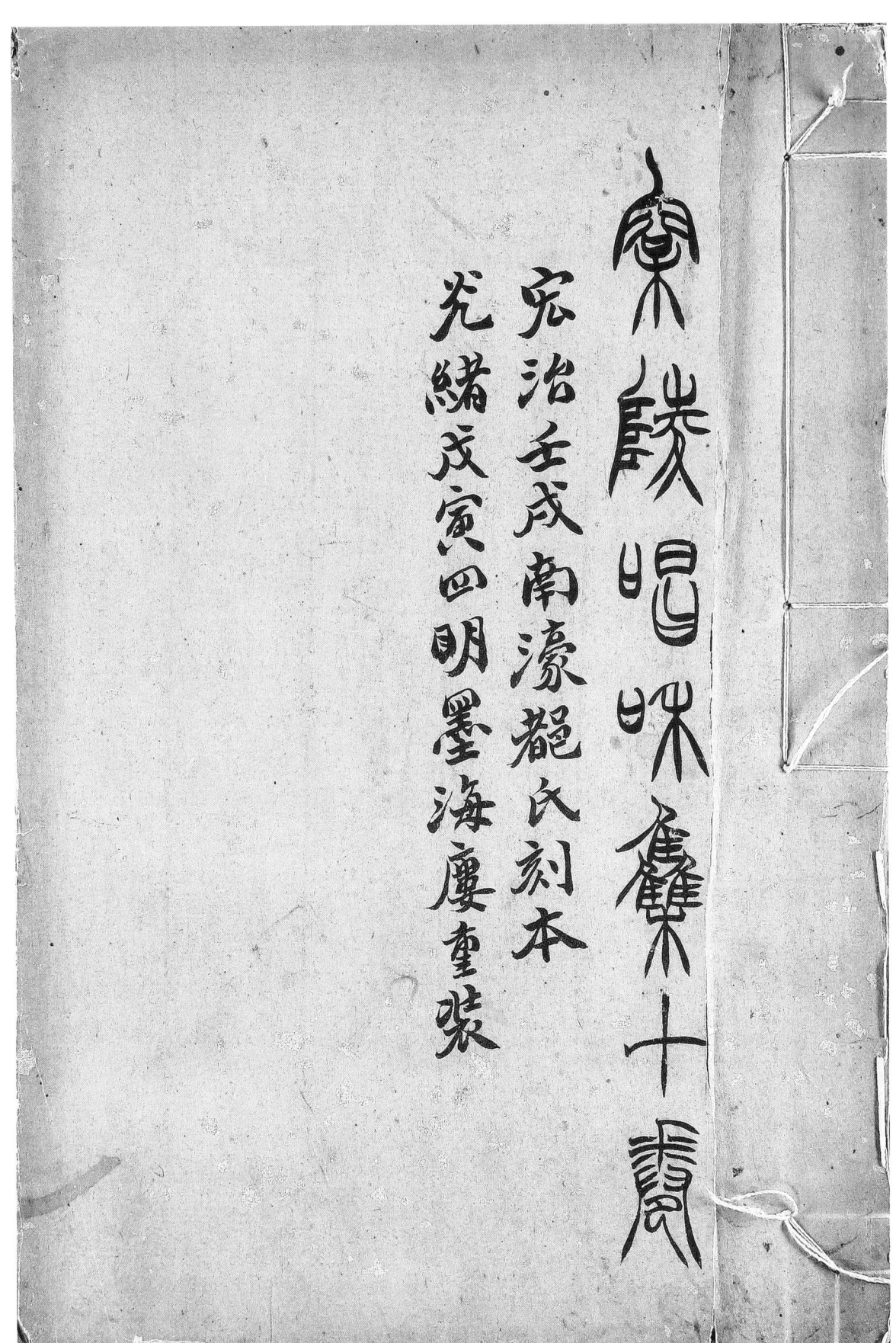

東萊呂太史文集十卷

宏治壬戌南濠鮑氏刻本

光緒戊寅四明墨海廔重裝

00069 續甬上耆舊詩不分卷 （清）全祖望輯 稿本 馮貞群跋

國家名録號 12058，館藏索書號善 000274

毛裝，一册開本高 25.7 厘米，寬 18.7 厘米，一册開本高 25.4 厘米，寬 14.9 厘米，無版框，行數及行字不等。鈐有"孟顈"等印。

二册

册 2 封面馮貞群墨筆題：

全謝山《續甬上耆舊詩》稿本存五家，錢忠介公肅樂、陳光禄士京、沈太僕光文、林評事弘珪、張尚書煌言。册中行書及圈點爲謝山手筆。甲戌七月從周延緒後裔得之。貞群記。（後鈐"伏跗"印）

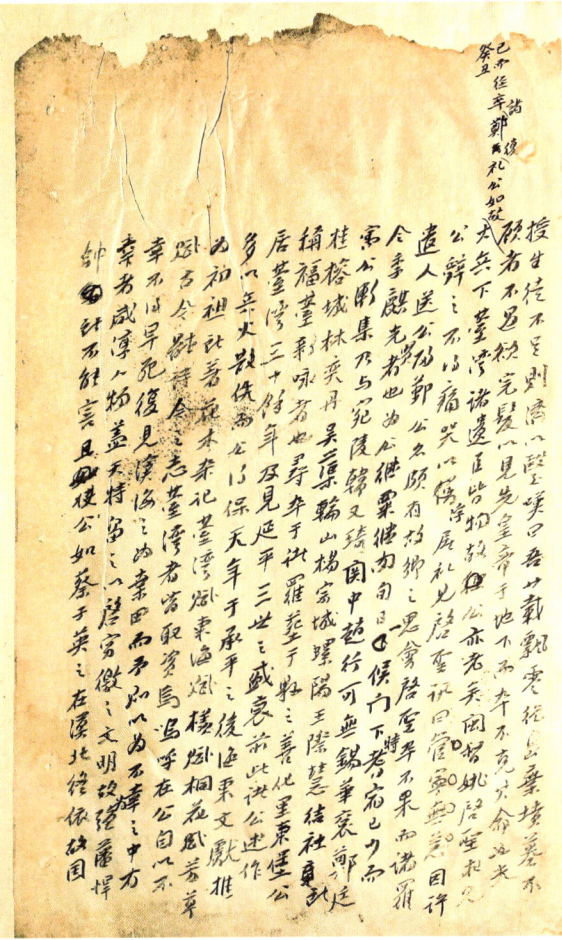

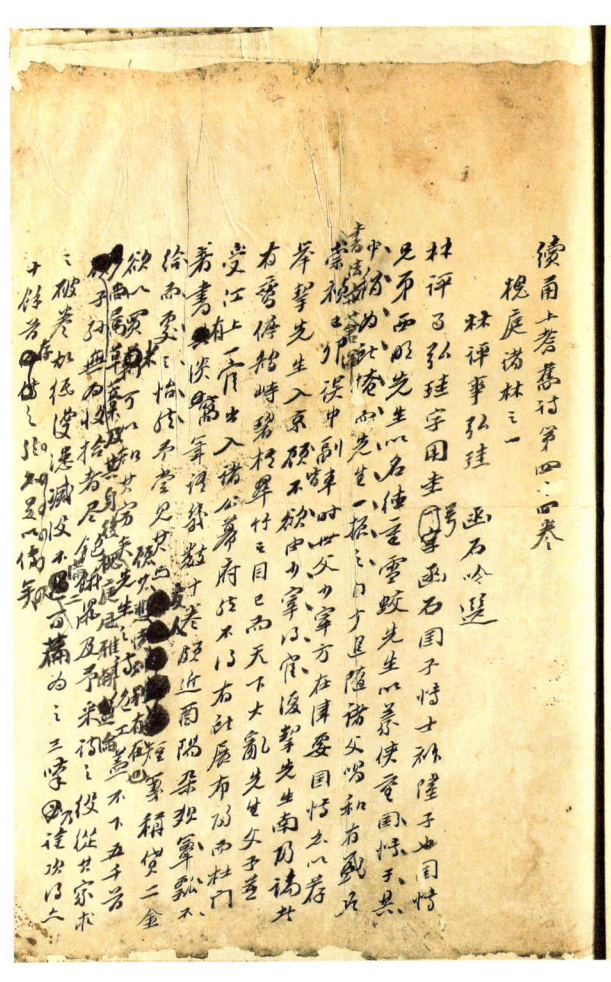

續甬上耆舊詩第十六卷

王常博玉書

山中雜感

去暑遠城市入山欣開幽何知岑寂月照動孤羈愁人生遭
時會得失難算籌波濤一翻覆倏忽見白頭昔與同心人天
傾壓女憂白日暮難起滄波逆流慟號埋壯志而心悲九天
豈期天意遠賢聖難計周只傷中間人蓁蓁黃塵秋繁霜九
卯瑤草孤根栜留竹帛何足語文章亦可羞負彼高厚生
殺機無一酬耳目為虛器形骸若敗舟夢夢百年功飄搖若
家國無一酬千古事北望酸雙眸渺茫不可極淚落何時收
浮漚傷心千古事北望酸雙眸渺茫不可極淚落何時收
入山偶坐
際此白雲來窈爾與山得俯視蒼茫原迷迷不復憶渺冥無
一人老矣長太息

全謝山續甬上耆舊詩彙本存五家

錢忠介公肅樂　陳光祿士京　沈太僕光文

林諮事弘珪　　張尚書煌言

冊中行書及圈點爲謝山手筆甲戌七月後周延緒後裔

得之貞厓記

00070 續甬上耆舊詩不分卷 （清）全祖望輯　清全氏雙韭山
房抄本　馮貞群跋

國家名録號 12059，館藏索書號善 003943

　　框高 18.4 厘米，寬 14.7 厘米，半葉十二行，行二十二字，
白口，四周雙邊，無魚尾。稿紙版心下題"雙韭山房"，間有"看
雲草堂"格抄補。四周雙邊，單黑魚尾。半葉十四行，行二十二字。

　　四册

册 1 襯葉馮貞群墨筆題：

　　此雙韭山房鈔本《續甬上耆舊詩》，存二十三家，今分裝四册。
中有看雲草堂格鈔補，看雲爲鄞董懋遜別署也。予別有董抄大
本《耆舊詩》三十八卷三册，蠅頭細字，惜其殘缺，蓋懋遜於
此書用功之勤，非後輩所可及者。不審其字行狀，容後日詳考之。
庚辰二月五日馮貞群。

羈棲牟室兩何為　慷慨從容我亦難　當晨殷頑龍草皿　縱說渙无岸依眉鵰鷹

蹦躅誰憐鐵鳳踦　秋自冠莫道古今多玉碎　萬稻論疢来難迎

辣休婉娜盡鐵煙　便捉寰庚豈爲空有沉洄說懷心　辛熙入浴思調三鳶

刀欬下何沉悅　脛吊常顧不用衡帽恨寸陰眞逸藏小樓爭繁重三年

住烏江

楚歌敞憩　鄘匐空匜馬喘末勞日硯四百餘年炎火斷　雄勁加陰半一重膊

雄旗璣下亦港瀕戰玉其如憶故國泗泉妝燼兵應輕于弟到居

泉穴魚

南有鮪魚實生泉穴臣于蛋居鼈行仰涑水族夫歡基觸市活泉市楼鯨　野

負卵訛訛
絕命詞

北歌歌裡竇图空匜馬踊来勞卯硯四伴年炎火蹄誰祀陰半一重膊

住烏江

我午四十五後逢九月七大厦已不支成作蒿葬幣

　　　　　　　　　　　　　　　　　　　　　　　

送舍山還長亭山房

投老猶垂橐忘歸未拂衣　江山雙淚迸　家國寸心違作客
悲王粲爲郎憶紫薇　入林還悵望　吾道已全非
　　　　　　　　　　　中書舍人任

卜居

山中小築奕焚餘　結搆新茆再卜居　性癖故貪鷗鷺地
偏猶逼虎狼居　寒廬惡、秋張藥宿火焚、夜讀書正憶
普天方左帶此身那得漁樵澗

島居八首

天地勞何在空山足息機　元黃悲昂沸蒼莽看帆飛誤世
芙蓉劍撐人薜荔迷途知未遠還復臥昆磯

島事幾滄桑棄何勞更辦亡人能扶日戴我且挾雲囊傲骨

甘爲鷙雄心怯虎狼誅茅還關土海外有封疆

　　　　　　　　　　　　　　　　　雙韭山房

西明山人林岳隆
林國博祚隆
失太常大程
萬布衣斯備
寓公周道人維祚
貞文先生萬斯同
邱舍人子章
毛戶部聚奎
忍辱道人朱金芝
錢職方肅遠
李駕部文瓚
董德偁

海外幾社六子之一

張尚書煌言守元著別罷蒼水崇禎十五年舉人後起戎兵官間尚書絢國難誠忠
著有永樟集奇峯草北征錄采薇吟詩集行世

懷古

卓哉一臣廕赤手挽離歷浅促既迭生剃淮且並滅君方
振有仍臣也夯有萬國亡四十年興滅復繼絕杷夏伊誰
功萬古冠臣節少康固扵世臣廉何寂蔑
我懷申大夫哭秦卒復郢人定能勝天一言重九鼎亦有
張長史唐室賴蕃屏當其晝□井之古人柬忠
貞謀圉無徵偉搽此左卷言勲名終愿炳如何道播臣智
勇万得騁廉興寧有運吾欲訟青冥
帥節瀚城同諧公行長且禮丁亥
幾年卧節夢金鑾絲叢猶班舊握蘭葭管初開周甲子慈
琲重見舊衣冠嵩呼恍覺爐香近海矈猶疑扇影寒惟有
臣心氷雪净逰将綵線續雙丸

此雙玭山房鈔本續甬上耆舊詩存二十三家
今分裝四册中有看雲草堂格鈔補看雲
為鄞董㣧遽別署也予別有董抄大本者
舊詩三十八卷三册蠅頭細字惜其殘缺蓋
㣧遽於此書用功之勤非後輩所可及者不
審其字行狀容後日詳考之庚辰三月五
日馮貞群

雙玭山房鈔本續甬上耆舊詩目錄　計二十三家四册

張尚書煌言
陳隱君峽
包隱君變
錢布衣豹
不了和尚前巢令王應圮
貞靖先生周齊曾
王常博玉書
周監軍元初
節介陸先生宇爆
高斗樞
真慈先生李同

00071 江干雜詠不分卷 （清）丁丙輯 稿本 吳士鎬題記

國家名録號 12060，館藏索書號善 003948

毛裝，緑格稿紙，框高 17.3 厘米，寬 12.6 厘米，半葉十行，行二十字，小字雙行同，上下黑口，左右雙邊，單黑魚尾。其中一葉稿紙爲墨格，稿紙上印"嘉惠堂鈔本"，嘉惠堂爲丁申、丁丙藏書樓。是書録吟詠江干名勝古蹟的七絶二百餘首，並附注釋。據内容增添、塗改及地名批注時的筆蹟，知應爲丁丙所輯。

二册

文中粘簽吳士鎬墨筆題：

詩多二首，結尾似可酌删，注中舛錯尚多，均須查改補闕。鎬拜讀並注。

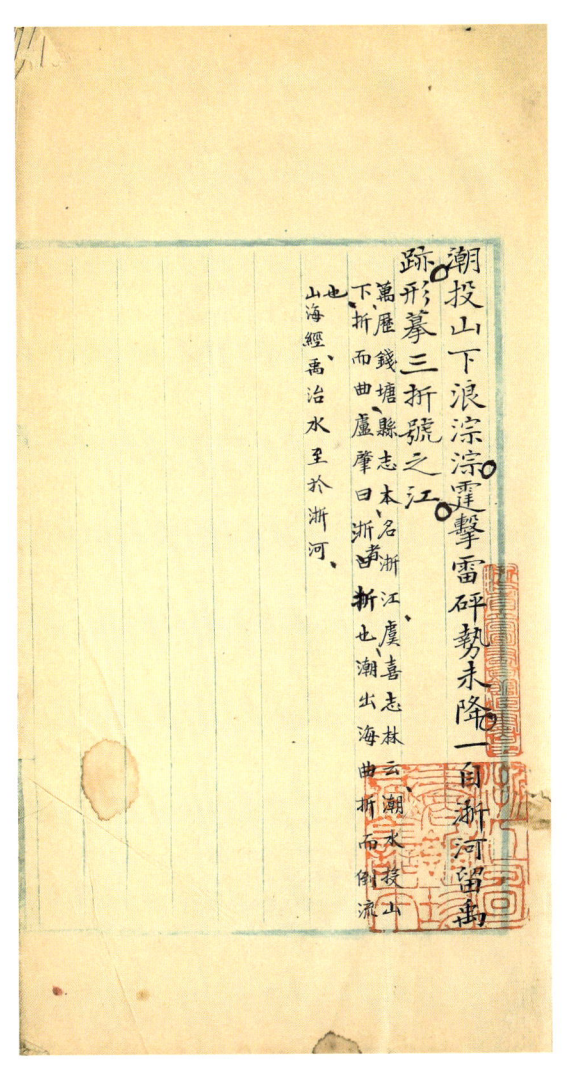

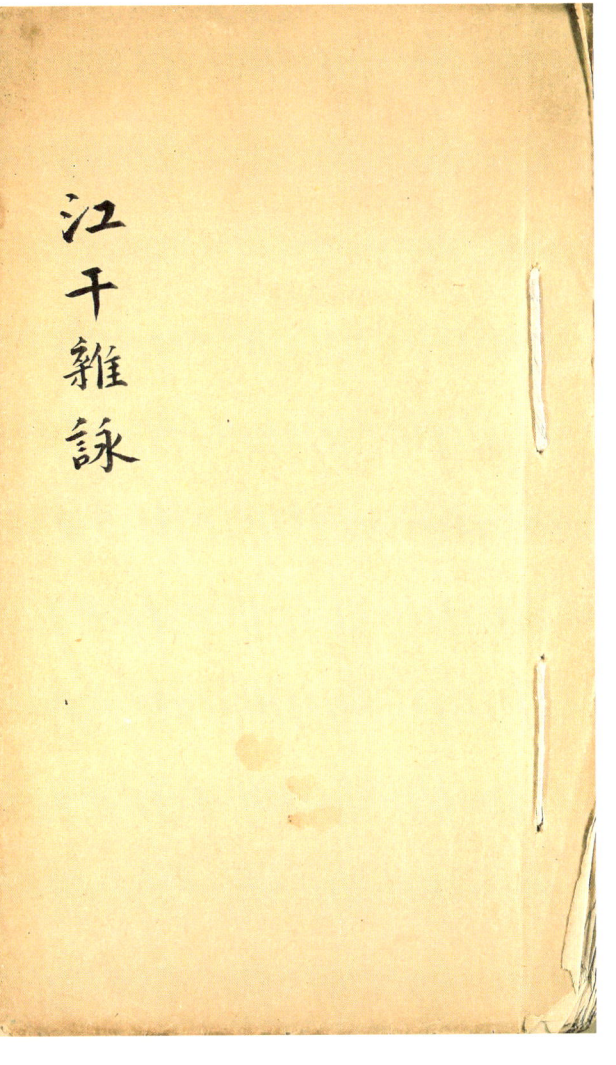

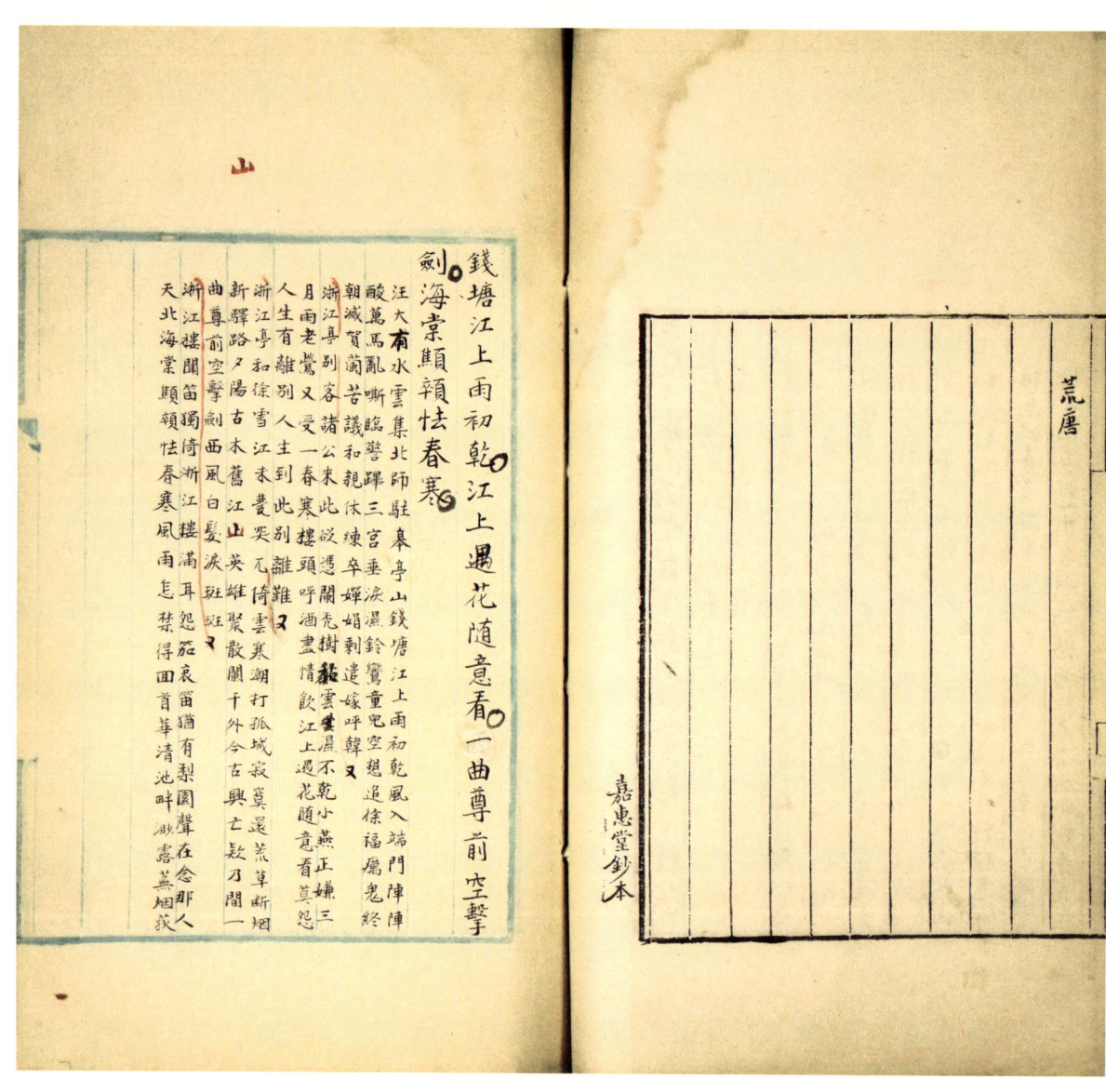

錢塘江上雨初乾江上遇花隨意看○一曲尊前空擊
劍○海棠顛顇怯春寒○

汪大有水雲集北師駐皋亭山錢塘江上雨初乾風入端門陣陣
酸萬馬亂嘶臨警蹕三宮垂淚濕鈴鸞童屯空想追徐福屬鬼終
朝滅賀蘭苦議和親練卒嬋娟剝遣嫁呼韓又
浙江亭別客諸公末此從遷關先撚雲盡濕不乾小燕正嫌三
月雨老鶯又受一春寒樓頭呼酒盡情飲江上遇花隨意看莫怨
人生有離別人生到此別離難又
浙江亭和徐江末費哭哭兀倚雲寒湖打孤城寂莫還荒草斷烟
新驛路夕陽古木舊江山英雄聚散關千外今古興亡數乃閒一
曲尊前空擊劍西風白髮淚斑斑又
浙江樓聞笛獨倚浙江樓滿耳怨笳哀笛猶有梨園聲在念那人
天北海棠顛顇怯春寒風雨怎禁得回首華清池畔峽嶴無烟荻

荒唐

嘉惠堂鈔本

後三則可删

此條有論脫

詩少之骨　詩庵似可删　注中鈔錯字多的須查改補闕　鑄拜讀並注

河史記秦始皇三十六年東游至錢塘浙江水波惡

刀西記秦始皇以天下之力徇其意之所以出赭山橋海

江無天難下而獨畏浙江水之波惡者不敢逕渡以此知錢塘

吳子胥往來以臨春秋之日器投之于江王賜子胥屬鏤之劍而

盛以鴟夷投之于江越王殺文種葬于國之西山葦一年

往潮水記夫差殺子胥乃煮之為濤之廟

伍往異潮水記曰夫差殺子胥為濤之廟今時會稽冊

鏤之大者者穿山脅而持水者大夫也

銓前異潮水記夫差殺子胥為濤之廟

其徒之大猛于江獨錢塘時見浙江有子胥水乘素車白馬

其雲獨唱詩集葉題錢塘潮鼓浪如山怒未休人言

正為子胥謀君臣名分明如日員也雖賢志未優

惡何事秦皇不築樓

00072 復莊今樂府選□□種□□卷總目一卷 （清）姚燮編 **復莊今樂府選詳目一卷** 張宗祥編 稿本 姚景夔校並跋 張宗祥批校並跋

國家名録號 12085，館藏索書號善 000328

框高 18.1 厘米，寬 13.3 厘米，半葉十一行，行字不等，白口，左右雙邊，單黑魚尾。鈐編者姚燮"復莊""復莊校讀""大梅山房珍藏"印，並有姚氏批校，各子目卷端有其辛亥（1851）、壬子（1852）、癸丑（1853）三年間的墨筆校記。其中《江東白苧》卷上卷端有其子小復（姚景夔）辛未（1871）校記。存二百五十五種子目及總目、詳目。《詳目》爲張宗祥所編，稿紙版心下印"浙江省立圖書館"。各子目卷末有張宗祥甲午（1954）四月、五月、六月朱筆校記。鈐有"集虛林印""李友甫印"等印。按：國家名録所録存卷有誤字、誤卷及以全注缺三種問題，誤字者如"雙圓舫"應爲"雙緣舫"、"玉盒記"應爲"玉合記"、"肅霜裘"應爲"鷫鸘裘"、"桂林雙"應爲"桂林霜"、"梅花縷"應爲"梅花樓"、"黍香集"應爲"忝香集"，誤卷者如"夢磊記一卷"應爲"夢磊記二卷"、"春蕪記一卷"應爲"春蕪記二卷"、"蘭桂仙一卷"應爲"蘭桂仙三卷"，以全注缺者如"白兔記二卷"應爲"白兔記卷上"、"玉合記二卷"應爲"玉合記卷上"、"四賢記四卷"應爲"四賢記卷四"、"雙冠誥二卷"應爲"雙冠誥卷下"、"雙忠廟三卷"應爲"雙忠廟卷中下"、"奈何天四卷"應爲"奈何天卷一至三"、"玉搔頭三卷"應爲"玉搔頭卷中下"、"風箏誤二卷"應爲"風箏誤卷上"、"臨川夢二卷"應爲"臨川夢卷下"、"雙報應二卷"應爲"雙報應卷上"、"報恩緣三卷"應爲"報恩緣卷中下"、"地行仙五卷"應爲"地行仙卷三至五"。

一百十一册（存迎鑾新曲一卷、康衢新樂府一卷、浙江迎鑾詞二卷、太平樂事一卷、萬壽圖一卷、西廂四卷、漢宮秋一卷、陳摶高臥一卷、黃粱夢一卷、岳陽樓一卷、青衫淚一卷、任風子一卷、薦福碑一卷、竇娥冤一卷、中秋切鱠一卷、魯齋郎一卷、玉鏡臺一卷、蝴蝶夢一卷、救風塵一卷、謝天香一卷、金線池一卷、牆頭馬上一卷、梧桐雨一卷、兩世姻緣一卷、金錢記

一卷、揚州夢一卷、風花雪月一卷、東坡夢一卷、玉壺春一卷、老生兒一卷、生金閣一卷、麗春堂一卷、倩女離魂一卷、王粲登樓一卷、㑇梅香一卷、對玉梳一卷、金童玉女一卷、蕭淑蘭一卷、北邙説法一卷、團花鳳一卷、眼兒媚一卷、桃花人面一卷、死裏逃生一卷、花前一笑一卷、脱囊穎一卷、有情癡一卷、魚兒佛一卷、不伏老一卷、僧尼共犯一卷、漁陽弄一卷、翠鄉夢一卷、雌木蘭一卷、曲江春一卷、簪花髻一卷、鴛鴦夢一卷、通天臺一卷、臨春閣一卷、清平調一卷、弔琵琶一卷、讀離騷一卷、桃花源一卷、黑白衛一卷、鬱輪袍一卷、夢揚州一卷、飲中仙一卷、藍橋驛一卷、擬連廂詞一卷、買花錢一卷、大轉輪一卷、拈花笑一卷、浮西施一卷、夢花因一卷、一片石一卷、第二碑一卷、四絃秋一卷、昆明池一卷、集翠裘一卷、鑑湖隱一卷、旗亭館一卷、蘆花絮一卷、北孝烈一卷、圓香夢一卷、江梅夢一卷、花間九奏一卷、青溪笑二卷、牡蠣園一卷、吟風閣四卷、修簫譜一卷、列子御風一卷、豔禪一卷、四時春一卷、凌波影一卷、盂蘭夢一卷、飲酒讀騷一卷、園林午夢一卷、西廂記四卷、曇花記六卷、水滸記一卷、四喜記二卷、節孝記一卷、玉簪記二卷、雙烈記二卷、鳴鳳記四卷、分金記一卷、八義記一卷、夢磊記二卷、雙緣舫一卷、春蕪記二卷、玉鏡臺二卷、焚香記二卷、龍膏記三卷、紅梨記三卷、貞文祠三卷、撮盒圓二卷、想當然一卷、醉鄉記一卷、燕子箋三卷、白兔記卷上、綵樓記一卷、運甓記二卷、錦箋記二卷、投梭記一卷、玉合記卷上、四賢記卷四、節俠記二卷、秣陵春五卷、鈞天樂二卷、桃花扇二卷、花筵賺四卷、鴛鴦棒三卷、夢花酣一卷、西樓記二卷、珍珠衫一卷、鷫鸘裘二卷、醉月緣一卷、永團圓二卷、一捧雪二卷、牡丹圖二卷、漁家樂二卷、豔雲亭一卷、雙冠誥卷下、櫻桃夢三卷、靈寶刀一卷、縉春園一卷、息宰河三卷、人天樂一卷、忠孝福二卷、紅情言三卷、詞苑春秋一卷、醉菩提一卷、長生殿六卷、玉門關一卷、布袋錦一卷、新灌園二卷、長命縷二卷、廣寒香四卷、陰陽判二卷、雙奇會二卷、紅梅記一卷、香鞋記一卷、酒家傭二卷、遊子鑑二卷、精忠旗一卷、青雀舫一卷、禱河冰一卷、雙駕祠一卷、

桂花塔一卷、珊瑚玦二卷、元寶媒三卷、雙忠廟卷中下、芙蓉峽一卷、揚州夢二卷、玉尺樓四卷、無瑕璧一卷、瑞筠圖一卷、廣寒梯二卷、杏花村一卷、南陽樂三卷、奈何天卷一至三、玉搔頭卷中下、風箏誤卷上、香祖樓四卷、臨川夢卷下、冬青樹二卷、雪中人一卷、桂林霜二卷、夢中緣三卷、懷沙記三卷、玉獅墜二卷、梅花簪三卷、雙報應卷上、報恩緣卷中下、伏虎韜四卷、地行仙卷三至五、寒香亭五卷、東海記一卷、八寶箱一卷、馬上緣二卷、琵琶俠四卷、魚水緣三卷、後一捧雪一卷、芝龕記六卷、戴花舲四卷、棲雲石三卷、雙仙記三卷、石榴記四卷、鶴歸來一卷、芙蓉樓四卷、玉節記四卷、千金壽一卷、繡帕二卷、十二金錢二卷、血梅記一卷、黃河遠一卷、蘭桂仙三卷、仲氏紅樓四卷、紅樓散套二卷、梅花樓一卷、綠華軒一卷、宵光劍一卷、天宮寶一卷、鳳雛圓五卷、南樓夢一卷、情郵一卷、桐葉一卷、鴛鴦塚一卷、七子圓二卷、慈悲願一卷、翡翠園一卷、蝴蝶夢一卷、盤陀山一卷、昇平寶筏一卷、丹鳳忠二卷、定心猿一卷、花神報一卷、千忠戮二卷、情中義一卷、六如曲一卷、擊節餘音一卷、山堂雜曲一卷、歸田小令二卷、山堂附錄一卷、江東白苧二卷、續江東白苧二卷、樂府詞餘一卷、西堂樂府一卷、葉兒樂府一卷、北樂府小令一卷、道情十首一卷、忝香集一卷、漁鼓曲一卷、棣萼香詞二卷、有正味齋曲二卷、夾竹桃一卷、掛枝兒二卷）

《江東白苧》卷上卷端姚景夔墨筆題：

辛未巧月四夕薄醉狀元樓，歸寓，倚燈校，小復。

詳目末葉張宗祥墨筆題：

一九五四年夏購得姚梅伯選鈔樂府一百一十出，苦無細目，因爲錄此。原書凡百九十二冊，今逸八十二冊，不知是否尚在人間，真使人悵悵。海寧張宗祥記，時年七十三。

終不道天網恢恢尋不著您

嘉靖丁巳戊午間有墨吏某按郡縣輒羅捕數百千人

圍圍充塞重足而立夕無卧屬計民產百金已上必坐以

法竭之凡告人命雖誣忠以實論有厚賂雖實必擇由是

誣告伺察之風盛興而倚法強斃民塚者不可勝計塚主

自陳無冤則坐以私和縣官勘報無傷則論以枉法有葬

七十餘年者塚巔之木合抱矣子孫乞哀控官縣官垂

涎而掘之不敢後某自謂山東之民易於殘害庶諸故

相獨留二年六郎之財惡歸私室而後去嗚呼訴究之詞

人所不敢言者而仙言之占異矣哉

甲午仲白山陰陸澹 注

江東白苧上

散曲

詠輕雲 贈王秋郎　　　梁仇池

　　　　　　　　　明散曲

　　　　　　　　　復莊今樂府邊

桂枝香

以應來命

色橫生乎燈下帳佳人之難得感勝會之不常遠摘斯篇

萬里橋邊之薛北溪華子攜之草堂心聲頻起於筵前目

游藝共擅乎朱絃同心學紹似西陵松下之蘇香醉盈箋翰

蘇臺王子小宇輕雲性度通明風儀秀整高歌凌乎白雪

江東日暮亂山無數○天邊常瑣春陰爛畔半橫秋樹陽夢

紅湯臺夢紅襄王凝此朝行何處暮天倐迷卻南來鴈關河

未有書

江東白苧上一　　天梅山館集

復莊今樂府選總目

大某山館校録

卷目一

大梅山館集